二酉流佈

历史文献整理研究文集

文津历史文献联合会 编

学苑出版社

图书在版编目（CIP）数据

二酉流佈 / 文津历史文献联合会编． — 北京 ：学苑出版社，2018.12
ISBN 978-7-5077-5622-7

Ⅰ．①二… Ⅱ．①文… Ⅲ．①古籍－研究－中国 Ⅳ．①G256

中国版本图书馆CIP数据核字(2018)第291524号

责任编辑：战葆红
出版发行：学苑出版社
社　　址：北京市丰台区南方庄2号院1号楼
邮政编码：100079
网　　址：www.book001.com
电子信箱：xueyuanpress@163.com
联系电话：010-67601101（营销部） 67603091（总编室）
经　　销：新华书店
印　刷　厂：北京赛文印刷有限公司
开本尺寸：889×1194　1/16
印　　张：22.25
字　　数：310千字
版　　次：2019年1月第1版
印　　次：2019年1月第1次印刷
定　　价：100.00元

序

黄燕生

二酉者，古代典籍秘藏之所也。《太平御览》卷四十九引盛弘之《荆州记》："小酉山，山上石穴中有书千卷，相传秦人于此而学，因留之。"相传秦始皇焚书坑儒，博士伏胜运书简藏于黔中郡（汉改沅陵县）二酉山石洞中，秦亡后将书简献出，使诸子百家之言得以传世。为纪念此事，宋真宗时特下旨在二酉山设祠。至今在二酉山石洞旁还刻有清光绪六年（1880）湖南督学张亨嘉所书"古藏书处"四个大字。明清时期，北京有书坊借其意，以"二酉堂"为字号，编刻售卖图书，历经二百余年而不衰。叶德辉《书林清话》卷九"都门书肆之今昔"描述："百年之中，其书肆开闭几何，书估之姓名几何，皆无可考。惟二酉堂岿然独存，据其同贸人云，肆址犹前明故处，而主人则屡易也。"还有学者以"二酉堂"为汇编古籍丛书之名，清道光元年（1821），甘肃学者张澍辑刻当地文献21种，编为《二酉堂丛书》。将上述三事联系到一起，"二酉"已演为古籍的收藏、编纂、刻印一体，按照现在的表述，即历史文献的出版和发行。本书以"二酉流佈"为名，亦寓意于此。全书收录文章55篇、诗一首，内容均涉及历史文献的整理和研究。有对近年出版的丛书、史籍、方志、戏曲小说、版画和宗教典籍的综述，也有对晚清和民国时期印行的图书、报刊、档案的考论。作者中既有德高望重的前辈学者，也有参与编校出版工作的中青年专家。这些文章从不同角度展现了20年来各界学者和出版机构在历史文献的整理和出版方面的思考以及付出的努力。

中国是有着悠久历史的文明古国，留存于世的各类文献极其丰富。历代学者在文献辨伪订误方面也给后人留下了众多遗产，并形成了以目录学、版本学、校勘学、辑佚学和考辩学为基础的传统考据方法。文献的整理，实际就是去伪存真、回归本原的过程。一些不确的文献、错讹的文字，通过学者的考校，得到澄清和纠正；一些佚失或散见他书的文献，经学者的辑佚，得以重现于世；一些分散于不同藏书机构的文献，经过学者的搜集汇编，得以完整呈现；一些普通文献，经学者的发微探幽，可成为重要史料。当然，对于流传于今的如此海量的历史文献而言，仅靠文献工作者的努力是不够的，还应尽快影印出版，提供给社会各界。尤其是近年开展的全国古籍普查、民国文献资源调查和在文博机构进行的可移动文物普查，不少以往未曾发现的一批珍贵文献和稀见版本陆续出现，更应及早公布于世，以此推动学术研究的不断深入。

20世纪90年代以来，随着国家经济实力的增强和对文化事业投入的增多，大规模的影印出版古籍丛书陆续涌现。其中，以四库系列丛书的编纂出版最为引人注目。1992年，上海古籍出版社将台湾商务印书馆影印的文渊阁本《四库全书》缩印出版，收录上古至清乾隆历代古籍3461种，计1500册；2002年，上海古籍出版社又出版了《续修四库全书》，收录清乾隆至清末古籍5213种，计1800册；1997年和2001年，齐鲁书社出版《四库全书存目丛刊》，收录《四库全书总目》列于存目的古籍4727种，计1299册；1997年，北京出版社出版了《四库未收书辑刊》，收书近2000种，计301册；2000年和2005年，北京出版社相继出版《四库禁毁书丛刊》及《补编》，收录编修《四库全书》时被禁毁的古籍924种，计400册；2011年至2018年，北京出版社分辑出版《四库提要著录丛书》，收录编修《四库全书》时正编著录的各书版本3071种，计1477册。以上6部丛书形成一个完整的体系，即列于《四库全书》正编、存目中的所有图书、列入禁毁的图书和《四库全书》未收的乾隆以后的图书，基本囊括了上古至清末的所有重要古籍。这一出版项目是惠宜于学界的功德之举，同时也是一个浩大的文化工程，仅策划和组织，就分别集合了来自全国各高校和研究机构的众多学者，古籍资源更来自海内外各图书馆、博物馆和档案馆，还有些来自私人藏书家。罗琳《搜求禁毁之书，延续中华文脉》记述了编纂《四库禁毁书丛刊》时寻访文献的艰辛："版本的捡择，书品的选用，残缺的处理，都不是轻而易举的。有的书藏在私人手中或某个小单位中，不见著录，还要寻觅线索。有的一部书分藏在两个相距遥远的图书馆，还要去发现、拼合。有的书残缺，要尽量需找同一版本补配。"罗琳《还原典籍本貌，力推"四库"研究》描述了他在编纂《四库提要著录丛书》时搜寻原版本的过程："为还原《四库全书总目提要》著录的3461种古代典籍原貌，用十年时间以国家图书馆所藏善本为核心，旁及海内外百余家图书馆、博物馆、档案馆及私人藏书，征访到3071种未被前四库馆臣遵乾隆旨意篡改、删节和重写的存世'原生态'典籍，基本还原了文渊阁《四库全书》所包含典籍的原貌。"罗琳教授曾参与四库系列中《存目》《续修》《禁毁》三部丛书的编纂，主编了《四库未收书辑刊》，这四部书加上文渊阁《四库全书》，本已构成比较完整的四库系列，为什么还要花费如此大的功夫考究版本，编纂《四库提要著录丛书》。这其实正是文献工作者的使命所在，去伪存真，还复原貌，不能让遭到肆意删改的文献成为一种通行本，而是要将原本一一寻找再现出来。恰如文章中所述："从文渊阁《四库全书》到'四库系列丛书'，形成了一个完整的中华传统文献链。只是由于文渊阁《四库全书》对典籍的篡改、删节和重写，使这条链中这颗珍贵明珠色彩暗淡，使这条链无法完全展现中华传统文化之辉煌。《四库提要著录丛书》的编纂出版正是要重现这颗珍贵明珠的绚烂色彩，真实地凸显中华传统文化的承传脉络，清晰完整地再现中华传统文化壮丽的历史长城！"在搜寻《四库提要》所著录的原版本的同时，罗琳还寻访到编纂《四库全书》时所用四库底本314种，四库进呈本66种。底本中保留了大量馆臣删改的痕迹，《"四库底本"的认定》一文，对《四库全书底本丛书》也作了详细介绍。《四库全书》在编纂过程中，除了任意删改原文，还不断有新的"违碍"之书被发现并被禁毁，甚至已经完成缮写的库本也被撤出。1927年春，著名版本目录学家王重民在查检故宫方略馆藏书时，发现被撤出的李清《南北史合注》、周亮工《读画录》等书，"及检《总目》，概无其书，而俱见《四库简明目录》。"后请教于陈垣先生，"蒙抄示乾隆五十二年三月《起居注册》一则，得其底蕴。"[1]王重民先生据此撰写了《四库抽毁书提要稿》，计9种书。故宫博物院图书馆李士娟在其基础上展开研究，对《四库全书》撤出本的出现及撤出原因、撤出地点和撤出过程都进行了更为细致的考辨，并编纂出版了《故宫博物院藏〈四库全书〉撤出本汇编》，收书10种。本书首篇收入的即是李学勤先生为此书所作序言。

民国时期影印古籍，既注重稀见史料的发掘，也十分讲究版本的选择。1919至1936年，在著名出版家张元济主持下，商务印书馆编辑影印《四部丛刊》，先后完成初编，续编和三编，广采公私所藏善本汇为一编。初编所收323种古籍中，"得宋本三十九，金本二，元本十八，影写宋本十六，影写元本五，元写本一，明写本六，明活字本八，校本十八，日本高丽旧刻本四，释道藏本二，其余也属明清佳刻，名人校本。"[2]由于抗战中涵芬楼遭日军轰炸焚毁，《四部丛刊》所据一些善本已不存于世，因而这部民国时期编印的古籍丛书更显弥足珍贵。据张元济嫡孙张人凤先生介绍，张元济在《四部丛刊》三编完竣之日，即着手四编的准备工作，并拟好目录，但因抗日战争全面爆发，此项

---

[1] 王重民《〈四库抽毁书提要稿〉目记》，载《四库抽毁书提要稿》卷首，上海医学书局，1931年。又载王重民《冷庐文薮》，上海古籍出版社，1992年，上册，419页。
[2] 郑逸梅《书报话旧》，学林出版社，1983年，16页。

工作被迫终止。90年后的2016年，在李致忠先生的主持下，这部未竟之书在各方努力下，终于由中国书店出版社完成了影印出版。"张氏原选一百三十二种，有七种今已不知下落，还有几种大书，如《册府元龟》《国榷》《明文海》等，近年都影印出版过，不再重印，总得一百二十三种。"该书所用底本来自国家图书馆等13家藏书机构，选有宋刻本29种、元刻本10种、明刻本43种、明代精抄本11种、清代精抄本28种、清刻本2种。李致忠先生称此为"近年来古籍影印出版中最好的项目"。本书收入了李致忠在《四部丛刊》四编出版座谈会上的发言、张人凤所撰《张开济和〈四部丛刊〉》、秦声所撰《〈四部丛刊〉四编与藏书家》、白羽所撰《〈四部丛刊〉四编出版记》以及题诗，从中可以看到汇聚了几代学者共同心愿的这部古籍丛书出版的艰辛历程。

古籍和近现代文献的影印出版是历史文献整理和研究的前提。对于大多数读者来说，能够看到经过学者整理点校的文献，的确方便于阅读，但对研究者来说，更希望还能看到影印本，以为纠谬补缺之用。出于各方面原因，20世纪80年代点校出版的一些重要历史人物的日记，有不少经过整理者删节，如中华书局1986年出版的《严复集》，其《整理说明》就注明："民国五、六、八、九这四年的日记，严复用英文按日记录了自己的病况和施治情形，包括用药的次数和剂量、睡眠好坏、咳嗽轻重、体温、排泄等。这些记录对绝大多数读者似无用处，而且所占篇幅过多，故未译载。而其中夹有的一些英文记事，则斟酌情形，选译一部分。"[1] 大约同时由四川人民出版社点校出版的《吴虞日记》，不仅删去日记中所录一些诗文，甚至还有整日删节的情形，如1919年1月12日至15日，原稿本均有每日的记载，且有两页篇幅，不知何故，点校本竟从11日直接跳到16日，且未做任何说明。此标点本出版后不久，北京大学楼宇烈先生就以"不无遗憾"为题，在《读书》1985年第4期刊文指出："对于历史上的重要人物的各种手稿，凡能找到的，

---

[1] 王栻《严复集》，中华书局，1986年，第5册，1477页。

并准备整理出版的，应当尽量全部照录。……对于研究者来讲，由于研究的问题不同，往往从所谓生活琐事的记述中，正好找到了他所需要的材料，从他旧常读书前后各日大致相同者的记述中，发现其思想变化的契机。"曾经参加《清史稿》点校整理，并独立完成《清史列传》点校的王钟翰先生，也对1982年点校出版的《道咸以来朝野杂记》中，不予收录所谓"封建迷信的叙述"、"评论人物也有不当之处"提出批评，认为这"不仅是对本书作者的不尊重，也有失治学严谨的态度。"¹ 正是出于整理历史文献应当保持其原貌的考量，王钟翰先生对2006年学苑出版社影印出版的《历代日记丛钞》予以高度评价。他在为该书所作序言中指出："将数百种历代日记之原貌展现于读者面前，省去读者重复翻检之劳。然则不可不谓利在当代，福延后世，善莫大焉。"该书由董光和策划，李德龙、俞冰主编，汇编为200册，并附有提要一册。"对每种日记的版本状况、成书时间、著者简历、日记特点、文献价值等，一一剖析，提纲挈领，为之题跋。"该书出版已有十余年，已成为查询和考述历代日记时最为便捷的一部丛书。

地方志约占现存古籍数量的十分之一。21世纪以来，国家图书馆出版社对影印方志予以高度重视，先后出版《日本藏中国罕见地方志丛刊》和《著名图书馆藏稀见方志丛刊》，后者已完成40余种。国家图书馆收藏方志最为丰富，其馆藏方志的影印汇编被列为国家出版基金2015年项目，由天津古籍出版社于2016年出版，名为《国家图书馆藏地方志珍本丛刊》，煌煌800册巨帙，共收录方志727种，其中孤本方志520种。与国家图书馆古籍馆合作密切的文津书店，联合学苑出版社和线装书局，相继影印出版《明代孤本方志选》（23种）、《清代孤本方志选》（76种）、《乡土志抄稿本选编》（89种）、《中华山水志丛刊》（319种）、《孤本旧方志选编》（33种）、《天春园藏善本方志选刊》（97种）等。珍稀方志的影印出版，对于旧志整理和方志学研究具有重要意义。

---

1 王钟翰《王钟翰学述》，浙江人民出版社，1999年，252页。

首先，各藏书单位将所藏珍稀方志公布出来，尤其是以往学者难以一窥真容的版本价值较高的孤本、稿抄本、批校本全部影印，既方便了旧志校勘整理，也为研究方志的演进提供了不可多得的版本参照；其次，各图书馆通过对所藏方志的细致梳理，发现了很多《中国地方志联合目录》未曾著录的方志，从而丰富了现存方志资源，拓宽了研究视野；第三，《中国地方志联合目录》著录全国190个图书馆、博物馆、文史馆、档案馆的旧志，收书范围限定于省以下区域志，全国区域志（总志）和山水、寺庙、名胜志及专题志均不收录，而各图书馆珍稀方志的选书并不拘泥于此，一些丛刊收入了总志和山水、寺庙、园林志，有的还将以往未曾了解到的方志编纂过程中形成的初纂稿、调查册等原始资料收入，对于旧志的校勘整理和系统研究也颇有裨益。

旧志分门别类记述了各区域山川地理、经济物产、风俗人物、社会文化，许多记载为其他史籍所缺，因而受到学界的重视。自20世纪70年代以来，类编方志资料，成为旧志出版的一种新形式。21世纪以来，国家图书馆出版社相继编辑出版了《地方志书目文献丛刊》（2004年）、《地方经籍志汇编》（2008年）、《地方金石志汇编》（2011年）、《中国地方志佛道教文献汇纂》（2013年）、《地方志人物传记资料丛刊》（2001至2016年）、《地方志灾异资料丛刊》（2010年）等，北京燕山出版社出版了《中国古代地方人物传记汇编》（2008年），学苑出版社相继出版了《中国地方志历史文献专集》（2009年，分别出版建置沿革志、灾异志和金石志）、《地方文献古迹志专辑》（2012年）、《中国地方志文献·学校考》（2012年）。这种以类编形式影印出版方志文献，得到了全国各图书馆的大力协助，也受到各方学者的普遍赞誉。本书收入来新夏先生为《中国地方志文献·学校考》所撰序言，其中提到："对旧志门类，有选择地分编为各种专志，单行别出，颇有裨于求知者搜求利用，而史料更得以集中保存。"

对历代史料的发掘和刊布，也是近年来文献整理和出版中关注的重点。本书收录的何龄修先生为《稀见明史史籍辑存》所作序言中，特别强调了新发现史料的重要作用。他首先引用梁启超和陈寅恪的两句话，一句是"史料不具或不确，则无复史之可言"（梁语），一句是"一时代之学术，必有其新材料与新问题"（陈语），然后指出："新史料的发掘，是推动史学新潮流涌现的一大关键。"何龄修还对该书辑录的史料"新"在何处作了进一步阐述："《稀见明史史籍辑存》都是中国国家图书馆藏钞本（占多数）、稿本、刻本，学界过去很少利用，有的根本没有被利用过，其内容涵盖整个明朝包括南明的历史。明初建文一代的史事，因建文帝在皇位争夺中失败而被涂饰、淆乱，本刊注意补充有关建文史实的史籍，如宋瑾《逊国传疑辨》，而佚名《明四代年鉴》等也都包含建文朝史料。本刊收有多种传记，有单传，有汇传，内容丰富。……都是明末清初人记明朝人物，从来没有刊刻流布，很是珍贵。"其他述及珍贵史料的文章，本书还收录有方应权《〈通志堂经解〉的前世今生》《执着爬梳，还原细节——清宫内务府档案的编纂与出版》、林登昱《〈天津图书馆藏稀见日本文献〉前言》、王哲《地契：民间收藏品新秀——北京市文津书店所藏地契简介》等。由著名西夏学专家史金波领衔的国家社会科学基金项目"西夏文献文物整理研究"，历时六年已取得重大成果，这就是中华书局和天津古籍出版社联合出版的多卷本《西夏文物》，于光建、吴雪梅《使命担当与绝学传承》一文，细述了这部大型图典的各卷内容。本书还收入刘辉所撰《换个角度审视中国近代史》，对《中国旧海关史料》《中国旧海关稀见文献全编》两书所收文献及价值进行了介绍。

在历史文献整理过程中，稿本、抄本受到格外关注，尤其是未曾公布过的涉及重要历史人物、重要历史事件的稿本、抄本，往往成为学术研究中的第一手资料。由文化部主持进行的《清史》编纂工程，开始了对海内外藏清代稿抄本的全面调查，在此推动下，相继出版有《近代史所藏清代名人稿本抄本》《上海图书馆未刊古籍稿本》《北京师范大学图书馆藏稿抄本丛刊》《清代稿钞本》等多卷本丛书。由台湾著名学者林庆彰先生及其弟子林登昱担任主编的《晚清四部丛刊》和《稀见清代四部辑刊》，也收录了包括日记在内的相当数量的清人稿本。中国科学院文献情报中心收藏古籍50万册，清代稿抄本尤多，民国初年担任过大总统的徐世昌为编辑《晚清簃诗汇》，从全国各地征集清人诗文集，所用底本均存于此。近期该中心拟分辑出版《中国科学院文献情报中心藏古籍珍本丛书》，首先出版的是抄稿本，计划精选500种左右影印。罗琳《中科院馆藏珍籍首次全貌示人》一文举列了第一辑选书详目，共收书80种，其中稿本68种、抄本12种。

本书收录有关古典戏曲、小说、版画整理出版的文章9篇，多为一些出版物的序文或前言。说到这三类历史文献的整理出版，不能不想到郑振铎先生的贡献，不能不想到那部影响了几代人的《插图本中国文学史》。20世纪50年代初，郑振铎先生出任北京大学文学研究所所长，倡议出版《古本戏曲丛刊》，最初设想是："初集收《西厢记》及元、明二代戏文传奇一百种，二集收明代传奇一百种，三集收明、清之际传奇一百种，此皆拟目已定。四、五集以下，则收清人传奇，或更将继之以六、七、八集，收元、明、清三代杂剧，并及曲选、曲谱、曲目、曲话等有关著作。"1958年，郑振铎先生因飞机失事而不幸罹难，该书刚刚出版到第四集。此后，曾受教于郑振铎先生的吴晓铃参与《古本戏曲丛刊》第五集的编辑工作，受到郑西谛先生影响，吴晓铃先生也喜藏书，且以剧目曲本为多。2001年，他的藏书由家属捐赠首都图书馆，计2272部，6362册，其中有许多珍稀版本。2004年，学苑出版社出版了由吴书荫主编的《绥中吴氏藏抄本稿本戏曲丛刊》48册，收录吴晓铃先生旧藏戏曲、剧目、曲单及戏曲史料等451种。这部书的出版，为戏曲史的研究提供了许多珍贵资料。本书收录了吴书荫先生为该书撰写的序言——《吴晓铃先生和"双楉书屋"藏曲》，此篇序言也是一篇综述吴晓铃先生学术贡献和所藏各类戏曲文献重要价值的学术论文，曾刊载于《文献》2004年第4期。

在历史文献整理出版过程中，经常会遇到同一批或同一类文献因各种原因分藏于各处的情况，还有就是原本和传抄本鱼目混杂，需要整理者细心梳理，认真辨识。清代车王府曲本的出版就经历了这样一个曲折过程。民国初年，一批蒙古车王府收藏的曲本散出，为琉璃厂书商所获，1925年，由马廉主持校务的孔德学校分两批购得其中绝大部分，其中第一批购得的1445种后归北京大学图书馆，大部分为原抄本，仅有刻本数种，第二批购得的254种中的大部分（224种）后入藏首都图书馆，俱为原抄本。"这两批曲本总数为1679种，是公认的车王府藏曲本的最原始状态。"此外，1928年，长泽规矩也和傅惜华分别购得48种和20种，现分别收藏在京都大学双红堂文库和中国艺术研究院。然而，这些记录了中国戏曲与说唱艺术的第一手资料的最初出版，却不是全部以原貌呈现的。1991年，金沛霖主编的《清蒙古车王府藏曲本》由北京古籍出版社首先出版，"它以首都图书馆藏车王府曲本为底本，共收录剧、曲1585种，分为315函、1661册。"此书虽是首次大规模公布车王府曲本，但所用底本仅有部分为首图所藏原孔德学校的抄本，另有906种是20世纪60年代复抄北大所藏，即所谓新抄本。2014年，黄仕忠主编的《清车王府藏戏曲全编》由广东人民出版社出版，收录曲本1600余种，此书的编纂历时18年，为系统整理车王府曲本成果之集成，但其主要依据的底本，却是1927至1930年间在顾颉刚先生主持下复抄自孔德学校的本子，"以中大所藏过录本为底本重新点校排印，虽号称为全编，但一为过录，错讹在所难免，二所缺剧曲种尚多，仍为不全本"。正是因此缘故，2017年，学苑出版社推出朱强主编的《北京大学图书馆藏未刊清车王府藏曲本》，"此书影印了北大藏孔德学校所购第一批曲本1295种，因从未面世，故称《未刊清车王府藏曲本》。……其中包括20世纪90年代首都图书馆编辑影印本未收的北大藏孔德学校原抄本297种，这是从未面世过的，还包括原首都图书馆20世纪60年代复抄北大的部分曲本906种，原本原貌影印出版，以避免了首图抄藏北大藏本的错讹。"这次未刊本的出版，由北京大学图书馆和首都图书馆相关人员联合编辑整理，将原孔德学校两批曲本从未面世部分予以影印，与首都图书馆第一次影印本结合，可以说是孔德学校两批曲本的全璧出版。本书所载马文大《清车王府藏曲本略述》一文，细述了车王府曲本的流散、收购、复制经过和各出版本所用底本的不同。合璧出版的古代戏曲丛书，还有2003年学苑出版社影印出版的《不登大雅文库藏珍本戏曲丛刊》。本书收入北京大学图书馆原馆长戴龙基先生为该书所撰序言，对分别收藏于北大图书馆和首都图书馆的马廉旧藏戏曲中的抄本和珍稀刻本进行了详细介绍。

傅惜华先生是著名的戏曲曲艺研究专家和藏书家，其碧蕖馆藏书中有大量为宫廷演出和民间戏班演出的剧目曲本，还有许之衡饮流斋抄校的戏曲剧本，一些珍贵版本曾被《古本戏曲丛刊》各集选用。傅惜华先生在"文革"中含冤去世，其碧蕖馆藏书也被抄没封存。文革结束后，其藏书发还，傅惜华的子女遵照父亲生前的遗愿，将碧蕖馆全部藏书捐献给中国艺术研究院。为纪念傅惜华先生，同时也是为了将碧蕖馆藏书中未曾刊布的一些珍稀文献提供给学界，中国艺术研究院启动了一项工程，将傅惜华所藏戏曲、小说、曲艺及戏曲曲谱、身段谱等分别编辑出版，目前已完成《傅惜华藏古典戏曲珍本丛刊》（2010年）、《傅惜华藏古典戏曲曲谱身段谱丛刊》（2013年）和《傅惜华藏古本小说丛刊》（2015年）的出版。《傅惜华藏古典戏曲珍本丛刊》收录傅惜华先生所藏戏曲珍本343种，《傅惜华藏古本小说丛刊》收录傅惜华藏说部文献182种。所选之书的版本大部分为《古本戏曲丛刊》《古本小说集成》《古本小说丛刊》未曾收录。为便于读者阅读和查询，还编制和撰写了《傅惜华藏古本小说丛刊目录索引》《傅惜华藏古典戏曲珍本丛刊提要》。本书收录了两部丛刊的前言，从中可以了解碧蕖馆藏书一些珍稀文献的独特价值以及两书的出版过程。

古典戏曲小说往往被称为通俗文学或俗文学，为大众喜闻乐见。在文化教育尚未普及的年代里，观戏、听书，曾经是中国大众最为普遍的日常娱乐活动，不分阶层和年龄，很多人正是在艺人们唱念坐打的搬演中，在抑扬顿挫的说唱中，获得知识的滋养，知道了王朝兴替、善恶忠奸，领略到人间百态、悲欢离合。缘此，带有绣像的戏曲小说作品，也成为印刷术普及之后坊间翻刻最多的一种图书。对于中国历代版画的资料搜集，最初也是从关注通俗文学作品插图引发的。1927年，郑振铎先生发表《插图之话》，1936年发表《关于版画》，由此开启了对中国历代版画的全面研究。抗战期间的1940年，身陷上海"孤岛"中的郑振铎开始编纂《中国版画史图录》，直到抗战胜利后才完成全帙20册的出版。建国后，他又主编了《中国古代版画丛刊》。郑先生的这两部书和他关于版画史研究的论述，为此后按照不同流派和类别汇编版画和探讨不同时期、不同地域版画的特点奠定了基础。

首都图书馆一向注重历代版画的收藏和研究，倪晓建馆长和周心慧副馆长主持工作期间，单独或联合其他收藏机构，陆续将一些在中国版画史上具有典型意义的作品影印出版。本书所收《清殿版画奇葩》一文，即是倪晓建为影印出版清康熙五十六年（1717）刻本《万寿盛典图》所作序言。文章对该书的内容、长卷的绘者、刻工和所绘场景一一进行了评述。杨洲、罗云鹏等《清武英殿本〈养正图说〉略说》一文，也是为影印该馆所藏这部版画精品所作序文，文章考述了本书的作者及版本源流，并对配图的明代画家丁云鹏的生平和成就进行了介绍。杨洲《中国古代版画：异彩纷呈，历久弥新》一文，则分别对中国古代版画的发生发展、中国古代版画的艺术和文物价值、中国古代版画的研究和版画资料的整理作了简要叙述，最后分两类列举了首都图书馆所属泮水文化服务中心20年来编辑出版的版画类书籍。

在以往的版画资料搜集整理中，儒家经典、方志、类书、农书、戏曲小说中的插图以及各类图谱受到较多关注，佛教典籍中的许多绘刻精美的版画，除了早期印刷品外，尚未得到充分重视和系统整理。2011至2017年，翁连溪、李洪波主编的《中国佛教版画全集》分正编、补编两部分相继出版，从而弥补了这一领域的空白。该书因此入围第四届中国出版政府奖提名。孟进军《聚沙终成塔，回首十三载》一文，回顾了编纂这部版画巨典从策划到出版的整个过程，阐述了佛教版画的特殊研究价值，并对《补编》所收文献进行了详细介绍。

20世纪80年代以后，在改革开放和思想解放的大背景下，民国史的研究和民国文献的整理步入正轨。一批又一批未曾公布过的史料相继刊行于世。民国资料既有由政府公报、统计资料、调查报告构成的官方档案，也有由民间机构发行的各种报刊。这两类文献的整理出版在最近的十几年中都有丰硕的成果。毛毅长期致力于民国官方档案资料的搜集和整理，中国档案出版社和南京大学出版社先后出版了由他参与汇编的《北洋政府档案》《国民政府司法公报》《汪伪政府公报》《重庆图书馆藏抗战大后方调查统计资料》《上海图书馆藏民国统计资料》等书。本书收录有他在《藏书报》上发表的《民国时期的"大数据"》《由〈公报〉窥民国之"治"》等四篇文章，既是对所编之书进行推介，也是对民国官方档案的全面分析。文章认为，民国时期的中央政府档案，可分为南京临时政府、民国北京政府、南京国民政府及汪伪政府四个时期，其数量以南京国民政府时期最多，主要由政府公报和统计年鉴构成。文章还认为，民国时期的政府公报，虽然与晚清立宪时期出现的《政治官报》"体例一以因之"，但与封建王朝时期的《邸报》《塘报》《京报》《邸抄》等在性质上截然不同，"前者为政府与官员，特别是地方官员间的文牍往来，属内部文件；而后者为公开刊发，目的为使国民大众通晓政府行为，使上下一体，气脉相通"。民国北京政府时期设立统计局，南京政府时期又成立主计处，统一管理全国岁计、会计、统计事务，毛毅对此予以高度评价，认为"统计事务已提升至国家层面，统计事项，在此历史时期得到了蓬勃发展。"就地域而言，有全国性统计如《中国最近之主要统计》《全国行政区划及土地面积统计》等，也有地方统计如《天津市统计年鉴》《山西省统计年编》《直隶教育统计表》等，有专业性的统计，如物价、人口、气象、教育、司法、农林、土地等，还有行业性统计，如建筑、金融、交通、手工业、蔗糖、桐茶油、纸、火柴、人力车夫、牲畜等。统计工作主要由政府各级部院、高等院校及研究机构、民间行业协会来进行，所提供的统计数据，具有较高的严肃性和权威性，可称为民国时期的"大数据"，为民国时期的各项研究提供了难得的第一手资料。刘辉多年来也从事民国文献的整理汇编，但他更关注于反映民间生活和文化变迁的各类小报，学苑出版社陆续出版了七辑由他参与编纂的《中国近代各地小报汇刊》。本书收入了他与孟兆臣的合写的《"陌生"的民国小报》和孟兆臣所写《中国近代小报漫话》。前一篇文章中，作者对民国期间各地出现名目繁多的小报的史料价值予以了极高的评价，认为："这些小报多为近代著名文化名人所创办，文化品位高，文字高雅，无论在当时还是现在，都获得很高的评价。它逐日记载了中国近代社会的变迁，是中国近代社会生活全方位的大型史志。"后一篇文章则对小报的界定、种类、南北小报之不同、小报使用的语言、小报发展的三个历史时期、小报的史学和文学价值逐一展开详细论述。民国时期，先是有《点石斋画报》《申报图画周刊》《图画时报》《新闻报图画附刊》等图文并茂的新闻报刊竞相发行，受到市民喜爱，继而又有《良友》《时代》《中华》等新型画报相继问世，十分畅销。黄显功以《从"左图右史"到近代画报》为题，对这一现象进行了分析，认为"中外文化的交融使城市生活日益丰富多彩，文化消费日趋多元，人们希望借助不同的媒介和渠道认识社会，掌握新知，了解他人的交流欲促进了画报的再生产。"并评价说："这些老画报是中国近代报刊中的奇葩，其绚丽多姿的形态、丰富写实的图像已成为我们回望旧日都市的珍贵史料，是研究中国新闻出版史、文化史、社会史、视觉艺术史的资料宝库。"民国时期，尽管时局动荡，战乱频仍，但民国学者在文化教育、学术研究等方面取得的诸多成果为今人赞叹不已。正在编辑出版中的《民国学术丛刊》拟按经学、哲学思想、语言文字学、文学研究、文集、诗集、小说、史学分辑汇编这方面的著述，林登昱《〈民国学术丛刊〉：汇集民国稀见学术文献》叙述了该书出版的一些设想，杨丽丽《以微观的作品，看宏大的历史》则对已经出版的《清末民初文献丛刊》所收著述进行了介绍。

自20世纪90年代《中华大藏经（汉文部分）》出版以来，佛经道藏等宗教典籍的出版持续不衰，一些从未面世的珍稀版本相继影印出版。国家图书馆收藏一部宋朱绍安刻《大方广佛华严经》，系周叔弢先生旧藏，79卷，缺卷34一册，周先生补配以另一宋刻本，以成足帙。1990年，傅熹年先生告知冀淑英先生，他在清理劫后退还的先祖遗书时，发现一册宋刻《大方广佛华严经》卷三十四，恰为国图所缺之册。这年5月，傅先生率家人联名具函，将此册无偿捐赠国家图书馆，使这部珍贵的图书"全书重聚，破镜复圆"。2017年，文物出版社与北京奎文阁文化传媒有限公司合作影印该书。陈红彦撰写了《〈大方广佛华严经〉出版缘起》，道明此书失而复全的原委，并感慨此经"译成于唐，刊刻于宋，历经千百年的洗礼，仍能珠联璧合，全帙留存，是历代藏家特别是周叔弢、傅增湘的宝藏和玉成，也是国家图书馆前辈冀淑英先生等的无量功德，或许亦为无处不在的神物护持。"国家图书馆拥有全国最为丰富的古籍资源，包括《赵城金藏》《正统道藏》等一批重要的宗教典籍都收藏于该馆之中。近年来一些宗教典籍的出版项目，有很多离不开国家图书馆的支持。如本书收入的何建明《〈道藏集成〉编纂出版缘起》和孟进军《百科全书式的道教文化总集》两文提到的《正统道藏》《万历续道藏》的影印，方应权《明代皇家道教秘籍》提到的《御制全真群仙集》的影印等。珍稀的佛教经典还有分藏于北京故宫博物院和台北故宫博物院的满文《大藏经》，据翁连溪《满文文献鸿篇巨制，经藏法宝智慧如海》一文考证，这部佛教经典的翻译始于乾隆三十八年（1773），历时18年才译完，刊刻时遭遇火灾，"部分经版被烧毁。烧毁部分又重新雕版，至乾隆五十九年（1794），满文《大藏经》才全部刷印装潢完成。共刷印12部，每部108函，收佛教经典699种，计2535卷。乾隆五十九年（1794）后未见重新刷印的记载。""这部满文《大藏经》，如今在北京故宫博物院收藏了76函（夹），605种（33750页）；台北故宫博物院收藏有32函（夹），800余卷。"鲜为外界所知的是，为刷印该书雕刻几万块梨木经版尚存于世，"故宫博物院整理重印的满文《大藏经》即利用了这些经版。"世界宗教研究所黄夏年多年来致力于佛教期刊的搜集，据他统计，1949年之前的佛教期刊有300余种，因少人问津，许多期刊已难觅踪迹，为编纂《民国佛教期刊文献集成》，"调用了全国20余家图书馆和十数家民间收藏机构的资源，历时十余年的汇集、制作，最终基本完成了这一具有重大意义的历史文献的编辑和出版工作。"2006年至2013年，中国书店出版社相继出版了该书的正编、补编和三编。黄夏年《汇民国佛学思想于一书，补历史文献之不足》一文，叙述了该书的编纂历程。2017年，文物出版社出版了由周心慧主编的《中国古代劝善书汇编》，收录"古代刊刻的有典型意义和重要史料价值的劝善书193种。"书前刊有长篇序文，对中国历史各时期劝善书的特点进行了非常详细的考证和论述，本书也收入了这篇大作。

随着信息技术的进步，利用数据库查询各类历史文献，已成为人们日益普遍的阅读方式，而包括图书馆、博物馆、出版社在内的相关机构也利用各自掌握的文献资源，不断开发各种专题文献库。本书收入的高国祥《〈中国金石总录〉数据库石刻文献分类浅识》和白德云《〈中国金石总录〉数据库定名与著录特点》，介绍了由甘肃省古籍文献整理编译中心承担的《中国金石总录》数据库建设的总体构思及分类、定名和著录体系。杨光辉《科举文献的资源汇总，科举人物之全景展现》介绍了由北京籍古轩图书技术有限公司研发的《中华科举库》在文献综合查询方面的一些独特功能，该数据库"目前已收入清代进士2.7万余人、清代举人10余万人、明代进士两万余人、明代举人五万余人、宋元科举人物数万人"，不仅收有科举人物的履历、史传、行述、碑记、硃卷、年谱等反映生平事迹的传记资料，还将其诗文集、奏折、书信、书画、日记、游记等著述资料与之做了关联。"既可查询一朝一代，还可搜索一省一县的各级科举人物；既可通过检索科举名词普及知识，亦可查找科举制度的相关文献深入研究。"该公司此前推出的《中国数字方志库》，收录方志超过万种，已为许多图书馆、方志馆使用。

"启秀瑶林，植根秘苑。搜寻玄圃积玉，纂辑片羽吉光。深探二酉之山，勒成一家之作。藉兹林薮，树我琳琅。扬一代梨枣之休，综十朝典籍之盛。"这是白化文先生用骈文为《清代版刻牌记图录》所写序言中的一段话。历史文献的整理和出版是弘扬优秀传统文化的一项重要事业。比起那些遭遇过动荡岁月的前辈学者,我们已有了更好的条件去"搜寻玄圃积玉,纂辑片羽吉光",但要做到"深探二酉之山,勒成一家之作",恐怕还需付出更多的努力。愿用白化文先生这段话,与古籍出版界同仁共勉。

2018 年 12 月 27 日

目 录

四库与四部 /1

《〈四库全书〉撤出本汇编》序 /3

还原典籍本貌 力推"四库"研究
　　——《四库提要著录丛书》历时十年编纂完成 /6

搜求禁毁之书 延续中华文脉
　　——《四库禁毁书丛刊》《四库禁毁书丛刊补编》/9

"四库底本"的认定
　　——《四库全书底本丛书》即将面世 /14

在《四部丛刊》四编出版座谈会上的发言 /18

《四部丛刊四编》与藏书家 /21

《四部丛刊四编》出版记 /27

张元济与《四部丛刊》/31

《四部丛刊四编》付梓聊作古风 /38

整理出版惠及两岸学人 稀见文献得到深度挖掘
　　——《稀见清代四部辑刊》/40

晚清文献的首次汇辑（稀见稿）
　　——《晚清四部丛刊》/42

史料与典籍 /45

《历代日记丛钞》序 /47

《中国地方志文献·学校考》序 /50

《清代版刻牌记图录》序 /52

《稀见明史史籍辑存》序 /53

《雄安新区历代方志丛编》序 /58

《地方文献古迹志专辑》序 /63

中科院馆藏珍籍首次全貌示人
　　——《中国科学院文献情报中心藏古籍珍本丛书》（钞稿本部分）即将面世 /68

《中国金石总录》数据库石刻文献分类浅识 /77

历代活字版及特点识别浅述 /86

《通志堂经解》的前世今生 /98

执着爬梳，还原细节
　　——清宫内务府档案的编纂与出版 /104

《天津图书馆藏稀见日本文献》前言 /111

科举文献的资源汇总　科举人物之全景展现
　　——《中华科举库》/113

地契：民间收藏品新秀
　　——北京市文津书店所藏地契简介 /121

《中国金石总录》数据库定名与著录特点 /132

使命担当与绝学传承
　　——大型西夏文物图典《西夏文物》陆续出版 /141

戏曲小说与版画 /151

吴晓铃先生和"双棔书屋"藏曲
——《绥中吴氏抄本稿本戏曲丛刊》序 /153

《不登大雅文库珍本戏曲丛刊》序 /167

《傅惜华藏古本小说珍本丛刊》前言 /172

《清车王府藏曲本》略述 /175

《傅惜华藏古典戏曲珍本丛刊》前言 /181

清殿版画奇葩
——《万寿盛典图》/186

聚沙终成塔 回首十三载
——《中国佛教版画全集》/188

中国古代版画：异彩纷呈 历久弥新 /194

清武英殿本《养正图解》略说 /200

民国文献与报刊 /203

从"左图右史"到近代画报
——《中国经典画报丛刊》前言 /205

《民国学术丛刊》：汇集民国稀见学术文献 /210

民国时期的"大数据"/215

由《公报》窥民国之"治"/219

北洋：档案视野下的缝隙 /226

《新中华》与中华书局 /232

中国近代小报漫话 /236

"陌生"的民国小报 /263

换个角度审视中国近代史 /267

以微观的作品，看宏大的历史
　　——《清末民初文献丛刊》出版记 /270

宗教典籍与劝善 /273

《道藏集成》编纂出版缘起 /275

汇民国佛学思想于一书，补历史文献之不足
　　——民国佛教期刊文献丛书 再现民国佛教全景 /279

《大方广佛华严经》出版缘起 /283

满文文献鸿篇巨制 经藏法宝智慧如海
　　——《故宫博物院藏版清乾隆满文大藏经》 /289

百科全书式的道教文化总集
　　——明刊《正统道藏·万历续道藏》 /295

明代皇家道教秘籍《御制全真群仙集》 /300

中国古代的劝善书 /306

四库与四部

《〈四库全书〉撤出本汇编》序

李学勤

故宫博物院图书馆珍藏的《四库全书》撤出本十种,即将由故宫出版社汇印,并配以李士娟副研究馆员的专著《〈四库全书〉研究:撤出本探源》,这对于《四库全书》及其相关历史的研究,无疑是一项非常有价值的贡献。承来征序,使我有机会在这里写几句话作为推荐,我是甚觉欣幸的。

《四库全书》及其相关历史的研究,是学术界公认的重大课题,但要对《四库全书》作真正意义上的研究和评价,只有在一定的历史条件具备的情况下,才可能进行。众所周知,《四库全书》属于清廷官修,而且实由乾隆帝亲自主持其事,在清政府统治严密的时期,自然是群论禽然,罕有人敢加议论。及至晚清,政府控制弛缓,才有不同的声音出现,然而《四库全书》储藏珍秘,有关档案亦未公布,还是谈不到系统的研究。直到辛亥以后,所见史料渐多,《四库全书》编纂过程的真相逐渐显现,这一方面的研究工作才得以进步。

早期的《四库全书》研究，出于对清政府揭露谴责的思潮趋向，大多偏于批评指摘，有时陷于不够公允。现在平心而论，《四库全书》编纂工作的巨大成绩，还是应该给以正面的评价。就以《四库》综录历代典籍，规模之宏大远超前代而论，前些年我为中华书局所出《四库全书总目》（整理本）撰序，曾引据杨家骆先生《四库全书概述》的统计："《汉艺文志》著录凡六百七十八部，一万四千九百九十四卷。越时约五百九十四载而有《隋经籍志》，著录凡六千一百五十部，五万零八百八十九卷。越时约六百五十九载而有《宋艺文志》，著录凡九千五百四十九部，二万九千九百二十七卷。……自《宋志》以还，又五百载而有乾隆开馆修书之举，《四库总目》所录凡一万零五百八十五种，十七万一千五百五十八卷。惟历代多为守藏之策，而鲜审定之功，求之其搜罗古今载籍，审订校理，以便学人之研究者，汉成帝后则惟清高宗耳。"这些数字已足以说明问题了。至于四库全书馆臣多为一时之选，所作提要代表当代学风，其影响之深远也是大家都熟悉的。

肯定《四库全书》编纂的功绩，作出正面评价，当然不是要回避对这一工作做必要的负面评价。其中最为众诟病的一点，便是《四库》书籍的访求征集是与查检禁毁结合在一起的，而这一政策是由乾隆帝直接决定并且彻底推行的。这也并不奇怪，因为自清朝建立以来，由于社会和民族矛盾的尖锐，清廷一直采取着文化统制的方针。清史专家黄爱平教授在她的《四库全书纂修研究》一书中说，其时"在长达十九年的禁书过程中，共禁毁书籍三千一百多种，十五万一千多部，销毁书板八万块以上"。至于在这样的政策下，"被文人学士乃至一般民众自行毁掉的书籍，数量当也不在少数"。

书籍的查检禁毁，在《四库全书》的编纂过程中是贯彻始终的。从开始征集一直到抄写收录，都要严格执行。甚至已经撰写好提要的书籍，被发现存在所谓"违碍"，也要立即抽换，这即是"撤出"。"撤出"是整个禁毁行动的最后环节，也可说是深化，不过由于完全是根据乾隆帝的谕旨在四库馆内动作，具体情节外人罕能知晓。

撤出本的存在，是1927年经著名版本目录学家王重民先生发现的。当时他在故宫方略馆看到撤毁书，将所见各书提要辑录为《四库抽毁书提要稿》出版，于是"撤出"事件的考证和研究成为《四库全书》研究的一个重要组成部分，受到国内外有关学者的注意。不过，大家都很难目睹这些撤出本，许多相关问题仍然无法解决。此次《〈四库全书〉撤出本汇编》和李士娟副研究馆员专著的印行，为探究"撤出"的始末和性质，开拓了新的局面。

李士娟副研究馆员毕业于北京师范大学，供职于故宫博物院图书馆已30多年，是版本目录学与古籍整理研究的专家。她对馆中收藏的《四库全书》撤出本原件做过长时间的细致考察，就书中圈点标记等处详加检视推考，然后结合有关档案史料，在撤出原因、撤出地点以及撤出过程等关键问题上，都通过缜密的探索考证，提出了自己独到的见解。自2011年起，她在学术刊物上有《〈四库全书〉撤出本考辨》《〈四库全书〉撤出本的出现及原因》等一系列论文发表，受到学术界的欢迎，也成为她现在这部专著的基础。

还应该特别提到的是，《〈四库全书〉撤出本汇编》，正是李士娟副研究馆员一手纂辑的。她在长期观察研究的成果引导下，对馆藏全部撤出本书籍进行了系统整理，选出撤出时标改遗迹最多的有代表性的本子，充分体现了她的学识水平和功力，这是我们读者理当表示感谢的。

2015年7月30日于清华园荷清苑

还原典籍本貌 力推"四库"研究
——《四库提要著录丛书》历时十年编纂完成

罗 琳

清乾隆时纂修《四库全书总目提要》为 3461 种被认为是传世之作,"罕见之书,有益于世道人心"之典籍撰写了"著录"提要,"以广流传";又为 6793 种"俚浅讹谬"之典籍撰写了"存目"提要,"止存书名";再将 3461 种"罕见之书"抄写 7 部,分藏于文渊阁、文溯阁、文源阁、文津阁、文宗阁、文汇阁和文澜阁。毫无疑问,阁本《四库全书》对中华传统文化的承传起到了积极作用;但是,乾隆皇帝以"稽古佑文"为名,为达到"寓禁于征"之实,对用作抄写阁本《四库全书》的底本中大量所谓"抵触本朝""非圣无法"和"离经叛道"的内容,进行了无数多的篡改、删节和重写,以符合其政治、社会、教化的需要,致使《四库全书总目提要》著录的 3461 种典籍大多面目全非,失去了文献原貌,流传至今,真伪莫辨,极大损害了其文献价值。所以鲁迅先生在其《且介亭杂文·病后杂谈之余》中尖锐地指出:"现在不说别的,单看雍正乾隆两朝的对于中国人著作的手段,就足够令人惊心动魄。全毁,抽毁,剜去之类也且不说,最阴险的是删改了古书的内容。乾隆朝的纂修《四库全书》,是许多人颂为一代之盛业的,但他们却不但捣乱了古书的格式,还修改了古人的文章;不但藏之内廷,还颁之文风较盛之处,使天下士子阅读,永不会觉得我们中国的作者里面,也曾经有过很有些骨气的人。"

自20世纪80年代初文渊阁《四库全书》影印出版以来，围绕其先后出版了"四库系列丛书"：《续修四库全书》《四库全书存目丛书》《四库禁毁书丛刊》《四库未收书辑刊》，促进了对《四库全书》及其相关问题的研究，使"四库学"渐成"显学"。

从文渊阁《四库全书》到"四库系列丛书"，形成了一条完整的中国传统文献链。只是由于文渊阁《四库全书》对典籍的篡改、删节和重写使这条链中这颗珍贵明珠色彩暗淡，使这条链无法完全展现中华传统文化之辉煌。《四库提要著录丛书》的编纂出版正是为了重现这颗珍贵明珠的绚烂色彩，真实地凸显中华传统文化的承传脉络，清晰完整地再现中华传统文化壮丽的历史长城！

《四库提要著录丛书》作为一部"原生态"保存中国古代典籍的旷世大型影印丛书，为还原《四库全书总目提要》"著录"的3461种古代典籍原貌，用10年时间以国家图书馆所藏善本为核心，旁及海内外百余家图书馆、博物馆、档案馆及私家藏书，征访到3071种未被200多年前四库馆臣遵乾隆旨意篡改、删节和重写的存世"原生态"典籍，基本还原了文渊阁《四库全书》所包含典籍的原貌。

编纂《四库提要著录丛书》最重要的工作是底本的征集和版本的选择。在编纂的十年间共经眼了两万余种古籍。《四库全书总目提要》虽不是版本目录，但常常描述被著录典籍之版本，却又无奈地表示其著录的不是最好的版本，所以《四库提要著录丛书》的版本选择虽基于《四库全书总目提要》，却又不拘泥于《四库全书总目提要》。

如《四库全书总目提要·黄文献集十卷》云："……又有危素所编本为二十三卷。今皆未见。此本乃止十卷……"《四库提要著录丛书》不只征访到"十卷"之明嘉靖十年虞守愚刻本、明万历刻本及明万历刻清康熙三十年王廷曾重修本，还征访到提要所言"今皆未见"的"二十三卷"之元刻本、元刻明修本及清抄本，更征访到馆臣未言及的"四十三卷"之元刻本及清抄本。

在典籍的征访过程中，还征访到几十种四库馆臣从《永乐大典》

中辑录出作为抄写阁本《四库全书》的底本，均有四库馆臣的勾改或浮签，保存了《永乐大典》的文献原貌，只是有"钦定四库全书"字样，均被著录为"清乾隆翰林院抄本"，因著录不清，容易忽视其文献价值，《四库提要著录丛书》重新著录为"清乾隆翰林院四库馆臣辑永乐大典抄本（四库底本）"。

《四库提要著录丛书》在收录的每种典籍前均冠以据以收录的《四库全书总目提要》中对应之提要，一是稽古有据，二是作为导读，三是遵循《四库全书》之体例。

《四库提要著录丛书》分经、史、子、集四部出版，各自独立编号。《四库提要著录丛书·首卷》，除有按照《四库全书总目提要》之"著录"提要顺序排列的书名及版本外，另有前言、凡例、书名索引、著者索引。

《四库提要著录丛书》作为"国家古籍整理出版重点项目"，秉承"尊重历史、还原典籍"之宗旨，将为"四库学"搭建一个崭新的平台，为世界呈现一部全新的《四库全书》。

搜求禁毁之书 延续中华文脉
——《四库禁毁书丛刊》《四库禁毁书丛刊补编》

罗 琳

20世纪的最后十年，三项与《四库全书》有关的古籍整理出版工程相继在中国启动。本《四库禁毁书丛刊》是紧接《续修四库全书》《四库全书存目丛书》之后开编纂的。三项工程以其耗资的巨大，投入力量的惊人，而成为中国文化建设中的一件大事，其将生产的丰硕成果和影响无疑将载入史册。

中国是一个文明古国、著作大国，两千多年来典册如林。据历代各种书目的不完全统计，从汉朝到清朝，共印行古籍181700多部（种），含2367000多卷，仅清朝就占其中的大半。加上没有印行、不及流传和没有列入书目的古籍，实际上远远超过此数。这是我们祖先和文化知识最宝贵的积累和精神智慧最鲜明的表现。它们所包含的思想内容，是很丰富而深刻的。它们在天壤间幸存并得以流传，是一个长期非常艰辛的过程。除价值不高被自然淘汰和保存手段薄弱被蚀损、自生自灭外，还饱受天灾和兵火的摧残，更严重的是多次遭到政治上大规模的禁毁。

政治上的禁毁，是书籍内容和作者与当时专制朝廷的统治以及忌讳发生矛盾的结果。战国秦孝公时商鞅采取法家的治国方法，焚烧《诗》《书》而表彰法令，开中国古代禁毁书的先河。秦始皇时，丞相李斯主持尽焚秦史以外的六国史书与民间收藏的《诗》《书》等，是古代典籍的一次大厄。秦以后历代断断续续地实行过禁书措施。入明后，禁毁书籍步入一个新阶段：从西汉独尊儒术后，明太祖第一次删节儒家经典《孟子》，印行《孟子节文》；明廷因政治等原因或其他细故杀害不少文士，被杀害者著作牵连被禁；终明一代的禁书事件频繁发生，持续不断。这是封建专制制度的进一步强化在文化思想上的表现。

更大规模的禁毁书籍发生在清乾隆年间。乾隆帝在即位初，曾颁布谕旨征书，其出发点是遵循"稽古右文""崇儒立道""聿资治理"，"垂范方来"的传统，要求充实内库庋藏。随着征书三十余年之久，乾隆遭遇的政治矛盾日益增多，了解各种著述情况更加深入，积累统治经验亦更加丰富，因而他的思想随之发生变化。乾隆三十八年（1773），他下令开馆纂修《四库全书》，"假右文稽古之名，行铲除嫌忌之宝"（历史学家黄云眉语），标榜文治，寓禁于征，即利用纂修《四库全书》之名，在全国范围内广泛征调图书，进行严格审查，有删改，有抽毁，有全毁，对收藏禁书者严惩不贷。这些措施，首先主要针对书中记述明清两代为满族统治者所嫌恶讳言之事，鼓吹反清民族观念，触犯封建礼制，违反程朱理学的内容，因而严惩作者及其子嗣甚至追究已故的作者，掘墓戮尸，惩办后人。其次，即对作者，因人废言，认为作者犯上，则不问其言有无不当，均加以毁弃，以将某一作者言谕全部清除净尽而始快。而这个过程中，皇上的督催，督抚的操持，府县的经办，教职左杂的奔走查访，举国侧目而视，上下告讦成风。在查获确有反清内容的著作及其作者的同时，其他不少禁毁案件不免捕风捉影，深文周纳，小题大做，宁滥勿纵，频频制造多起惨无人道的文字狱，据不完全统计，在近20年中，全毁书2400多种，抽毁书400多种，共约3000种，删改书无法计算，禁毁书籍总数在10万部以上，因惧祸而私自毁弃者尚不在其内，销毁版片8万余块，杀害士人和其他无辜者经以及惩办亲属难以计数。

四库禁毁书是纂修《四库全书》其间被抽毁和全毁的书籍，其中以集部书占多数。集部有某个时代或某个地区一些作者的总集，更多的是某个作者，包括一些文学派创始人的别集，有成就的文学家和当时政治、军事、财经、文化等重要代表人物的别集，著名风骨亮节人士的别集，如南明史专家朱希祖先生所说："凡南明殉节之臣，其文集往往于禁书之列。"其中有不少煊赫一时的文人学者，他们的著作有许多实属中国文化的精品。其次是史部书籍。史部书禁毁的重点，集中在关于辽事（入关前满汉关系）和南明史的著作，目的是企图抹杀、毁灭、篡改这些历史事实。涉及各种名人私传或官修明史的著作也很残酷。一些地方志亦被殃及，甚至根据雍正谕旨颁行全国、以便人人观览知悉的《大义觉迷录》，都成了禁书。真是所谓"于先朝手泽，祖宗事实，尚可任意存废，何论其余？"（史学家孟森语）地方志等遭禁毁，最清楚地反映出禁毁面的广泛、扩大化。经部、子部和丛书中的一些书籍，在禁毁狂潮中亦未能幸免。

禁毁给典籍造成了严重后果。大量有价值的著作从此绝迹。但是在严酷的禁毁之下仍有许多优秀的典籍通过各种方式得以存留，或者是无意中幸免于难，或者是冒着杀头抄家的危险有意藏匿。总之有一部分禁书幸存到今。

幸存的禁毁书以其自身含有的历史真实性和传统文化精华，唤起人们的良知本能。乾隆以后，抗清起义风起云涌，外国侵略纷至沓来，国事日衰，朝廷多事，文网自然趋于松弛，一些禁毁书于是稍加删削掩饰，甚至以本来面目单行或编入丛书行世。入民国后，这一进程在政治上已没有什么限制，可以更宽松地进行。这当然是很可喜的事情。但是劫后幸存的禁毁书，每种存世数量都很少，且绝大多数是善本，甚至是孤本。它们都处在濒临灭绝的状态。少数单印或编入丛书世行，对于拯救旦夕濒危的全部禁毁书来说，并没有起到很大作用。

唯一的办法，只有辑印全部迄今幸存的禁毁书。尽管学术界认识到了传统文化的这块瑰宝，不少学者也积极从事禁毁书籍研究和禁毁书目编刊，但是，印行全部幸存禁毁工程的艰巨性，决定了这项工程尚无人敢于承担。

编印《四库禁毁书丛刊》具有巨大的科学意义。《四库全书》不全，是众所周知的。其大量的书只著录在存目中，仅保留目录。如果加上存目各书，当时的典籍亦非齐全。因大量的禁毁书是从根本上排斥的，如果没有禁毁书，会在当时文献的全貌上留下一片很大的空白。《四库禁毁书丛刊》首先是为填补这些空白而编印的，它与《续修四库全书》《四库全书存目丛书》是互相补充的。《四库禁毁书丛刊》《续修四库全书》《四库全书存目丛书》《四库全书》四者构成一个完整的体系，比较清晰地显露出从当时到清末中国古典文献的庐山面目。编印《四库禁毁书丛刊》，也是适应全部保存其存没于一线的禁毁书的需要，采取的最稳妥可靠的方法。现存禁毁书约为禁毁书总数的一半，若再不加抢救，使之继续亡佚，将来会后悔莫及，实际上是对后人、对历史的一种犯罪。从这方面看来，编印《四库禁毁书丛刊》在文献学上无疑有着不可估量的价值，亦是泽被后人的重大举措。当然，编印还是为了应用，是适应进一步发展学术、开发和利用禁毁书的需要。朱希祖先生说过："自清乾隆禁毁明季史籍以来，学者欲撰辑南明史者，辄叹史料之难得。"现存禁毁书将在这方面提供大量罕见史料。实际上，凡研究明清史政治、经济、军事、思想文化、民族关系、宗教信仰、风土民情等诸多领域的课题，都可按图索骥，从现存禁毁书中找到所需要的稀见资料，有力地推动相关课题研究的深入。需要强调指出的是，大量明代和清初的原刻本，保持了著作的原貌，加强了著作的可信度和史料价值。

《四库禁毁书丛刊》具体地是以姚觐远《清代禁毁书目》、孙殿起《清代禁书知先录》、雷梦辰《清代各省禁书汇考》和陈乃乾《索引禁书总录》所著录的图书为主要收录范围。它不是清代所禁书的总汇，不收录乾隆以后的各种禁毁小说、戏曲。这样就可以避免重复（小说、戏曲另有专业单位编印出版），有利于四库禁毁书编纂工作的集中。

编成这样一套大型图书，极为不易。版本的拣择，书品的选用，残缺的处理，都不是轻而易举的。有的书藏在私人手中或某个小单位中，不见著录，还要寻觅线索。有的一部书分藏于两个相距遥远的图

书馆,还要去发现、拼合。有的书残缺,要尽量寻找同一版本补配。有的书例如《明史钞略》,是否庄廷鑨《明书》残本,学术界见仁见智,历来有不同说法,需要做出判断。纯技术方面、社会关系方面也会碰到许多意想不到的困难。编纂委员会的目标是做得尽量好一些,完满一些,这就需要编纂委员会及其工作委员会并所全体人员兢兢业业地工作,临深履薄,夙兴夜寐,以期无负于禁毁书的原作者和当年冒死的收藏者,无负于现在的读者以及国内外学术文化界。编纂委员会切望得到国内外学术界、文化界和广大读者的批评、指教,以改进工作。编纂委员会全全谨在此致以诚挚的感谢。

"四库底本"的认定
——《四库全书底本丛书》即将面世

罗 琳

《四库全书底本丛书》的编纂实际上是《四库提要著录丛书》的余续。在《四库提要著录丛书》接近编纂完毕时,我们估计一定会被盗版,根据经验会有人把《四库提要著录丛书》里面的"四库底本"抽出来,编个什么"精华"一类的丛书。但收在《四库提要著录丛书》里面的"四库底本"只有 168 种,这只是我经眼的一部分,于是决定继续征集"四库底本",与这 168 种合并,编纂一套《四库全书底本丛书》。

清乾隆征集天下藏书编纂《四库全书》,各地、内府、朝中大臣等纷纷进呈,四库馆也从《永乐大典》中辑佚典籍。这些书统称为"四库进呈本"。四库馆臣挑选其中 10254 种典籍为其撰写提要,纪晓岚总其成,名曰《四库全书总目提要》。其中的 6793 种被认为是"俚浅讹谬"之典籍,为其撰写之提要在《四库全书总目》中标著为"存目";另外的 3461 种被认为是传世之作且为"罕见之书,有益于世道人心"之典籍,为其撰写之提要在《四库全书总目提要》中标著为"著录","以广流传",并将此 3461 种(文渊阁只有 3458 种)传世之作誊缮 7 部,分藏北四阁和南三阁。"四库进呈本"中被选作底本用于誊缮这 3461 种传世之作的典籍即是"四库底本"。《四库全书底本丛书》即是汇辑征访到的存世的"四库底本"的一套丛书。

"四库进呈本"一般在书衣钤朱文长方形木记,在首叶钤满汉合璧

"翰林院印"朱文大方印,有的在首叶钤"翰林院典籍厅关防"朱文长方印,在封底钤"备选书籍"朱文长方形木记等。这是判定"四库进呈本"的基本依据。

"四库底本"只是"四库进呈本"中的一小部分,在正文中还多有四库馆臣的朱墨删改、圈识和夹签、浮签以及移送单、誊缮格式等,在末叶有纂修官的签条。但存世的"四库底本"在流传过程中这些特点往往已不完整,或者在修复、重装过程中关键的特征在前人的认识中不认为是书籍的正文被遗失或被错装。

在编纂《四库全书底本丛书》的过程中最遗憾的是一些经眼的"四库底本"由于各种原因最终没有征集到。

据《四库采进书目》著录,各省进呈的书籍多有复本,在编纂《四库提要著录丛书》和《四库全书底本丛书》时就征访到同一种书不同版本的"四库进呈本"。如《闲闲老人滏水文集》二十卷《附录》一卷/(金)赵秉文撰/清康熙钞本(四库底本)/上海图书馆藏,《闲闲老人滏水文集》二十卷《附录》一卷/(金)赵秉文撰/清康熙钞本(四库进呈本)/台湾中央图书馆藏;《武经总要前集》二十卷《后集》二十卷/(宋)曾公亮、丁度等撰/明钞本(四库底本)/上海图书馆藏,《武经总要前集》二十卷《后集》二十卷/(宋)曾公亮、丁度等撰/明万历二十六年庄重钞本(四库进呈本)/国家图书馆藏;《双峰先生内外服制通释》九卷(存卷一至七)/(宋)车垓撰/清初抄本(四库进呈本)/北京大学图书馆藏,《双峰先生内外服制通释》九卷(存卷一至七)/(宋)车垓撰/清初抄本(四库进呈本)/台湾"中央"图书馆藏。对这些"四库进呈本"中的"四库底本"的认定,还有一个重要的参考依据是朱文长方形木记所记录的采进地和进呈人与《四库全书总目提要》的著录的比对。

另一个遗憾是没有发现同一种书有两个"四库底本",虽然在文献的比对时发现誊缮北四阁和南三阁所据"四库底本"是不同的。如"文渊阁本"《元诗体要》、"文溯阁本"《元诗体要》、"文津阁本"《元诗体要》

与《元诗体要》十四卷／（明）宋绪辑／清乾隆钞本（四库底本）／上海图书馆藏，仔细比对，所据之"四库底本"均不相同，故《元诗体要》之"四库底本"最少有四种。

《四库全书底本丛书》除了收录"四库底本"，还酌情收录了少量的"四库进呈本"，收录的原则是善本且版本不与"四库底本"同种书相同，也不与《四库提要著录丛书》同种书重复。

《四库全书底本丛书》收录的每种典籍前均引录了《四库全书总目提要》中对应之提要，这样做一是稽古有据，二是作为导读，三是遵循《四库全书》之体例。

"四库底本"的价值除了其版本的唯一性外，还有极高的文物价值；更重要的是其文献价值，很多典籍已不存世，文献的保存流传依赖"四库底本"，特别是四库馆臣辑佚《永乐大典》之钞本；清乾嘉学派的训诂、校勘、辨伪等严谨学风在《四库底本》中得到充分展现；四库馆臣对"四库底本"的版本选择，基本做到了择善而从；另外，从四库馆臣对"四库底本"的删改、圈识等可以窥探到当时社会对什么是"俚浅讹谬""抵触本朝""非圣无法""离经叛道"，什么是"有益于世道人心"的政治、社会、教化的价值取向。

随着"四库学"研究的深入，对"四库底本"亦越来越重视，但由于曾经对"四库底本"的认识不足，往往将"四库进呈本"，"南三阁"本、钞本，以及作伪的"四库底本"等著录为"四库底本"，所以《四库全书底本丛书》的编纂及版本鉴定十分困难。估计散落在世界各地存世的"四库底本"应该有500种左右。

《四库全书底本丛书》共收书380种，其中"四库底本"314种，"四库进呈本"66种。

《四库全书底本丛书》共490册，其中经部61册、史部110册、子部41册、集部277册、目录索引1册。

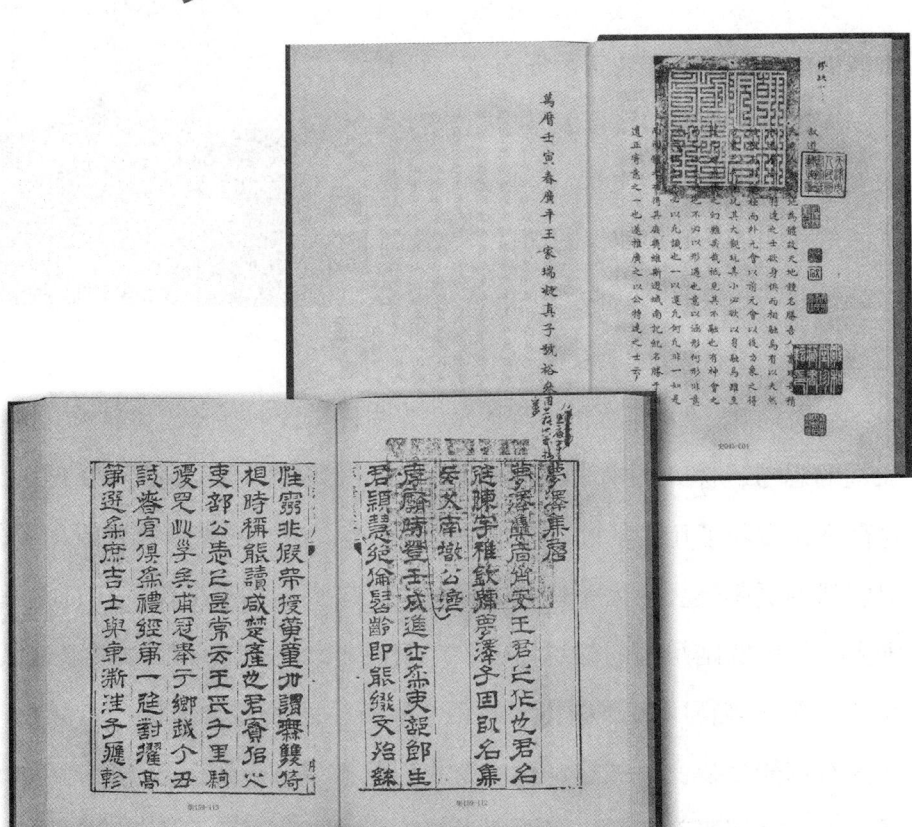

在《四部丛刊》四编出版座谈会上的发言

李致忠

各位专家、嘉宾和媒体的朋友们：

开初，我并不知道《四部丛刊》还有四编的构想。去年春天，周心慧、邓占平二同志拿来一篇《济南大学学报》刊载的柳和城先生撰写的文章，文章最后附载了一份《四部丛刊》四编的简目，并谈到这是张元济先生原有的构想。我马上意识到这是一个值得关注的课题。

众所周知，《四部丛刊》乃张元济先生以敏锐的眼光、精深的见识、长远的思考、惊人的魄力、有效的经营而完成的一部杰作。80年来，这部著作滋养了几代学人，迄今仍在滋养着。当时四编若能及时出版，对学界的贡献还会更大一些、更深一些。奈卢沟桥事变爆发，日本军国主义铁蹄践踏祖国的锦绣河山，广袤的华北大地连一张书桌都难以容下，哪还容得《四部丛刊》的正常版行，四编遂告中辍。80年后，居然有柳先生撰文，披露此事，令我们既激动又审慎。激动的是，张元济先生在《四部丛刊》问题上尚有未竟的事业，我们后人有继承前贤遗志，完成其未竟之功的责任；审慎的是，我们也必须摸清这个书目的来龙去脉及可靠程度。于是采取了一些措施，即一定要派人登门拜访柳和城先生，以便弄清书目来源。今天我用张元济嫡孙张人凤先生的一段话，来表述《四部丛刊》四编的真实性。

"张元济在《四部丛刊》三编完竣之日，即着手四编的准备工作。1937年7月22日致吴其昌信曰：'去岁奉九月一日手教，于《四部丛刊》四编应采用各书多多指示，不胜感荷。'亦即1936年9月1日之前，他就给吴其昌等多位学者去信，征求四编的意见。信中还托吴其昌代为向任赣沈探询明覆宋本《鹤林玉露》的版本情况。浙江海盐同乡、历史学家朱希祖曾向张元济建议：'《宋大诏令》等，大都希望早日出版。有数种书虽系宋元版，而学术上似少有价值者，以少收为宜。'张元济表示：'《宋大诏令》颇多讹字，尚须校勘，承属早出，自当赶办，以答盛意。'潘景郑在《四部丛刊续集草目题识》中记述：'涵芬楼向滂喜斋借影了一批典籍，印入续编，但还有不少并未编入，惜所印不及十种，尚有借印而未成书者，如《东观余论》《颜氏家训》《诸儒明道集》《雍录》《大金国志》等。'张元济自己收藏并十分珍爱的典籍，则有明隆庆五年叶恭焕手抄本《负暄野录》，系百余年前海盐张氏涉园藏书流散之本，由傅增湘在北京为他买得；另一部为明洪武刊本《郑师山集》，'此书为弟所有，极不易得，将俟修补后看能否照相，拟印入《丛刊》也。'"

张元济1937年2月16日致刘承干信称："《四部丛刊》四编今岁仍当续出，惟发售预约时期现尚未定。一俟书目编成，当即呈政。"

同年3月6日致丁英桂信曰："《丛刊》备用之书，如《契丹国志》《名臣碑传琬琰集》《诸儒明道集》《玉堂类稿》《周益公文集》照存底本可作传真者，乞检出发下一二种，以便续制。"瞿启甲之子瞿熙邦回忆："尚有再续目录，亦列有十余种垂以抗战军兴，遽告终止。"云云。我相信，大家听了上述张人凤先生这段描述之后，张元济先生当年确有编纂出版《四部丛刊》四编的构想，这是不争的事实。若真能有效地编纂影印出版，就我所知，当是近年来古籍影印出版中最好的项目。

《四部丛刊》四编选目得到确认之后，我们所做的工作便是依据张元济先生所开的简目，逐一寻检核查，对其中书名不确者，加以核正；卷数不确者，加以核实；对作者题字题号者，皆考出其真实姓名以著之；对目中所题版本笼统者，加以细化具体，如目中只题宋刻本、元刻本、明刻本、明抄本、清抄本、稿本等，都要先加判断，而后尽可能给予详实著录。总的印象是原选目盖非正式敲定的规范选目，似是先生随时想起随时记录之目，一一核实起来还真是很费周折。好在经过一段不懈的努力，总算有了一个书目。张氏原选132种，有7种今已不知下落，还有几种大书，如《册府元龟》《国榷》《明文海》等，近年都影印出版过，不再重印，总得123种。少数几种，当初张氏所选之本不及现存之本更好，做了适当调整。现在我们将原张元济先生所选书目与我们核查之后甄选的书目，同时予以公布，以便就正于方家学者。谢谢。

2016年4月20日于北京

《四部丛刊四编》与藏书家

秦 声

藏书之于读书人是雅事，也是一种生活。

明季以来，世家藏书者颇多。最为人熟知者当属钱牧斋，其绛云楼藏书冠于东南，黄梨洲在《思旧录》中曾说："余数至常熟，初在拂水山房，继在半野堂绛云楼下。后公与其子孙贻同居，余即住于其家拂水。绛云楼藏书，余所欲见者无不有。"黄氏博涉经史诸子、天文历算，可谓无书不读，钱家竟能提供他想看的任何书，其弘藏可窥一斑。

绛云楼是钱牧斋的藏书楼，也是他与河东君的居所，二人坐拥书城，展玩咀嚼，颇为相得。遗憾的是，顺治七年（1650）冬夜，牧斋之幼女与乳母在楼上嬉耍，剪灯花时不幸打翻火烛，引燃故纸，藏书楼被焚。烬余之书，后来尽数赠予族孙钱遵王。笔者曾在《四部丛刊四编》中看到一册《酒经》，钤"钱印谦益"，卷尾有牧斋题跋一则云："《酒经》一册，乃绛云未焚之书，五车四部，尽为六丁下取，独留此经，天殆纵余终老醉乡，故以此转授遵皇，令勿远求罗浮铁桥下耶？余已得'修罗采花法'，酿仙家烛夜酒，视此经又如余杭老媪家油囊俗谱耳。辛丑初夏蒙翁戏书。"辛丑即顺治十八年，从跋文来看，牧斋与遵王的感情是颇为融洽的，宁不知四年后谢世，爱妾为此辈逼杀也。

常熟是一个物华天宝，人杰地灵之地，明清时期出了很多藏书家，私家藏书楼尤鼎盛焉。除了钱牧斋的"绛云楼"外，还有钱氏"述古堂""也是园",毛氏"汲古阁"、陈氏"稽瑞楼"、张氏"爱日精庐"、陆氏"玄要斋""颐志堂"、冯氏"空居阁",等等,这些藏书家不止藏书,同时还抄书、刻书,充当着文化传播的媒介。作为世家子弟,钱氏虽绝意于功名,但拥有大量田产,物质充裕。日间专以聚书为要务,与海内藏书名家多有往来,毛晋、毛扆父子、陆贻典、季振宜、冯舒、冯班兄弟、叶奕、顾湄、金俊明、叶树廉等人均为其座上宾。藏书家都有一个通病,得到珍籍后,虽千金亦不肯易手,更不要说借人一览了。但钱遵王交游广阔,在藏书界有头有脸,很吃得开,听闻某家有宋元旧本,必定想尽办法借来一阅,或抄录,或参校,补自己所无。反过来,有人要借他的藏本抄校,他也奉借。这样,在藏书家之间形成了一种互通有无的风气,一些非常稀见的本子便因传抄而保留了下来。

钱遵王喜抄书,用纸上乘,墨迹莹润,字行清朗,校勘极佳,为藏书家所钟爱,世称"钱抄",与顾千里的校本("顾校")、黄丕烈的题跋本("黄跋")并称"三绝"。三十年间,钱遵王藏书达四千余种,编有《述古堂书目》《也是园书目》《读书敏求记》等书目。《四部丛刊四编》中收录了多种钱氏旧藏本,如《因话录》《支道林集》《相台书塾刊正九经三传沿革例》等,尤其是《相台书塾刊正九经三传沿革例》,为钱氏也是园影元抄本,纸如玉版,墨如凝漆,铁画银钩,入纸三分,展玩赏鉴,令人爱不释手。

于藏书一道,钱牧斋有云:"聚书不同,有读书者之聚书,有聚书者之聚书。"直白地说,有些人藏书是为了做一个学者,有些人藏书纯粹为做藏书家。钱遵王显然是前者,他在所撰书目《读书敏求记》中将藏书按传统分为经、史、子、集四大类,大类之下又细分小类,经部分为礼乐、字学、韵书、书、数书、小学等6类;史部分为时令、器用、食经、种艺、豢养、传记、谱牒、科第、地理舆图、别志等10类;子部分杂家、农家、兵家、天文、五行、六壬、奇门、历法、卜筮、星命、相法、宅经、葬书、医家、针灸、本草方书、伤寒、摄生、艺术、类家等20类;集部分诗集、总集、诗文评、词等4类。总计著录图书

634种。他在书目中记述版本、撰述者、卷帙数、递藏源流，对刻印优劣予以评判，并写下了大量题记。可以说，这是一部目录学的开山之作，也是一部融合了读书人喜怒哀乐的性情之作。如他在《陈氏香谱》（此书被归入史部）条目下写道："古人命笔虽小道，不感聊尔成书。今人偶撮一二零断《香谱》，刊入类书中，沾沾夸诩，真不满鬻香长者之一笑也。书馆晴窗，萧晨良夜，静对此谱，如烧大象藏香一丸，兴光网云，覆甘露味国。尔时鼻观先参者，为何如也。"类似这样的文字还有很多，如珠落玉盘，锵然有声，华光四射。

钱遵王身故后，藏书流散。正所谓荆人失弓，荆人得之。钱氏旧交、江苏泰兴藏书家季振宜闻讯，以重金大力购入。季氏与钱氏一样，也是江浙世家子弟，其祖父季三卿、父亲季寓庸均好藏书。据说他家后园有一株宋代贤达孙益亲手栽种的桂树，树木苍郁，故而冠名"嘉树园"，园中又建有"春柳读书堂""静思堂"和"辛夷馆"等藏书楼，少时即与长兄季开生读书于此，后来此园又被季振宜继承，并成为其藏书处。

顺治四年（1647），季振宜中进士，开始了其仕宦生涯，同时也把他的藏书收集范围扩大，他历任兰溪知县、刑部主事、户部员外郎、浙江道御史等职。为官清廉，耿直敢言，经常为民请命，赈灾救难，深得民众喜爱。其人品与官品，都配得上藏书家的身份。季氏藏书，多收名家之书，格局大，气度阔。明代大家文徵明、文伯仁（徵明侄）、王宠、项元汴之藏书，亦在其家焉。他的藏书之丰富，除购入了钱家散出的书外，还购入了毛氏汲古阁散出的书，一时江左无两。《酒经》一书，很可能就是此时归于季氏之手的，在钱牧斋跋记的右下角，有一方小小的朱记，曰"季振宜藏书"。

《四部丛刊四编》所收录之书中，有季振宜旧藏本6种，如《寓简》《东观余论》《白氏六帖事类集》《帝王经世图谱》《庐溪先生文集》《番易仲公李先生文集》等。季振宜积三世之富，诸大家之书，最后达27000余卷之多，然而极盛于他，也衰于他。一旦身故，后人即不能守持其家族藏书，散出去的藏书，大部分为昆山豪族徐乾学所得，其中《酒经》就在这批书中。此书卷端钤有"徐健庵""乾学"二印，卷尾钱牧斋手书的跋记左纸，亦有徐氏后钤的两枚朱记："徐氏珍玩""传是楼印记"。可为证据也。

徐乾学，字原一，号健庵、玉峰先生，是清初三大家之一的顾炎武的外甥。他少年聪慧，与弟元文、秉义俱有文名，世称"昆山三徐"。康熙九年（1670）中进士，被授为翰林编修。清代翰林院为内阁储备人才之地，一旦点翰林，便意味着青云直上。徐乾学深得康熙帝垂青，任命为《明史》的总裁官，此外还修撰了《大清一统志》《读礼通考》等书，遍任文教、监察等部门的高官，最后累官至刑部尚书。徐乾学于宦余喜好藏书，建有规模浩大的私家藏书楼——"传是楼"。《四部丛刊四编》中传是楼旧物甚多，不一一列举了。清代散文家汪琬在《传是楼记》中记录了这座康熙时期私家藏书机构的盛况："昆山徐健庵先生，筑楼于所居之后，凡七楹。间命工斫木为橱，贮书若干万卷，区为经史子集四种。……凡为橱者七十有二，部居类汇，各以其次，素标缃帙，启钥灿然。于是先生召诸子登斯楼而诏之曰：'吾何以传汝曹哉？吾徐先世，故以清白起家，吾耳目濡染旧矣。盖尝慨夫为人之父祖者，每欲传其土田货财，而子孙未必能世富也；欲传其金玉珍玩、鼎彝尊斝之物，而又未必能世宝也；欲传其园池台榭、舞歌舆马之具，而又未必能世享其娱乐也。吾方以此为鉴。然则吾何以传汝曹哉？'因指书而欣然笑曰：'所传者惟是矣！'遂名其楼为'传是'。"此文中交代了藏书楼的规模，以及得名由来。作为士大夫阶层，徐乾学留给后人的不是珠玉田产，而是书籍和知识。就传统而言，东方社会存在一个累世传递知识和学术的精英阶层，他们一方面在朝堂做官，另一方面是地方上的学术带头人，往往能够兴盛数代甚至十几代。然而，这种情况经常受到政局变动的影响而衰败。

徐乾学失宠、忧死，大部分藏书被康熙帝第十三子和硕怡亲王胤祥所得，胤祥又将藏书传给了第二代怡亲王爱新觉罗·弘晓，这位王爷与弓马娴熟的父辈不同，而是一位地地道道的藏书家。《四部丛刊四编》中收录其藏本《大金国志》《九域志》《纬略》三种，均钤有"明善堂览书画印记""安乐堂藏书记"。怡亲王府藏书大致在晚清时期流散，部分为翁同龢所得，另一部分则落入书肆。《酒经》一书是否曾收藏于怡王府，不得而知。从藏印来看，嘉庆时期的大藏书家汪士钟已经得到了此书。汪氏藏书在咸丰年间散出，被另一位常熟藏书家瞿绍基购入，《酒经》一书也一同被购去，在钱牧斋的跋记左纸，又增加了"瞿氏鉴藏金石记"的朱记。

在常熟的私家藏书机构中，瞿氏家族的铁琴铜剑楼堪称最后一个古典意义上的藏书楼，江浙一带大藏书家散出来的书，瞿家必竭力收藏，尤其是前述藏书家们的书，入其彀中者匪少。铁琴铜剑楼历尽五代，其间不乏战火和社会变革，但藏书统序始终未改，直到中华人民共和国成立后，瞿济苍与瞿旭初、瞿凤起兄弟将图书分别捐给北京图书馆（现国家图书馆）、常熟图书馆等国家藏书机构。至此，瞿氏铁琴铜剑楼五世藏书——乾嘉以来最为人称道的私家藏书传奇华丽落幕。

张元济编印《四部丛刊》，从瞿氏铁琴铜剑楼借书极多，其中编入初编、续编、三编者总计81种。《四部丛刊四编》中则收录了瞿氏藏《诗经疏义会通》《文公家礼集注》《春秋谷梁疏》《相台书塾刊正九经三传沿革例》《契丹国志》《宋朝大诏令集》《新刊名臣碑传琬琰之集》《国朝名臣事略》《中吴纪闻》《桂林风土记》《酒经》《刘子新论》《曲洧旧闻》《因话录》《支道林集》《卢溪先生文集》《番易仲公李先生文集》《郑师山先生文集》《郑师山先生遗集》《邓伯言玉笥集》《文苑英华纂要》《芦川词》《乐府补遗》，凡23种。钤"绍基秘笈"（瞿绍基藏印）、"子雍金石"（瞿镛藏印）、"瞿秉清""瞿秉渊""瞿秉沂""瞿秉冲""恬裕斋镜之氏珍藏"（瞿秉渊藏印）、"良士眼福"（瞿启甲藏印）等朱记者，皆瞿氏旧藏也。

通观《四部丛刊四编》底本之藏家，实际上是对传统藏书家的一个梳理。限于篇幅原因，本文未就涉及的全部藏书家展开来谈，否则必定是一个地域广阔的藏书地图。知识和文明的传播，是和先贤的苦心孤诣分不开的，既有作为知识分子的使命感，也和藏书体验有关。正圣贤所谓，人遗弓，人得之，何必楚也。以宋刊本《酒经》为例，宋元以来递藏者不可考，从明代藏书家秦柄算起，至瞿启甲，先后递藏者七家十二人，传之于斯，犹可见钱牧斋手跋，亦一奇也。黄山谷有诗云："万卷藏书宜子弟，十年种木长风烟。"此可谓藏书之幽曲，宜子孙，正所谓树木树人者也。

《四部丛刊四编》出版记

白 羽

先贤张菊生以保存古籍故，殚精竭虑，访书不遗余力，迹遍域内，远涉扶桑，得宋椠元刻，明清精抄甚多，历一十七载印成《四部丛刊》，一时流布天下，嘉惠于后学，为识者所称誉。吾辈生也晚，未能仰睹先生风采。然陈迹俱在，可做隔世怀想耳，于卷帙题跋中管窥先生风仪，应如周台汉阙，淇水睢园。

古书之存，非在秘阁，当化身千万，以利士林。孔圣删经，旨在正典籍之源；伏生授书，意在弥秦火之厄。郑康成好学而勤勉，遍注经籍；扬子云多思而深邃，大言发微；班孟坚著史于兰台，马季长校书于东观，皆图以经史匡世。老庄墨韩诸子，乃先秦学术殿堂之寒柏；歌赋诗词小说，系汉季以来文苑之奇葩。嵇叔夜一曲《广陵散》而成绝响，文山公浩叹零丁洋名垂青史。古之读书人也，凿壁秉烛，尚有朝闻夕死之心；今之智识者，击水中流，当有独立判断之魂。张菊生之印行《四部》，意在起国学之衰微，存炎黄之精神。

《四部丛刊》者，谓为近代以来整理国故之大成，亦不为过也。是书于民国25年（1936）付梓初、续、三编，所筹之续书则因倭寇侵华而搁浅，是时战火起于东省，兵燹凌于沪上，遂使备印之书久置，若明珠沉于寒潭，黄金瘗于陵山，不能不令人扼腕也。银驹过隙，匪朝伊夕，世易时移已八十余载，再谈《丛刊》之余绪，复论版本之考辨。

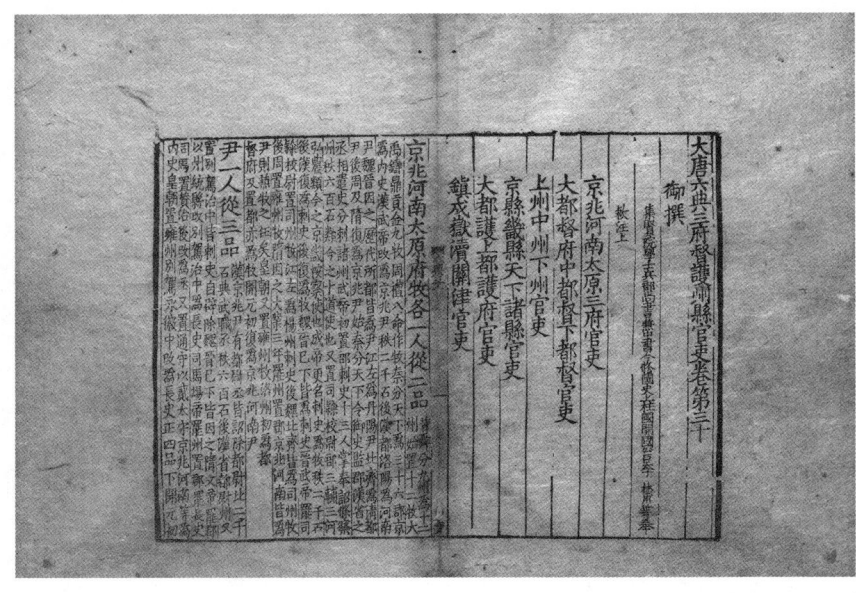

图 1 宋刊本,蝴蝶装《大唐六典》

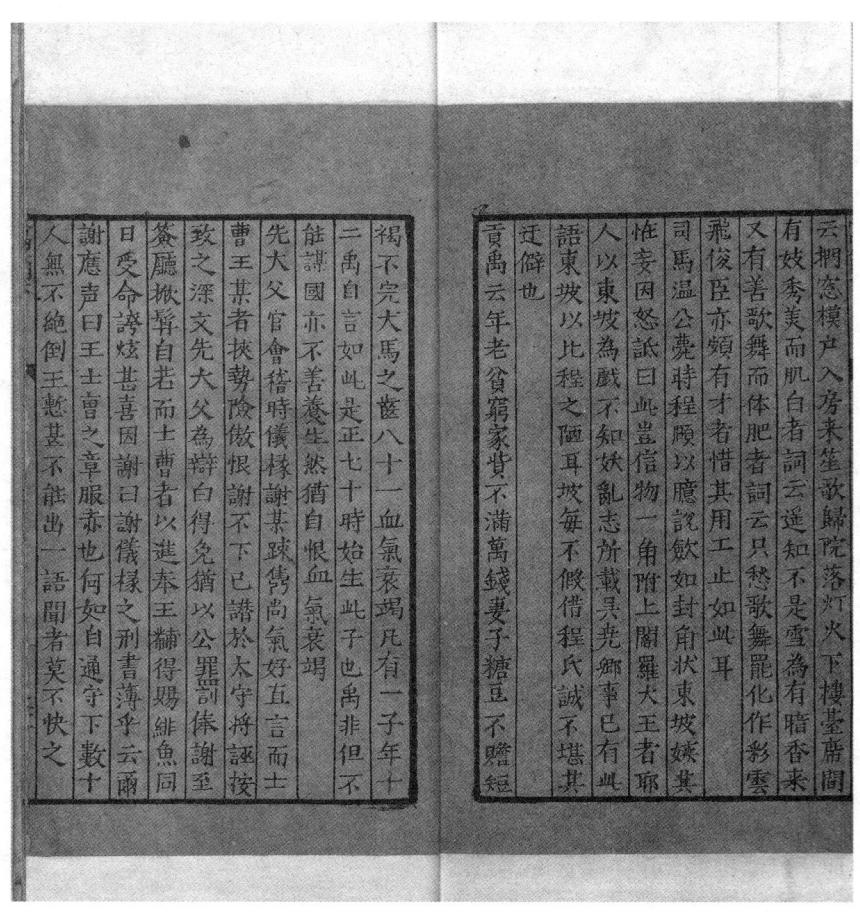

图 2 明刊本《寓简》

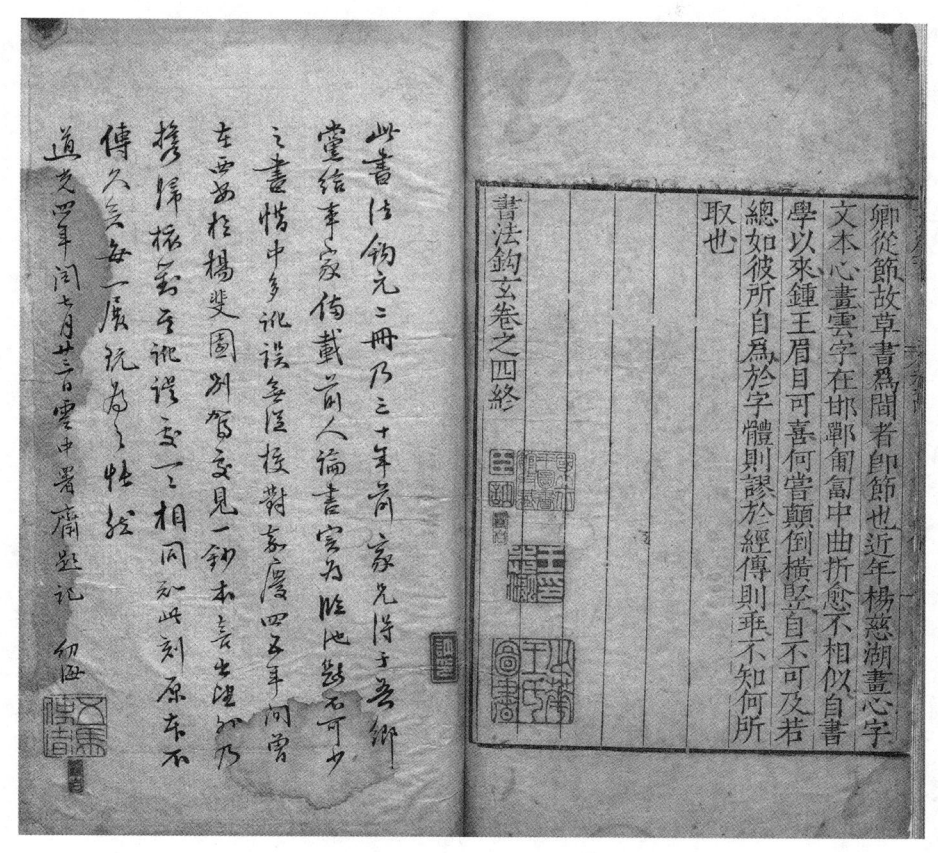

图 3 明代严嵩刻本《书法钩玄》

于是乎，少长集于凤麟之馆，群贤邀至石渠之阁，集思广益，以搜寻故书，遂成四编之议。所幸菊生先生考校之书，大多尚存海内，题跋宛然，若昨日手泽，睹之幸甚耳。唯《重广会史》等书藏于日本，颇经周折，然善加寻访，亦一并收罗之也。

今兹以昔年未刊之目为据，经域内大家过眼，订为《四部丛刊》之四编。两载之筹划，昼夜之研磨，原样影印，力图存古书之制。四编收录善本珍籍两千七百余卷，其中宋刊本二十九，元刊本十，明刊本四十三，明抄本十一，清刻本二，清抄本二十八，合计一百二十又三。

读书如鱼饮，得失寸心知；典籍浩如海，经眼如牛毛。影印古籍，一时一世之事，亦万代之世耳。是为记。

似茶藥碾槽狀故古碑之乏也其畫愈肥
近世之碑多乏也其畫愈細愈肥而難漫
愈細而易滅余在漢上及襄峴間親見魏
晋碑刻如此兼石既麄頑自然難壞後世
石雖精好然却易剥缺以是知古人作事
不苟當非今人所能及也
秦璽文玉刻
古器物銘載此璽文云得於河内向氏家
按集古印格所載謂是秦璽按金石録元
符中咸陽獲傳國璽初京至師執政以示
故将作監李誠誠手自摹印二本以一見
遺又蔡絛鐵圍山叢談載元符所得乃漢
璽其文曰承天福延萬億永無極九字以
此璽文乃曰受命於天既壽永昌二文不
同則知趙明誠盖未嘗見秦璽也按晋書
載此璽自漢傳至晋逮五胡亂華璽為石
勒所收石既敗滅璽失所在後載施得之
帰於東晋但其璽文乃云受天之命皇帝
壽昌非是舊文矣又歷六朝至隋氏隋之
季陳復得舊璽乃更名前者謂曰神璽又

图 4 明代钞本《负暄野录》

如接於耳目之近於是纂其軼事綴所舊聞題
曰東家雜記好古君子得以覽觀焉時巨宋紹
興甲寅三月辛亥四十七代孫右朝議大夫知
撫州軍州事兼管内勸農使仙源縣開國男食
邑三伯戸借紫金魚袋孔傳謹序

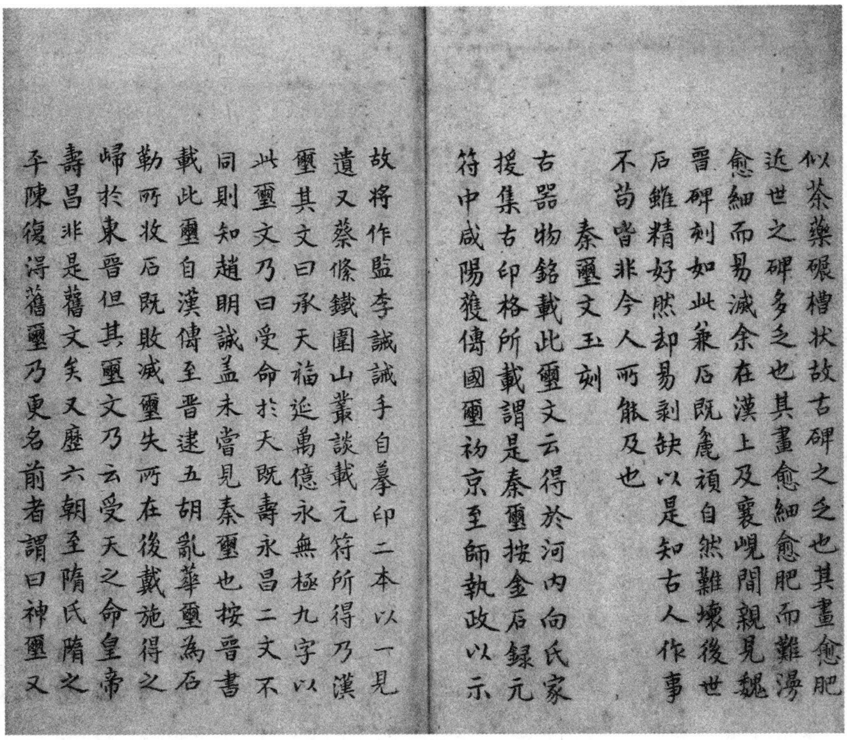

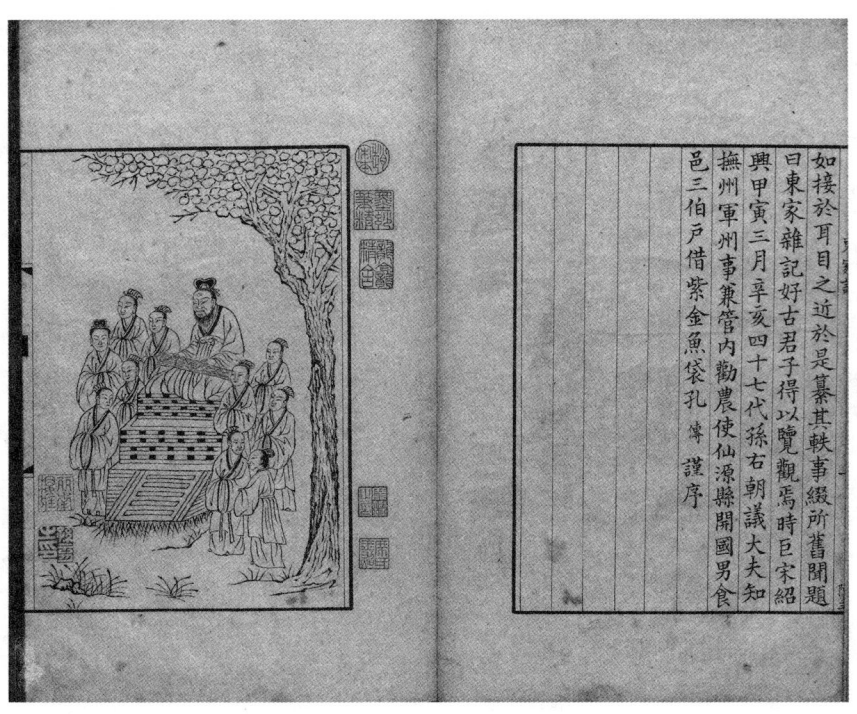

图 5 影宋本《东家杂记》

张元济与《四部丛刊》

张人凤

《四部丛刊》是先祖父张元济先生一生学问和古籍影印出版事业中重要成就之一。由 25 位发起人联合署名的《印行〈四部丛刊〉启》，介绍这部大型古籍丛书特色有七，称为"七善"，其主要之点一是所收皆"四部之中家弦户诵之书，如布帛菽粟，四民不可一日缺者"，亦即《四部丛刊》为一部古籍基本丛书，是古典文献研究者，从事国学研究的学者所

张人凤先生

必读，或主要参考书。二是明清两朝辑纂的《永乐大典》《图书集成》，虽皇皇巨帙，却有不少经剪裁致失典籍原真性之处，而《四部丛刊》"则仍存原本"。编者选用涵芬楼藏本或向多地藏家商借刻本年代最早、面貌最为真实之本作为底本，摄照影印，使读者可以读到分散于各处藏书楼中难得一见之珍本，此于原书传承及后人之研究，都有明显意义。三是首次大规模采用照相石印技术，不仅出书快，而且完全保存原书面貌。将德国人于 18 世纪末发明、19 世纪由西方传教士带入中国的这项技术影印古籍，也是商务印书馆的首创。

张元济受商务印书馆创办人夏瑞芳邀，于 1903 年初创立编译所，

并出任首任编译所长。其时,他以"吾辈当以扶助教育为己任"作为编译出版方针,自创编新式教科书始,继之词典工具书、译印西方社会科学和文学名著,创办以《东方杂志》为代表的商务期刊系列,均获得不小的成绩,不仅对我国近代新式学堂教育的发展做出了贡献,也为商务自身发展奠定了经济和物质基础。1904年,他因编译工作之需,建立编译所图书馆,后定名涵芬楼,着手采购古籍。1906年,晚清四大藏书楼之一浙江归安陆氏皕宋楼藏书悉被日人购买,捆载东渡,使他痛感国运日衰,椠书难守。在版本目录学大师缪荃孙的影响和指点下,于辛亥年前后,开始试办古籍影印业务,冀一面保存中华传统文化的载体不致泯灭,一面为商务开拓业务门类。"古籍散亡,印术日精,余恒思择要影印以饷学者。"经过数年实践,积累经验,至1915年,便有了辑印大型古籍丛书的设想。1915年5月19日,张元济致函傅增湘:"本馆拟印旧书,以应世用,拟定名《四部举要》。"此为现存最早关于《四部丛刊》的文字资料。具体着手《四部丛刊》出版工程,始于1915至1916年间。《张元济日记》1916年9月25日记有商务领导层"商印《四部举要》事":"预计约二百五十万页,分订三千本。连纸、印、订及照相落石,每页一厘。另加封面等,共二百六十余元。拟每部售四百五十元,分三期交。如预约足五百部,即行开印。"同时定下了"先出草目,再借版本,然后再出预约"的工作步骤。1918年,经高梦旦提议,书名改为《四部丛刊》。

《四部丛刊》书目先由孙毓修拟出,经张元济审定。孙毓修(1871—1923),无锡人,缪荃孙弟子,是《四部丛刊》辑印工程中张元济的主要助手。《四部丛刊》底本除涵芬楼藏本如宋刊本《周易》《资治通鉴》等之外,不少借影自南北乃至海外藏家。1919年,张元济在他的光绪壬辰科同年、长沙叶氏观古堂主人叶德辉陪同下,与孙毓修亲赴常熟罟里拜访铁琴铜剑楼主人瞿启甲,阅瞿氏书,商谈《丛刊》出版计划和借影善本之事。瞿亦主张书贵流通,便慨然应允。次年春,商务技术人员自携发电机,前往罟里,日以继夜从事拍摄。《丛刊》中,宋本《尔雅》、影宋写本《六韬》等底本皆出瞿氏珍藏。张元济还请孙毓修赴南京江南图书馆，商借该馆所藏原钱塘丁氏八千卷楼藏书。《丛刊》内明翻宋刊本《刘向新序》《孔子家语》等即是。宋刊本《方言》、宋刊藏经本《大唐西域记》则借自江安傅氏双鉴楼；日本复刻古卷子本《论语集解》借自长沙叶氏观古堂；明弘治本《止斋先生集》、宋刊本《鹤山先生大全集》借自浙江南浔刘氏嘉业堂。还有孙毓修无锡小渌天藏影元本《湛然居士文集》，张元济亲家浙江平湖传朴堂主人葛嗣浵藏明钞本《说苑》，张元济自藏宋巾箱本《广韵》等等。张元济除了为涵芬楼收购名椠之外，几乎遍检20世纪初国内各藏书楼书目，每种书择其最优版本，向主人商借。他竭尽所能，从事寻访和收集，将所得珍本摄影成集，此《四部丛刊》版本价值之所在也。

《四部丛刊》成书进程中，有如下几处时间节点：1919年2月着手印行，1920年6月出版第一期书。计划每半年出一期，共6期，至1922年11月（壬戌十月）竣事。第6期因制版后又发现几种书有更好版本，便重新摄照制版，遂推迟到1923年3月1日出齐，前后历时四年。全书经部二十五种，史部22种，子部61种，集部215种，计323种，2100册。

1926年至1928年，《四部丛刊》重版一次，一则出于市场需求，二则又有多种更佳版本发现，进行了底本更换。例如《盘洲文集》，原用影宋钞本，再版改用涵芬楼藏宋本。《金华黄先生文集》皕宋楼所藏早已流入东瀛，佚于中土，只能用景写本作为底本，后来张元济在常熟瞿氏、上元宗氏处发现元椠残本三十一卷，所缺十二卷于1928年赴日访书时，得静嘉堂主人慨允借出摄影，元椠全貌才得复见，而张元济深为"是集缀合不易，札校颇瘁心力"感慨不已。以上两书，张元济都做了十分详细的校勘记。由于此时张元济已从商务的行政岗位上退休，有较充裕的时间从事古籍校勘、辑印，便产生了再出《续编》的设想，重版的《四部丛刊》随即更名为《四部丛刊初编》，收书仍为323种，册数则增至2112册。

1928年，张元济就拟订了《续编》的书目，此时他的同年叶德辉和主要助手孙毓修都已离世，只有傅增湘尽力为他提供建议。不料1932年1月日本侵略军出动军机，炸毁了上海商务印书馆总厂，数日后又纵火焚毁东方图书馆，存于馆内的涵芬楼藏书，除五千余册事先移存租界内银行保管库外，悉数化为劫灰，成为中国乃至世界文化史上一场大浩劫。日军一名头目狂称，炸毁上海闸北几条街，中国人一年半年后便可恢复，只有炸毁商务印书馆这样的机关，中国人便永远不能翻身。侵略军中一介武夫十分明白民族文化是维系一个民族的灵魂所在。在国内打倒孔家店，全盘西方化的思潮弥漫，国外强敌虎视眈眈的处境下，我中华传统文化的命运已岌岌可危。十余年前发起辑印《四部丛刊》时"自咸同以来，神州几经多故，旧籍日就沦亡；盖求书之难，国学之微，未有甚于此时者也"的景况不仅未见改善，反致更为险恶。此时他把"为古籍续命，为古人续命，为中华文化续命"看作自己的民族责任，与持枪战士守卫疆土一样守卫中华文化。他以一人一己之力，用十年时间，同时进行《丛刊续编》《三编》和《百衲本二十四史》的编校工作，一直工作到1937年全面抗战爆发。今天从他留下的文字中可以看到，他经常用目过度，两眼酸痛，医生叮嘱不能看书，但稍有好转，又立即开始工作；一清早"晨起灯下"即为《丛刊》事给商务印书馆印刷工厂负责人丁英桂写信；深夜刚就寝，忽想起一事，立即"披衣而起"做笔记，等等细节，感人至深。十年间，他经历了一生事业几乎全毁于战火和相濡以沫的夫人病逝两次重大打击，然而以自己坚强的意志和不折不挠的毅力，使《丛刊》和《衲史》的进程稳步推进，直到结出硕果。

《四部丛刊续编》收入经部17种，史部11种，子部18种，集部29种，计75种，500册，1934年出版；《三编》收入经部10种，史部16种，子部15种，集部29种，计70种，五百册，1935年10月开始出版，1936年7月出齐。《续编》和《三编》有以下特点：一是从瞿氏铁琴铜剑楼借得底本较多，《续编》75种书中，40种借自瞿氏，占半数以上。二是张元济1928年东瀛访书时见到多种中土失传的本子，向日本公私藏家商借、摄照后辑入，如借自福井氏崇兰馆的宋本《搜神秘览》，岩崎氏静嘉堂的《武经七书》《名公书判清明集》等。三是辑入多部大型稿本《嘉庆重修一统志》《罪惟录》《天下郡国利病书》《茗斋集》等。稿本一旦散失，便无可挽回，抢救这些文献，张元济引为己任。其中《茗斋集》作者为明末清初浙江海盐人彭孙贻，张元济用了十年时间，多方访求，终于从友人徐行可、亲家葛嗣浵等处购、借得不少残卷，使全书基本齐全，一部名家的诗文集得以传承。四是他本人为《续编》和《三编》撰写了106篇跋和45篇校勘记，成为张元济版本、目录、校勘之学问的重要组成部分。

张元济在《四部丛刊三编》完竣之日，即着手《四编》的准备工作。1937年7月22日致吴其昌信曰："去岁奉九月一日手教，于《四部丛刊四编》应采用各书多多指示，不胜感荷。"亦即1936年9月1日之前，他就给吴其昌等多位学者去信征求《四编》的意见。信中还托吴其昌代为向任赣沈探询明复宋本《鹤林玉露》的版本情况。浙江海盐同乡、历史学家朱希祖曾向张元济建议："《宋朝大诏令集》等大都颇希望早日出版，有数种书虽系宋元版而学术上似少价值者，以少收为宜。"张元济则表示："《宋朝大诏令集》颇多讹字，尚须校勘，承属早出，自当赶办，以答盛意。"潘景郑在《〈四部丛刊〉续集草目题识》中记述，涵芬楼向潘氏滂喜斋借影了一批典籍，印入《续编》，但还有不少并未编入，"惜所印不及十种，尚有借印而未成书者，如《东观余论》《颜氏家训》《诸儒鸣道集》《雍录》《大金国志》等"。

张元济自己收藏并十分珍爱的典籍，则有明隆庆五年叶恭焕手钞本《负暄野录》，系百余年前从海盐张氏涉园藏书中流散之本，由傅增湘在北京为他购得；另一部为明洪武刊本《郑师山集》，"此书为弟所有，极不易得，将俟修补后看能否照相，拟印入《丛刊》也"。这些珍本此时又都进入了他的视野。

张元济1937年2月16日致刘承干信称："《四部丛刊》四编今岁

仍当续出，惟发售预约时期，现尚未定。一俟书目编成，即当呈政。"同年3月6日致丁英桂信曰："《丛刊》备用之书，如《契丹国志》《名臣碑传琬琰集》《诸儒鸣道集》《崔舍人玉堂类稿》《周益公文集》照存底本可作传真者，乞检出发下一二种（此外或尚有他书），以便续制。"瞿启甲之子瞿熙邦回忆："尚有再续目录，亦列有十余种（按，指拟向铁琴铜剑楼商借印入《丛刊》四编之书）。垂以抗战军兴，遂告终止。"这些资料都是张元济准备再出《四编》，并在1937年初之前就有了实际操作的佐证。1935年10月商务印书馆出版《四部丛刊三编预约样本》，其中有"预备续出之书"目录一栏。由是，张元济续出《四部丛刊四编》的计划可见端倪。经过柳和城兄详细考证，《四部丛刊》未刊书目共列有经部15种，史部35种，子部30种，集部51种，共计131种。其中底本原藏涵芬楼者四十二种，原藏铁琴铜剑楼者30种，原藏双鉴楼者17种，原藏嘉业堂者五种，原藏滂喜斋者11种，原藏宝礼堂者二种，张元济自藏五种，日本公私藏家六种等。1937年8月13日，日本侵略军进攻上海，四郊战火遍地，商务印书馆再次受到沉重打击，总管理处及主要编辑力量迁往香港，国内图书市场严重萎缩，如此景况下，《四编》出版计划不得不中止，张元济的愿望在他有生之年中无法实现。

可以告慰张元济先生的是：《四部丛刊》从面世之初，直至他逝世半个多世纪后之今日，学界始终给予充分肯定和极高评价。郑鹤声、郑鹤春早在《丛刊》初编出版不久，即在《中国文献学概要》中，称《四部丛刊》为与《永乐大典》《四库全书》《古今图书集成》比肩的"四大编纂"。王绍曾说："《丛刊》是一部前所未有的集善本之大成的大丛书，如果我们把《丛刊》的版本按时代和版刻地区加以排比，实际上就是一部变相的中国版刻图录和中国雕版史。"周汝昌认为："可见无拘秦、梁，不限明清，凡所厚积，皆帝王之意旨，举国之材力，始能成彼鸿业。自兹而后，继者罕闻。而于是乃有菊生先生，乃有商务印书馆，乃有《四部丛刊》……而如斯盛业钜任，已非复出于帝王之意，国家之力，唯有一私家，一个人之张氏于举世不为之际，倡导经营，艰辛奋勉，而成就之者也！"鉴于《四部丛刊》极高的学术价值，台湾商务印书馆和上海书店出版社先后于1979年和1989年重版全书。

今天，更可告慰张元济先生者，在中华传统文化复兴有望的形势下，《四部丛刊四编》完成了出版，使这部大型古籍丛书成为完璧。辑印从研究当年的出版计划、入选书目入手，请益于有关专家，再到京、沪等地甚至海外著名图书馆，寻访原计划中所列底本的踪迹，做了大量卓有成效的工作。所幸者，经历1937年以后的战祸和后来的动乱，绝大部分原本典籍在国家图书馆、上海图书馆等处妥善保存至今。今《四部丛刊四编》按先祖父原拟目，除少量几种未能找到，《册府元龟》《国榷》《明文海》三种大书已有影印本行世不再重复外，入选书达123种，其中经部12种，史部37种，子部28种，集部四十六种。特别应该称道的是，原藏于日本的五种书籍，编印者极尽努力全部入选。《白氏六帖》与《重广会史》采用品相甚佳之影印本作底本，《通历》以国家图书馆藏清钞本代之，《唐音癸要》与《西汉会要》则也用国图所藏相近版本代之。现《四编》行将问世，既为先祖父未竟事业有续而欣慰，又为北京奎文阁文化传媒有限公司在中华传统文化复兴有望之际，推出此项宏大古籍出版工程，为我中华文化传承添砖加瓦而感佩。谨书数行，附骥卷尾，记述《四部丛刊》成书经过，供读者参考，并祈指正。

《四部丛刊四编》付梓聊作古风

白 羽

丙申六月，京师热浪翻涌，榴花飘香，是时《四部丛刊四编》付梓。此书耗时两年，与海内外十余家图书馆沟通协调，取得珍贵版本实属不易。又，编辑同仁积数年之工，编成四十余万字的总目录，以便研究者使用。当然，此书能够出版，离不开专家学者们的支持，著名古籍研究大家李致忠先生居功至伟，故宫博物院研究员翁连溪先生，国家图书馆古籍馆副馆长陈红彦女士，首都图书馆研究员周心慧先生都付出了很大的心血，还有很多很多学者，俱都付出了心力。聊作古风一篇以为纪，此书之编成，诸师友之功也。

一元混沌至道恳，万古苍茫日月连。
女娲炼石六合新，帝俊御风大荒寒。
仓颉造字天雨粟，西伯演易地涌泉。
三代以下有圣人，仲尼虽厄意未阑。
玉露金风设坐席，十哲环列开杏坛。
春秋微言继绝世，铅刀汗青传《三传》。
秦火弥天日色昏，伏生授书星斗璨。
相如辞赋太史书，美人颜色猛士鞭。
建安风骨三曹诗，竹林金声挥五弦。

精骛八极斗室身，心游万仞白云边。
太白樽酒笔生花，名马长铗照银鞍。
唐风宋雨须温酒，铁骨柔情好磨剑。
张旭挥毫云似墨，元章点染水若天。
明清有痴癖藏书，百宋一廛汝曹典。
先贤影印成四部，世易时移八十年。
涵芬种梅多停鹤，奎文引桐栖紫鸾。
丹心一瓣存古籍，群策群力成四编。
金简玉字出会稽，宋椠元刻贮石函。
书成当酬师友功，暑日提笔戏为联。
寥落世情春常在，浩荡人间六月半。
百代文章山河意，一朝名士杖头钱。

2016 年 6 月 21 日

整理出版惠及两岸学人 稀见文献得到深度挖掘
——《稀见清代四部辑刊》

林登昱

《稀见清代四部辑刊》共10辑，每辑100册，共1000册，主编为林登昱（台湾古籍保护学会会长）。该辑刊于2016年6月在台湾全部出版，2017年由学苑出版社出版大陆版，其出版目的为：体现两岸在传统文献上的渊源；反映两岸在古籍交流领域的成就，使大陆专家学者更方便地阅读这套大型稀见古籍文献丛书。

《稀见清代四部辑刊》是继《晚清四部丛刊》之后的又一大型出版工程。《晚清四部丛刊》收录的是道光、咸丰、同治、光绪、宣统五朝的稀见文献，而该辑刊冠名"清代"，其收书年代实为顺治、康熙、雍正、乾隆、嘉庆（少数至道光年间）数朝，也就是说，《稀见清代四部辑刊》乃衔接《晚清四部丛刊》的文献丛刊，所收稀见文献资料弥足珍贵。

当前，古籍保护界、出版界人士致力于挖掘整理历代古籍文献，推出了多种大型古籍文献整理丛书，可谓成果丰硕，很多大型丛书令人耳目一新。这些大型古籍整理丛书中，有重新按类书方式编辑者，有以小题材方式出版者，有以稀见版本著称者，而《稀见清代四部辑刊》则是以收录稀见文献见长。重新归类出版，可使读者免去各处查找资料的奔波之苦；以稀见版本出版，则方便读者校勘及研究版本。而《稀见清代四部辑刊》所收录之稀见文献，大多鲜为人知，甚至是大部分收藏单位所未藏的，且与张元济主持编印的《四部丛刊》完全不重叠，如经部、集部所收文献可补充清代经学史、文学史研究领域的空白，史部加入的大量文献，其价值亦不可低估。

《稀见清代四部辑刊》中的所谓"四部"，即指传统图书分类之经部、史部、子部、集部四部，故每辑所收的著作皆按传统的四部分类法（经、史、子、集）来分类。兹将各部的分类情况略加说明：

（一）经部。仿《晚清四部丛刊》之分类，分群经总论、周易、尚书、诗经、三礼、春秋和三传、四书、孝经、尔雅、石经、谶纬等类。由于文字声韵学在晚清尚未独立成为一个学科，该辑刊仿《四库全书总目》之例，将其附于经部之末。（二）史部。依正史、编年、杂史、纪事本末、诏令奏折、史钞、史表、史评、政书、传记等排列。（三）子部。依儒家、兵家、法家、术数、杂家、杂纂、小说家（或说部）等排列。（四）集部。凡全集、遗集、诗文、词赋、制义、尺牍等集皆属之，依作者年代先后排列，作者年代不详者，以自序或他序年代为据。

晚清文献的首次汇辑（稀见稿）
——《晚清四部丛刊》

林登昱

《晚清四部丛刊》共十编，全1200册。本丛刊所指的"晚清"，是指道光（二十年以降）、咸丰、同治、光绪、宣统五朝，起始年代为1840年至1911年；所谓"四部"，即指传统图书分类之经部、史部、子部、集部四部，故每编所收的著作皆按传统的四部分类法（经、史、子、集）来分类。

《晚清四部丛刊》各部主编均为台湾知名学者，分别是："经部"主编为林庆彰（台湾"中央研究院"文哲所研究员），"史部"主编为赖明德（台湾中原大学华语系特聘教授），"子部"主编为刘兆祐（中国文化大学中文系主任），"集部"主编为张高评（台湾成功大学中文系特聘教授）。

《晚清四部丛刊》各部的分类情况略加说明如下：一、经部。仿《民国时期经学丛书》之分类，分群经总论、周易、尚书、诗经、三礼、春秋和三传、四书、孝经、尔雅、石经、谶纬等类。由于文字声韵学在晚清尚未独立，本丛刊仿《四库全书总目》之例，将其附于经部之末。二、史部。依正史、编年、杂史、纪事本末、诏令奏折、史钞、史表、史评、政书、传记等排列。正史、纪事本末类因数量不多，收入第五编之后。另外，政书、日记因数量庞大，俟文稿整理完毕，亦收入第五编以后。三、子部。依儒家、兵家、法家、术数、杂家、杂纂、小说家（或说部）等排列。墨家、道家诸作为数不多，亦收入第五编以后。

四、集部。凡全集、遗集、诗文、词赋、制义、尺牍等集皆属之，依作者年代先后排列，作者年代不详者，以自序或他序年代为据。

《晚清四部丛刊》在选文和编排方面，尚须进一步说明者有三：其一，集部中的经学。集部中有不少全集、遗集、文集等包含有经学著作，如《邓厚庵先生遗书择录》实为《论语讲义》六卷，王熙章《及时山房诗文草》亦有《论语讲义》数卷，郭籛龄《吉雨山房全集》有《周易从周》十卷，这些自可别为专著；但如陈玉树《后乐堂集》中有"经说"二卷、"毛诗异文说"十卷，金锡龄《劬书室遗集》卷一至卷八为经学，卷九至卷十六为文集，为保存完整的别集，碍难裁篇而出。其二，年代标准。

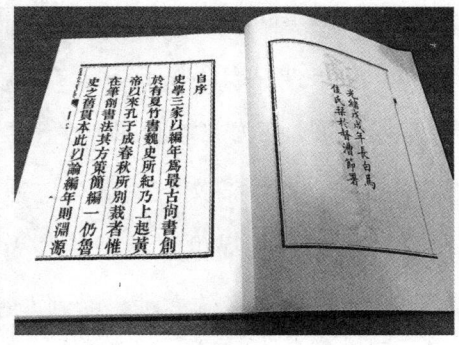

本丛刊汇辑道光二十年至宣统三年之著作，是以成书年代为收录依据，如曹应枢的卒年虽晚于道光二十年，然其《梅雪堂诗集》乃成书于道光十八年，属清中叶的著作，不可编入。又如欧阳厚均、方东树皆殁于道光咸丰间，然欧阳氏《易鉴》三卷"乃其晚年订本"（据周玉麒序），方氏《向果微言》自序写于道光二十九年，则皆可编入。再如许禧身殁于民国5年、陆廷黻殁于民国10年、吴增祺殁于民国18年，但许氏《含青阁诗草》为宣统二年铅印，陆氏《镇亭山房诗文集》则为光绪十七年刻本，吴氏《国语韦解补正》自序于宣统元年，故本丛刊皆加以编入。其三，版本。本丛刊选取版本，以稿抄本为优先，无稿抄本者，依次选取刻本、木活字本、铅印本、石印本；而在刊本年代上自以最早为主，若有版本不清、不全或破损者，则以卷数完整、版面干净者替之。

《晚清四部丛刊》中，经部收书230种，史部收书110余种，子部收书230余种，集部收书380余种。所收晚清文献实为罕见，皆未出版过拍印版书，亦为《续修四库全书》所未收，并且与张元济《四部丛刊》完全不重叠，可谓文史新资料，为学者开辟了新的研究领域，为教学与学术研究活动提供了新动能，为学界深入研究晚清历史与文化提供了更全面、更丰富的文献，受到两岸学者的一致好评。

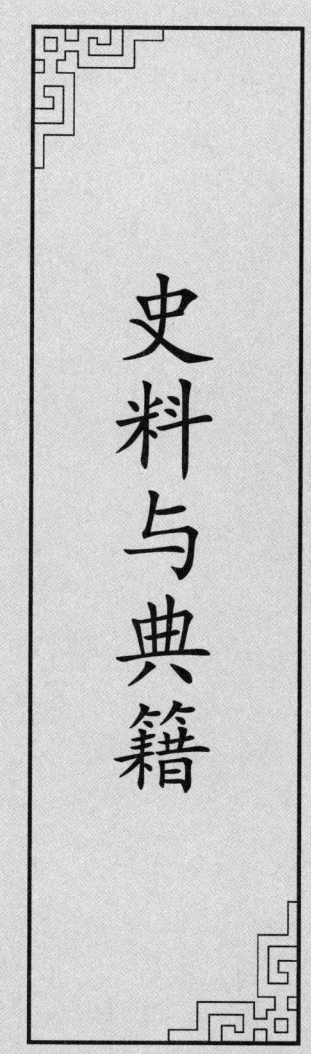

《历代日记丛钞》序

王钟翰

日记之作，肇自宋元，明清为盛。宋吕希哲之《侍讲日记》与周必大之《归庐陵日记》均为名冠当代、利垂后世之精心佳构。元则姚燧之《西林日记》与郭界之《云山日记》亦不稍为逊色。明代大文豪冯梦龙之《燕都日记》以及叶绍袁之《甲行日注》等日记，堪为时代之楷模。广为学人所熟知的清代官宦、名家，如曾国藩、曾纪泽、翁同龢、潘祖荫、李慈铭、王　运、林则徐、洪亮吉、有泰、王昶、钱大昕、高士奇、梁启超等人之日记，文学与史学价值并举，甚至可与他种重要史册文献相齐名。诸如此类之日记名篇大著，如今已被当代学人汇为一书，名之为《历代日记丛钞》。

日记为文，不过逐日逐月逐年记事而作。然各人所作日记，因其各人的学力、经历、兴致、目的不同，不仅每人之日记各俱特色，其影响与作用亦不尽相同。如李慈铭之《越缦堂日记》，多录平日读书心得，长篇累牍，一发议论，不可遏止，一一录之于日记之中，以为后辈学子写作摹拟之津梁。此日记之作所以为人者。王　运（字壬秋）之《湘绮楼日记》则不然，王氏喜记家常琐事，柴米油盐，无不一一记载，友朋往来，老友新交，多所月旦。而一旦臧否人物，每每一人而数易其名或姓，令人读之，莫得其解。此则壬秋之日记所以为自身日后复检之用，其日记之作所以为己者也。而兼备为人、为己所作之日记为数尤多。当代史学大家、先师邓文如（之诚）教授之日记，即是合《越缦堂日记》与《湘绮楼日记》两者兼而有之之代表作。只惜邓先生辛勤撰写三十四年之久的三十四卷《五石斋日记》至今仍在书簏之中，尚无出版单位将其付印以飨广大读者。顷者，据说北京中华书局有意采用珂罗版影印先师邓文如教授之日记，读者尚须稍待日期耳。

值得庆幸的是，在盛世修书之今日，国家图书馆所藏五百多种宋、元、明、清（康、乾、嘉、道、咸、同、光绪朝为多）以及民国年间的日记，经董光和策划，李德龙、俞冰诸同志编辑，由学苑出版社全部影印出版，实乃当今国内外学界可喜可贺之事。董、李、俞三同志经年累月，精心组织学者团队，对五六百种成千上万卷历代大小有名人物之刻本、印本、写本日记原文进行研究与考证，对每一种日记的版本状况、成书时间、著者简历、日记特点、文献价值等等，一一剖析，提纲挈领，为之题跋，奖许有加！

《历代日记丛钞》不仅汇集了宋、元、明、清以及民国年间的日记佳作，甚至还收录了清末民初一小部分外国人来华短时旅行或长期居住者用中文所撰写之日记。除日本人释源豪之《四度受法日记》、古城吉贞之《巡礼日记》、竹添进一郎之《栈云峡雨日记》等名著大作之外，还可偶而见到俄人日记之一二，由此不难想见，《历代日记丛钞》的编者平日留心搜集与编纂之苦心孤诣，光照当代，利垂万世，甚盛事也！

就历史文献学而言，日记早已为学者研究所注重。诸多学者不断从中挖掘史料，汲取素材。本《历代日记丛钞》无疑又为学者之研究提供了丰富的营养。如《历代日记丛钞》中众多清代朝廷重臣、地方督抚、边疆大吏的日记，真实而具体地再现了清代中央和地方诸种政策之形成与实施过程以及各项行政措施实施后果之优、劣。《日记丛钞》中集中收录的一大批清代洋务运动和戊戌维新年间国人出洋考察与出使外国之日记，如戴鸿慈之《出使九国日记》、崔国因之《出使美日秘崔日记》、曾纪泽之《出使英法日记》、薛福成之《出使英法意比四国日记》、许炳榛之《甲辰考察日本商务日记》《乙巳考察日本矿务日记》、丁鸿臣之《四川派赴东瀛阅操日记》、刘学询之《游历日本考察商务日记》等等，不啻于一部晚清国人学习西洋、东洋之外交史册。至于《历代日记丛钞》中大量的文人学者诵经读史之劄记，又可谓是后人治学之向导与知识之宝库。总而言之，本《历代日记丛钞》内容之丰富，价值之高昂，实难以数言即可概括之，广大读者本人一经阅览，自会从中得到深刻体会，对此自毋庸赘言也。

翰虽对清史研究有年，但对历代日记未尝多有涉猎。乃本《历代日记丛钞》策划董光和与李、俞两位主编不见我弃，竟以顾问相让，又以翰年略长，以序相嘱。予深感董、李、俞等青壮年学者广事搜罗之勤苦，精心编辑之认真，将数百种历代日记之原貌展现于读者面前，省去读者重复翻检之劳。然则不可不谓利在当代，福延后世，善莫大焉，孰曰不宜？略述鄙见如上，并以为之序。

2006 年初春
于中央民族大学私寓时年九十有三

《中国地方志文献·学校考》序

来新夏

中国地方志文献为地方文献之大宗，素以起源早、历史久、传承长、品类全、数量多享誉世界。民国前所纂旧志，据一种统计达八千余种。在新编地方志进行过程中，又有所发现，目前已逾万种，洋洋大观，无与伦比。其内容包罗极广，凡一地区之自然、历史、地理、社会、经济、文化、军事等，无所不包。有人称之为地情百科全书，信非虚美。近年因其内容宏富，翻检不便，于是对旧志门类，有选择地分编为各种专志，单行别出，颇有裨于求知者搜求利用，而史料更得以集中保存。如人物、物产、风情等部类，已有编著，而有关教育之《学校志》，各志多有，而选编为一书者，犹付阙如，有关学人，期待久矣。

旧志中《学校志》（亦有称《学校略》者）内容丰富，记述学宫、书院、礼乐、祀典、名宦、乡贤、乡学、社学、义学、学田、上谕、碑记等各类情况。类下有目，凡教学机构、教学内容、经费来源、典章制度等，均有详细记载，如（同治）《涿州续志》记学田来源及收租米钱数等，甚为详细。其间尚有附入插图者，如山西（道光）《阳曲县志》即附有《学宫图》，楼阁堂庑，皆清晰可见，为研究中国教育史之重要而珍贵的原始文献。惜长期以来掩盖于志书海洋，未能充分利用，实为学人憾事。

近闻京都有《中国地方志文献·学校考》之编，邀各藏所行家，共襄其事，不佞又谬蒙邀任主编，下风逊听，倍感惶恐。历数年艰辛，遍查全国各地民国前之旧志，经论证其价值，选择优秀版本，完整清晰查重后，共收三千余种方志。

全书分册出版，各册按省为序，省下列各县志书，按原书版式，分上下栏影印成书。各志皆标以编纂时代，如（万历）、（康熙）、（民国）等。除各县不同时代正志外，尚收有调查报告书、续修、重修等类，可称全备。各《学校志》所述，皆上溯古代，下迄修志时代，保存一套有关建学施教，培养人才，普及知识，促进社会文明的完整、集中的专题资料，有裨研究者参考。

全书书尾有附录三。一为《地名沿革与相关旧志》，简述今地名沿革，曾用名所涉及相关旧方志；二为《地名沿革与相关旧志索引》以中文拼音字母顺序排列，依次以地名沿革与相关地志内各地名首字的顺序检索；三为《旧志书名索引》，以书名为序，其上所冠之"定词"与冠词均不录。有此三附录，对使用全书，多增利便。

如有不当，尚祈贤达教正！

是为之序。

2011年秋写于南开大学邃谷

《清代版刻牌记图录》序

白化文

　　岁居丙戌，时值河清，知交董光和先生有《清代版刻牌记图录》之制作。遐访林泉，下问老朽。予曰：唯君问学方新，发挥未艾。匠心所寄，书刻叠刊。年经月纬，沉潜在丹铅书史之中；辑柳编蒲，整齐于亥豕窜讹之内。昔曾几度示予玉版，获睹青箱；莫不辉映三才，发皇万有。今更出其余绪，成此鸿篇。启秀瑶林，植根秘苑。搜寻玄圃积玉，纂辑片羽吉光。深探二酉之山，勒成一家之作。藉兹林薮，树我琳琅。扬一代梨枣之休，综十朝典籍之盛。化文欣逢盛世，快睹大观。饱啖五侯之鲭，坐披七襄之锦。览兹巨制，愧我芜词。时维游兆淹茂之岁菊月初吉，友谊颐和退士白化文谨。

《稀见明史史籍辑存》序

何龄修

任何科学都以相关的数据为研究对象和基础，史学为尤甚。巧妇难为无米之炊，空言无补实际。没有史料就没有史学。梁启超说："史料不具或不确，则无复史之可言。"[1]这是至当不易的。新史料和时代的新需要、新认识带来新问题。研究新问题，促进史学的进步。陈寅恪说："一时代之学术，必有其新材料与新问题。取用此材料，以研求问题，则为此时代学术之新潮流。"[2]可知新史料的发掘，是推动史学新潮流涌现的一大关键。史料有史籍、文书档案、物质文化遗存（史迹、器物、碑刻等）、口碑、民族民俗调查资料等类，而总的来说史籍是主要的一类。因此，史籍的大量整理、出版，方便阅读、利用，成为学人、史家特别关注的问题。

明朝是中国历史上由汉族建立的最后一个封建皇朝。中国是一个多民族国家。从殷周时起，少数族就住居周边广大地区。两晋以来，少数族进入中原，取得局部地区建立起小国，甚至建立起全国统治。明朝上承蒙古族创建的元朝，下接满族创建的清朝，首尾270余年。自弘光至明郑灭亡共40年的南明史，从历史纪年说属于清史范围，但从皇朝统系说也纳入明史。《稀见明史史籍辑存》所收，是包括南明史

---

[1] 《梁启超史学论著四种》，《中国历史研究法》，岳麓书社1985年版，第145页。
[2] 陈寅恪：《金明馆丛稿二编》，《陈垣炖煌劫余录序》，三联书店2001年版，第266页。

籍的。

合并南明史在内的310余年的明史,有令后人难忘的灿烂辉煌,阶级统治所固有的腐败、惨痛,也遮掩不住其夺目的光焰。最明显的事实是:一,著名的三保太监郑和率领的船队,进行了世界历史上最早的海洋远程大航行,从永乐三年(1405年)开始将近三十年间七"下西洋",访问东南亚、南亚诸岛诸国,并横渡印度洋,远达东非今索马里、肯尼亚沿海和西亚波斯湾、红海等处。船队人员多达二万七八千人、巨舟数十数百艘,与欧洲航海家哥伦布等数十人、数条船的规模实不在一个水平,是明朝国力强盛、造船航海技术先进的反映。然而,强国大明从来不曾以强凌弱、以大欺小,郑和船队带去的是中华民族的亲善和平,与欧洲航海家的掠夺、屠杀等殖民行径成为鲜明对照,因此被访问过的地方留下的也是对三保太监的缅怀和纪念。近年英国学者加文·孟席斯研究揭示,郑和船队绕过好望角,穿越大西洋而抵达美洲,历访美洲东、西海岸,较哥伦布等早70余年拥抱新世界。当然,孟席斯石破天惊的新论有待挖掘史料,进行证实。郑和的业绩也没有被国人继承下来,发扬光大。但他及其船队的空前创举,仍是永远屹立在世界历史上的一座不朽丰碑。二,明朝与四邻诸国和平相处,友好交往。这是明太祖朱元璋开国时就已确立的方针。他训谕子孙:四方诸国,"若其不自揣量,来扰我边,则彼为不祥。彼既不为中国患,而我兴兵轻犯,亦不祥也。吾恐后世子孙,倚中国富强,贪一时战功,无故兴兵,杀伤人命,切记不可。"[1]明太祖在位时对此严格信守,明朝后世子孙基本上注意遵循。它体现了明朝在国际关系中既自尊自强又尊重他国的道义风范和中华民族所具有包容性的传统品格。因此,终明之世,明朝与四邻诸国几乎没有大的冲突,尤其是明朝方面挑起的冲突,而浡泥国王和苏禄东王先后访华时逝世并长眠在中国,朝鲜在明清易代后长期眷念明朝,琉球异常珍视并编撰其与明朝关系文书等等,是明朝与四邻诸国关系中部分令人感动的史实。三,明朝中后期社会出现明显

---

[1]《皇明祖训》,《箴戒章》。

的发展、变化。表现在经济上，农业、手工业生产力发展，商品经济增加，商业更加发达，货币流通活跃并推动地租、赋役向货币化前进和汇兑业务出现，工商城镇在东南沿海兴盛起来，封建生产关系发生一些松动，资本主义萌芽出现和增长，在明朝灭亡、人民饱受战祸和灾荒摧残前，社会经济的发展是生气勃勃的。在文化上，明朝封建专制统治强化，封建文化发展僵化，复古风气盛行，削弱创新精神。但历史进程总是蜿蜒曲折的，文化的生机并没有败坏或瘫痪，被压抑的创造力总寻找机会冲决出来，民间文艺中雕塑、园林艺术、戏曲、曲艺、杂技等都取得惊人成就，接近民众的文学如小说、戏剧等作家辈出，作品丰富多彩，明末社会危机促进反复古、救世局的文化觉醒，促进早期启蒙思想发生、发展，文化的进步在各个领域表现出来。四，明朝封建专制统治不免存在薄弱的环节，产生裂缝。首先是党社运动从文酒之会、从制艺讲习场所中发展起来，党社成为朝政论坛和政治群体，促进士民对国家民族命运的关注。其次，揭帖的刊发，雏型新闻纸出现[1]，哭庙风习流行，都给揭露社会的阴暗面提供一些可能性。明人倡导气节，朝廷士绅、乡野黎庶都有人为国家民族利益、为社会公平、为世间是非、为政治清明呼号呐喊，殊死抗争，忠直之士，代代有人，民族正气，不绝如缕。民族英雄、烈士、遗民中文化大家名家在明清之际多如繁星，光芒四射，应非偶然。只举出这几点，已经充分说明，明史在中国历史上具有重要地位，明朝社会无疑处在历史性变革开始酝酿时期，明朝也是我们民族成熟的智慧、创造力和大无畏精神都有惊人表现的时期。进一步深入研究这310余年历史的重要性，是不言而喻的。

因此，挖掘和刊布明史新史料的需要，自然是迫切的。《稀见明史史籍辑存》的印行，是顺应这一需要的。《稀见明史史籍辑存》都是中

---

[1] 西湖渔隐主人：《欢喜冤家》第十三回，《两房妻暗中双错认》云：倘发生丑事，"若是播扬起来，外边路上行人口似碑，一人传两，两人传三，登时传将起来，那卖新文的巴不得有此新事，刊了本儿，待坊一卖，天下都知道了，那时就将一万银子买他不做声也难了。"这里讲的卖新文，完全符合新闻报刊的特质特征，应是社会实际在文学（小说）中的反映。

国国家图书馆藏钞本（占多数）、稿本、刻本，学界过去很少利用，有的根本没有被利用过，其内容涵盖整个明朝包括南明的历史。明初建文一代的史事，因建文帝在皇位争夺中失败而被涂饰、淆乱，本刊注意补充有关建文史实的史籍，如宋瑾《逊国传疑辨》，而佚名《明四代年鉴》等也都包含建文朝史料。本刊收有多种传记，有单传，有汇传，内容丰富。比如佚名《明季烈臣传》、曹溶《明人小传》都是入传人数较多的汇传，前者实际上是从天顺到永历的明人传记集，正、附传合计入传人数近千人，后者是从洪武到崇祯的明人传记集，入传人数 3000 余人，两书都是明末清初人记明朝人物，从来没有刊刻流布，很是珍贵。

  应该特别指出，从万历到永历略超百年的晚明，社会激烈分化、动荡，斗争错综复杂、尖锐残酷。这一段历史在本《辑存》中有广泛的反映。有几种史籍可以提出来说说。弘光时佥都御史邹之麟作《先朝逸事》，稿本存留在世，此书实际上是万历宫词，讲述万历朝施政和宫廷生活的某些事件，是研究万历帝为人和朝政的有趣味有价值史料。崇祯时翰林院编修程正揆作《先朝遗事》，则专记崇祯朝掌故，所记天启帝临终，大位授受之际就颇着异闻，崔呈秀曾经阻止魏忠贤准备用魏良卿入侍以控制宫廷的阴谋，记载崇祯末年与吴昌时有关的事实也多，全书是研究崇祯朝历史的很好史料。还有沈佳的《存信编》，此书曾引起朱希祖、陈垣、陈寅恪等著名学者的重视。原书作者佚名，沈佳是朱希祖所考出。沈佳其人很值得研究。他是康熙二十七年（1688）进士，却完全站在明人立场撰为此书。全书七八万言，以编年体记永历一朝史事至为详尽。这里举两件事：一件是，现存顺治年间档案说明，江南复明运动的一位领袖贺王盛，于顺治十年（1653）派睢本、姚志卓、朱全古去贵州安隆，联系永历政权，本书所记不仅情节与档案吻合，而且此举于先年冬由钱谦益与姚志卓、朱全古谋划，"定入黔请命之举"，后来，"姚志卓入贵筑行营，上疏安隆，召见慰劳赐宴，遣志卓东还，招集义兵海上，冢宰范矿以朱全古万里赴义，题授仪制司主事"，作了重要的补充。另一件是，与永历政权建立大体同时，虞胤、韩昭宣在陕西韩城一带，拥韩王起义抗清，曾乘姜　反清之机进入山西激战，后来韩王辗转投奔夔东十三家，但仍保持与虞胤义军的联系。因韩王之名在《明史》中作　堉、《罪惟录》中作本鋐均误[1]等原因，虽有现存清初档案言之凿凿，许多研究者仍予否定，至有斥韩王为乌有先生者。本书在永历十年（1656）条下记："五月己卯朔，封虞胤莱国公、总督、文渊阁、兵尚如故，以韩王　溧请加封以规后效也。"这段记载证实档案所述虞胤、韩王史事不诬，保存了韩王的符合明朝宗室制度的名字。这两件事例突出反映了《存信编》的史料价值。

完全可以说，《稀见明史史籍辑存》是一种美不胜收的明史史料集，是中国国家图书馆提供给史学界的又一件瑰宝。

明史史籍和档案的陆续刊布，不断地为明史研究者准备充分的渔猎之资。明史研究者完全可以凭借和发挥自己的才能学识，尽量利用这些史籍和档案，开发其史料价值，写出优秀的作品问世，推动明史研究来一个新的飞跃。这也是编辑出版《稀见明史史籍辑存》的期望。

---

[1] 参看何龄修：《李之椿案与复明运动》，《中国史研究》1990年第三期第150页注17；《虞胤、韩昭宣起义与傅山》，载《明史研究》第二辑，黄山书社1992年版，第161至170页。

《雄安新区历代方志丛编》序

黄燕生

由河北省图书馆和北京市文津书店联合编辑的《雄安新区历代方志丛编》，收录了雄安新区所辖雄县、容城县、安新县三县及保定府自明代至民国18种方志。这是贯彻落实中共中央、国务院关于设立雄安新区战略部署的一项重要文化工程，对于雄安新区的建设和发展具有十分积极的意义。

方志又称地方志，是我国特有的一种分门别类记述各区域地理、历史、经济、社会、文化的典籍，被比喻为地方百科全书。唐宋以来，便有地方官赴任之初阅读方志的传统。唐代文学家韩愈过韶州，宋代理学家朱熹知南康军，都将调阅方志作为首要之务。说明在交通和信息还不那么畅达的年代，人们要了解和认识自己不熟悉的地方，方志有类似地区通览、指南的功用。当然，现代社会已是信息发达、交通便利的时代，人们获取认知的途经更加多样，但方志的记载仍难以替代，因为历代方志还具有存史和资鉴的功用，对于初到新区的建设者来说，全面认识这一区域的环境变迁和历史沧桑，方志仍具有极其重要的文献价值。

雄安新区位于华北平原中部，黄河千百年来的奔涌冲刷，孕育了这片沃土。这里河湖密布，万物丛生，新石器时代已有人类活动，是中华文明的发祥地之一，20世纪60年代发掘的安新县留村遗址即属仰韶文化晚期遗址。到战国时期，这片区域为燕国南疆，与赵国分界。燕赵自古多慷慨悲歌之士，著名的荆轲刺秦王的事件就发生于此。据《战国策》记载：公元前227年，荆轲携燕国督亢地图去见秦王嬴政，欲行刺杀，燕国太子丹等送别于易水河畔，伴随着高渐离的击筑声，荆轲高歌"风萧萧兮易水寒，壮士一去兮不复还，"从此留下千古绝唱。《万历保定府志》卷四记载有督亢陂，称："燕太子丹使荆轲赍督亢地图入秦，即此也"，《乾隆容城县志》卷一记述为："在容城北界古城，即八景内古城春意也，在县北十五里城子村前"。到北宋时期，这里成为辽宋边界，雄州（今雄县及容城县）、保州（今安新县）是抵御契丹入侵的边防要地，著名将领杨延昭在此镇守十六年，战功赫赫，其事迹在元代就被编入戏曲。《乾隆容城县志》记述本县古迹有一处晾马台，称："在县东二十余里，宋杨延昭筑此以望马，基址现存"。一百余年后，金灭北宋，押解宋徽宗、宋钦宗北上，行至界河白沟，随行的宋签书枢密院事张叔夜"蹶然而起，仰天大呼，扼吭而死"。又过了一百余年，元灭南宋，南宋丞相文天祥被押解至大都（今北京），途经白沟，慨然作诗云：

昔时张叔夜，统兵赴勤王。
东都一不守，羸马迁龙荒。
适过白沟河，裂眦须欲张。
绝粒邈不死，仰天扼其吭。
思公有奇节，一死何慨慷。
江淮我分地，我欲投沧浪。
沧浪却不受，中原行路长。
下车抚梁门，上马指楼桑。
戴星渡一水，惨淡天 茫。
行人为我言，宋辽此分疆。
悬知公死处，为我出涕滂。

> 我死还在燕，烈烈同肝肠。
> 今我为公哀，后来谁我伤？
> 文武道不坠，我辈终堂堂。

不久，文天祥在大都拒绝了元人的劝降，凛然就义。两事均载于明嘉靖年间编纂的地方志《雄乘》中。可见历代方志的记述，不止于介绍当地沿革演变，同国史一样，也记录发生于此的所有可歌可泣的故事，不断激励后人的爱乡爱国之情。抗日战争期间，日军侵占冀中，在中国共产党的领导下，安新县民众组成雁翎队，利用白洋淀复杂的地形，对侵略者展开顽强反击。其事迹在中华人民共和国成立后，不仅有多部文学影视作品予以展现，也详细记录于新编《白洋淀志》中，该志记述："抗战期间，雁翎队历经大小战斗近百次，击毙、俘虏日伪军近千人，缴获大批武器弹药，在中国抗战史上留下了光辉的一页"。

白洋淀在宋代称为白羊淀。《宋史·河渠志》记载："东南起保安军，西北雄州，合百世淀、黑羊淀、小莲花淀为一水，横广六十里，纵二十五里或十里，其深八尺或九尺；东起雄州，西至顺安军，合大莲花淀、洛阳淀、牛横淀、康池淀、畴淀、白羊淀为一水，横广七十里，纵三十里或四十五里，其深一丈或六尺或七尺。"当时，包括白洋淀在内的众多沟壑相连的淀溏，实际是人工引水形成的湖泊湿地，用于阻滞契丹骑兵的进犯。宋代科学家沈括担任过河北西路察访使，并曾出使辽国，对雄州等地边防形势非常熟悉，他在《梦溪笔谈》中记述了筑淀溏为防线的过程：

> 瓦桥关，北与辽人为邻，素无关河为阻。往岁六宅使何程矩守瓦桥，始议因陂泽之地，潴水为塞。……自此始壅诸淀。庆历中，内侍杨怀敏复踵为之。至熙宁中，又开徐村、柳庄等泺。皆以徐、鲍、沙、唐等河，叫猴、鸡距、五眼等泉为之源，东合滹沱、漳、淇、易、涞等水并大河。于是，自保州西北沈远泺，东尽沧州泥沽海口，

几八百里，悉为潴潦，阔者有及六十里者，至今倚为藩篱。

将河湖连贯为网，利用低洼地势蓄水为湖，在平原地区建起连绵数百里的水长城，这是多么富有奇想的发明！《皇宋通鉴长编纪事本末》卷第四十六记载，当时"自边吴淀至泥姑海口绵亘七州军，屈曲九百里，深不可以舟行，浅不可以徒涉，虽有劲兵，不能渡也"。后来宋辽议和，战事平缓，历经河水泛滥，多数溏淀已淤积干涸。尚还保持原貌的就是位于安新县的白洋淀，总面积达366平方公里，为河北省第一大湖。《弘治重修保定志》卷十二记载："白洋淀，在郡治东九十里，新安县南十五里，周围六十里。人以水势汪洋，故名。内出鱼藕，以利军民"。

白洋淀等淀溏的修建，不仅巩固了边防，也促进了当地的农业生产。宋朝廷接受了知雄州何程矩等人的建议，"资其陂泽，筑堤贮水为屯田"，利用水源充沛的优势，引入江东早稻，在河北开展稻麦间种。"由是自顺安以东濒海，广袤数百里，悉为稻田，而有莞蒲蜃蛤之饶，民赖其利"（《万历保定府志》）。使这里呈现出一派江南水乡的景象。北宋陈襄有《登雄州南门偶书》诗，称赞其景色为："池面绿阴通易水，楼头有雾见狼山。渔舟掩映江南浦，使驿差驰古北关"（《古灵集》卷二十四）。到宋真宗天禧末年，河北屯田岁入稻谷达二万九千四百余石，而白洋淀所在的保州的产量就占其一半。元明清时期，由于河道变迁，水灾频生，水稻种植有所减少，白洋淀周边地区依然有大片水田种稻。根据民国初年编辑的《河北省安新县实际情况调查报告》统计，当时稻的全年产量超过了其他农作物（小麦、大麦、粟、高粱、黍、玉米）产量的总和。而《民国雄县新志》记述当地物产，也说"稻宜下地，有早晚二种，沿淀各村多种之，平地种者俗呼早稻粳子"。

汉唐时期，雄安新区所辖区域已是连接南北的重要通道。辽宋时期以白沟河（拒马河）为界河，时属雄州的白沟驿（今属河北省高碑店市），北距辽新城县三十里，南距宋雄州三十里（一说四十里），成为辽宋使臣往来的第一站，宋朝廷在这里设置榷场，开展贸易活动。

宋朝输出的商品主要有茶叶、香药、丝绸、瓷器、漆器、犀角、珍珠等，辽国输出的商品主要是盐、羊、马、骆驼、皮货、药材、银钱等。据当时的统计，河北四个榷场每年的交易额高达150万。除了官府所设榷场，走私贸易也十分猖獗。由于这里既有驿道连接南北，又有水路直达东西，形成不同区域物产的交易市场。到元代开凿大运河，白沟直通运河，成为连接南北方各省的商品集散中心。自此之后，尽管朝代更替，河道变迁，白沟始终八方辐辏，商贾云集，历数百年而不衰。《道光新城县志》形容："白沟镇为燕南大都会，近贾齐鲁，远通闽粤，士商问渡，冠盖相望"。直到今天，白沟依然是北方一座重要的商贸城。

通过历览雄安新区的历代方志，我们能全面了解这片土地上所经历的岁月沧桑。我们为志士先贤的奋斗和努力而感叹，更期待不久的将来这片土地上将发生的神奇故事。雄安新区的设立，承担着集中疏解北京非首都功能，探索人口经济密集地区优化开发新模式，调整优化京津冀城市布局和空间结构，培育创新驱动发展新引擎的职能，成批的开发建设者即将来到这片土地，他们将通过新的奋斗和努力，浓墨重彩，绘出雄安新区的灿烂未来，写下更加辉煌的历史新篇章。

2017年5月

《地方文献古迹志专辑》序

黄燕生

古迹志成为方志的重要组成部分，发端于唐代的图经总集。《四库全书总目》在叙述方志形成时有一段经典描述："古之地志，载方域、山川、风俗、物产而已，其书今不可见。然《禹贡》《周礼·职方氏》其大较矣。《元和郡县志》颇涉古迹，盖用《山海经》例。《太平寰宇记》增以人物，又偶及艺文，于是为州县志书之滥觞。"这就清晰表明：在方志定型之前的漫长岁月里，记录某一区域地理或历史的著述各有侧重，各俱体裁。有偏重自然景观的，也有专述人文历史的，能够综括两者的，则是属于官牍的图经。将图经中人文部分的比重逐渐增加，或是将地记的史传内容和体裁加入到图经中，并由定期呈报的官府案牍转变为一种由官方和学者共同经营的著作，这才有了宋元以来有着特定记述内容和大致类似体例的地方志。

"苍苔满字土埋龟，风雨销磨绝妙词。不向图经中旧见，无人知是蔡邕碑。"这首王建《题酸枣县蔡中郎碑》（见《全唐诗》卷三〇一）讲的是诗人发现了积满灰尘的旧碑，上面的文字历经岁月，已难辨认出处，后来读到当地图经，方知道是汉代蔡邕书写的碑记。古迹为人类活动的历史遗迹，包括古城、古战场、古建筑遗址、陵墓、碑刻、题记等。随着时间的推移和岁月的销磨，许多遗址题刻渐渐湮灭。地方志的一项使命就是将各个区域内的历史遗迹记录下来，而这些记录就成为历代史家考经证史的重要文献。《全唐文》卷三三八，唐颜真卿《项王碑阴述》称："西楚霸王当秦之末，与叔梁避雠于吴，盖今之湖州也。虽灭秦而宰制天下，魂魄犹思乐兹邦，至今庙食不绝。其神灵事迹，俱见竟陵子陆羽所载《图经》。"又《全唐文》卷五九一，韩愈《黄陵庙碑》称："湘旁有庙曰黄陵，自前古立以祠尧之二女舜二妃者。庭有石碑，断裂分散在地，其文剥缺，考《图记》，言汉荆州牧刘表景升之立，题曰《湘夫人碑》。今验其文，乃晋太康九年，又题其额曰《虞帝二妃之碑》，非景升立者。"以上事例说明：自唐以来，图经地志记录的古迹就成为后人还原历史的左证。清代至今，不少学者耗费大量精力，辑录汉唐图经地志文献，究其缘起，不仅在于梳理早期方志数据，更在于这些记录历朝古迹遗址的文献俱有独特史料价值。

方志中古迹志的内容经历了由散至聚，由简至繁的过程。

从府州志看，唐和北宋图经还保留着释图的形式，只是在标注古地名和古遗址时，列出若干条目加以说明；南宋时，包括古城、古墓、古寺、碑刻、题记在内的以往人类社会活动的遗存，已作为专门的事项列入有关篇目。我们可以从宋代两部著名的苏州方志《吴郡图经续记》和《吴郡志》看到这一变化。成书于北宋元丰年间的《吴郡图经续记》列"往迹"一目，共二十六条，主要考述古地名；"往迹"之外，还有祠庙、宫观、寺院、园第、冢墓、碑碣等目，内容也有不少涉及古迹。成书于南宋的《吴郡志》除卷八、卷九专述古迹外，卷十二及卷十三祠庙、卷十四园亭、卷十六虎丘、卷二十九及卷三十土物、卷三十一宫观、卷三十一至卷三十六郭外寺、卷三十九冢墓、卷四十八考证，也举列有古迹事项。类似情况还可见《绍定江阴志》《咸淳临安志》《咸淳毗陵志》等。

宋元时期方志体例正趋定型，虽不少志书列出古迹、往迹专篇，但事关古迹的内容仍散见诸目。唯《至正金陵新志》较独特，该志沿用《景定建康志》的正史体例，原志以城阙、祠祀两志收古建遗址，新志增加古迹志,下列城阙、官署、第宅、陵墓、碑碣五目,将散于各类的古迹事项聚合一志。到明代以后,府县志书列古迹志已成定例,所记事项也大同小异,大致包括城址、园囿、寺观、陵墓、碑记等,也有扩充至仓坊、古物的。明《弘治上海志》的古迹志列有城垒、第宅、胜致、丘冢四目,《正德大名府志》的古迹志列陵墓、城垒、丘园、台宇、废治五目,《嘉靖宿州志》和《嘉靖藁城县志》的古迹志仅列三目,分别为故城、宫室、丘墓和故墟、冢墓、寺观,《万历扬州府志》的古迹志则列十二目,为古城、宫殿、楼阁、台观、堂院、故宅、堤苑、池井、古冢、遗物、逸事、近迹。明代方志列古迹事目较为固定,范围也比较相似,应该与明初颁布的修志条例中的明确规定有关联。明永乐十六年(1418)颁行的《纂修志书凡例》对方志古迹类的记述内容有极为详细的规定:"凡前代城垒、公廨、驿铺、山寨、仓场、库务,古有而今无或改移他处者,基址亦收录之。陵墓,前代帝王、名臣、贤士者,并收录之。亭馆、台榭、楼阁、书院之类,或存或废,有碑记者亦备录于后。津渡,见在某处,路通何方,岩洞井泉之有名者亦收录。龙湫亦载何处或有灵异可验者。前代园池何由而建,本朝桑枣备载各都某处。陂堰、圩塘之类,见何代开渠,如无考者,止书见存某处。废者亦见因何而废。寺观、庵庙虽废亦录。墟巷之类,凡废者俱收录之。"古迹以外的一些类目,如坊郭镇市、寺观等,也规定:"如古有其名今废者,于古迹下收之"。

从地理总志看,古迹事项自入志到列目,也经历了漫长的岁月。唐《元和郡县图志》到宋《太平寰宇记》是变化之始,到元《一统志》完成定型。《元和郡县图志》叙述府州时,开俱门目有府(州)境、八到、贡赋、管县,尚未将古迹列目,只是在分县叙事中列有古迹遗址,如长安县后列出长安故城、太和宫、周武王宫、秦阿房宫、汉长乐宫、汉未央宫、汉建章宫等,再如昭应县列出新丰故城、周幽王陵、秦始皇陵、华清宫等。《太平寰宇记》承其体例,叙述府州,列目有领县、府(州、军)境、四至八到、户、风俗、人物、土产,遗址古迹则见之州县叙事之中。元《一统志》仅有残本和辑本传世，但在《元秘书监志》卷四中保存有该书凡例一篇，据其所载，大致可考元《一统志》叙述府州的列目，有建置沿革、坊郭乡镇、里至、山川、土产、风俗形胜、古迹、寺观祠庙、宦迹、人物诸项。古迹首次出现在官修总志中，这应该是受到南宋末成书的《舆地纪胜》影响，《舆地纪胜》是一部以记录古迹名胜为主的地理总志，分目有沿革、风俗、山川、景物、古迹、官吏、人物、僊释、碑记、酒诗、四六等，其中古迹、碑记、四六的篇幅较大，既是一部集合地理、历史、诗文为一体的成型方志，也可视为一部与传统官修地理总志迥异的新型全国区域志。元《一统志》借鉴《舆地纪胜》的分目，标志着全国区域志的编修，已经跳出了《禹贡》《汉书·地理志》偏于建置沿革、四至八到、户口贡赋的记录模式，更多的与综括各区域自然、社会、人文的成熟方志同步，能够根据时代的发展而变革创新。到了明代，古迹在方志中的位置大体固定下来，明永乐十年（1412）和永乐十六年（1418）两次颁降《修志凡例》，将古迹志的内容、分目及表述形式都作出规定。在前一凡例中，古迹志的列目有城郭故址、宫室台榭、陵墓、关塞、岩洞、园池、陂堰、景物等项。

明《嘉靖曲沃县志》卷四古迹志叙称：“古今兴废无常，时物之变迁不一，是故沧海桑田，桑田陵谷，莫知底止。使弗志则湮没，后将何考？”清《道光上元县志》卷十三古迹志叙也称：“地理之书，莫难于古迹，陵谷变迁，城郭改易，非详考而真有所据。”述往而知来。在社会变革动荡之际，古代遗存常常遭遇灾厄，演变为新的建筑或沦为废墟，以至真正的古迹遗址只能到文献中去寻找了。从这个意义上看，古迹志更应承担起存史鉴今的神圣职责。《地方文献古迹志专辑》分区域集合方志中的古迹志，也是历史存照的一种方式。相信本书的出版，不仅能够为史学工作者留下一份较为系统的古代遗址数据，也能给正在推进城市化进程的规划者和建设者提供一部保护文化遗产的指南。那些历经沧桑仍然保留在地上或地下的遗存，到了我们这一代还能剩下多少不被拆毁遗弃、拆旧改新，还真的需要认真研究一番，也更需要一份详细的方志文献进行比照。

是为序。

2012 年 6 月

中科院馆藏珍籍首次全貌示人
——《中国科学院文献情报中心藏古籍珍本丛书》(钞稿本部分)即将面世

罗 琳

中国科学院文献情报中心（即中国科学院图书馆）是国内研究型专业图书馆中古籍藏量最大的图书馆，古籍藏量约50万册。其古籍典藏历史可追溯到民国时期之"东方文化事业总委员会"，迄今已80余年。由于中国科学院文献情报中心的"自然科学"属性，故丰富的古籍收藏多年来鲜为人知。

中国科学院文献情报中心收藏之古籍包括敦煌写本、西夏文钞本、宋椠元刻、活字本、套印本以及大量稿本、钞本、名人字画、契约、家谱等，曾入选《中国古籍善本书目》的5800余种善本只占馆藏善本总量的五分之三。

《中国科学院文献情报中心藏古籍珍本丛书》(抄稿本部分)计划精选馆藏之稿本、钞本500种左右影印出版。其中约80%的稿本之唯一性具有极特殊珍贵的史料价值；对另外的约20%之钞本进行了认真的比对，有的已成孤本，有的与刻本多有差异，其对文献的流布、考证和校勘等都极具文献价值；严格鉴定版本并规范著录；对书品之选择十分考究；对异形开本和浮签等在扫描时均进行了特殊处理。已出版的第一辑50册，收书80种，其中稿本68种，钞本等12种。

附第一辑目录：

第一册

皕宋楼藏书志校注四卷 （清）李盛铎撰 稿本

铁琴铜剑楼藏书目录校注四卷 （清）李盛铎撰 稿本

翁宜泉比部手稿一卷 （清）翁树培撰 稿本

琡玉山房初稿不分卷 （清）李璋煜撰 稿本

第二册

右文说在训诂学上之沿革及其推阐八卷 （民国）沈兼士撰 稿本

说文解字段氏注摘例不分卷 （民国）沈兼士撰 稿本

汉字义读法之一例一卷 （民国）沈兼士撰 稿本

经籍旧音辨证发墨一卷 （民国）沈兼士撰 稿本

蕉林文稿一卷 （清）梁清标撰 稿本

第三册

陶庐未刊稿不分卷 （清）王树枏撰 稿本

荣禄公诗赋稿不分卷 （清）王兆琛撰 稿本

第四册

东武刘氏嘉荫簃搜藏泉币目录不分卷 （清）刘喜海撰 稿本

陈鳣年谱一卷 题（清）奚疑轩主撰 稿本

芳草堂遗稿二卷（存卷一）（清）龚维琳撰 龚显曾辑 稿本

孟子外书四卷 （宋）刘攽注（清）高骧云重校 稿本

蒿盦诗稿一卷 （清）冯煦撰 稿本

第五册

环渌轩诗草五卷 （清）范家相撰 稿本

历代后妃纪不分卷 （清）洪饴孙撰 稿本

万斯备诗稿不分卷 （清）万斯备撰 稿本

刘廷琛文稿不分卷 （清）刘廷琛撰 稿本

第六册

春星草堂集十二卷 （清）沈丙莹撰 稿本

兰泉诗稿不分卷 （清）福庆撰 稿本

第七册

笺释骈体燕山外史八卷 （清）陈球撰 张瞻龙辑注 稿本

第八册

黔省轺车往返程记一卷粤西轺车往返程记一卷 （清）鲍源深撰 稿本

艮峰日录一卷庚戌日记一卷帝王盛轨一卷为学大旨一卷嘉善录一卷 （清）倭仁撰 稿本

屠寄年谱一卷 稿本

第九册

王文简公精华录一卷 （清）王士禛撰 翁方纲辑评 稿本

嘉兴钱仪吉先生手稿一卷 （清）钱仪吉撰 稿本

诗巢小志不分卷 （清）王世裕辑 稿本

江苏舆图测法绘法条议图解一卷 （清）沈宝禾等撰 稿本

王文简公七古平仄论一卷 （清）吴重熹撰 稿本

第一〇册

唐石经笺异十一卷 （清）李祖望撰 稿本

朗斋碑录二卷朗斋金石杂录一卷 （清）朱文藻辑 清道光清吟阁钞本

第一一册

王继香文稿一卷 （清）王继香撰 稿本

慈湖（杨简）先生年谱二卷世系一卷　（清）冯可镛撰　稿本

镜庵诗选一卷　（明）刘翼明撰　稿本

菰卢小草不分卷　（清）李彦章撰　稿本

第一二册

清郡县表六卷（原缺卷五）（民国）吴承湜撰　稿本

延芬室诗一卷　（清）永忠撰　稿本

第一三册

秦川焚余稿不分卷　（清）董平章撰　稿本

第一四册

只且园诗存四卷　（清）吴棠撰　稿本

第一五册

红叶盦文存二卷　（清）温忠翰撰　稿本

张季直先生时事吟草一卷　（清）张謇撰　稿本

意园二编X卷（存卷上）（清）张毅撰　稿本

刘司农请兵疏一卷　（明）刘重庆撰　稿本

施愚山残稿不分卷　（清）施闰章撰　稿本

陆荣自定义年谱一卷　（清）陆荣撰　稿本

第一六册至第一九册

小校经阁金文十卷（一）至（四）（民国）刘体智撰　稿本

第二〇册

温陵碎事不分卷　（清）苏大山撰　稿本

小星衍嗣记一卷　（明）毕自严撰（清）毕盛注　稿本

第二一册
汉石图考八卷（一）（民国）孙培撰　稿本

第二二册
汉石图考八卷（二）（民国）孙培撰　稿本
江村类语不分卷　（清）高士奇撰　清钞本

第二三册
越南源流考二卷　稿本
韵雪集一卷　（清）松岑撰　稿本

第二四册
越缦堂杂著十五种十五卷　（清）李慈铭撰　稿本
杜诗批注摘参四卷（一）（清）宁锜辑　稿本

第二五册
杜诗批注摘参四卷（二）（清）宁锜辑　稿本
碎金诗录四卷　（清）郑恩庆辑　稿本

第二六册
毘陵沈氏杂著十三种十七卷（一）（清）沈钟等撰　稿本

第二七册
毘陵沈氏杂著十三种十七卷（二）（清）沈钟等撰　稿本
龚定盦先生自定文稿不分卷　（清）龚自珍撰　稿本
春在堂诗文剩稿不分卷　（清）俞樾撰　稿本

第二八册至第三三册

朋旧及见录六十四卷（一）至（六）（清）法式善辑　稿本

第三四册

蜀石经校记一卷　（清）缪荃孙撰　稿本

蜀石经校勘记一卷　（清）缪荃孙撰　稿本

孔子三朝记大戴礼疏八卷（一）（清）孔广森补注　洪颐煊增注　马景涛疏证　周寿彝汇参　稿本

第三五册

孔子三朝记大戴礼疏八卷（二）（清）孔广森补注　洪颐煊增注　马景涛疏证　周寿彝汇参　稿本

吏部官员题缺档不分卷　清光绪写本

第三六册

密之先生杂志不分卷（一）（明）方以智撰　稿本

第三七册

密之先生杂志不分卷（二）（明）方以智撰　稿本

宋人文集叙录不分卷（存集部第十四辑）（清）朱彝尊辑　稿本

第三八册

满洲文学兴废考五卷（一）（日本）桥川时雄撰　稿本

第三九册

满洲文学兴废考五卷（二）（日本）桥川时雄撰　稿本

四库全书编纂考三卷（一）（日本）桥川时雄撰　稿本

第四○册

四库全书编纂考三卷（二）（日本）桥川时雄撰　稿本

满洲人著述书目二卷　（日本）桥川时雄撰　稿本

第四一册

修洁堂初稿二十二卷（一）（清）宁楷撰　清乾隆钞本

第四二册

修洁堂初稿二十二卷（二）（清）宁楷撰　清乾隆钞本

杂剧二种（鞭督邮　傲妻儿）（清）边汝元撰　清钞本

第四三册

平圃遗稿十四卷（一）（清）张宸撰　清钞本

第四四册

平圃遗稿十四卷（二）（清）张宸撰　清钞本

蛟川诗话四卷　（清）张懋延撰　清钞本

第四五册

翁诗录腴三卷（一）（清）翁方纲撰　何绍基辑　稿本

第四六册

翁诗录腴三卷（二）（清）翁方纲撰　何绍基辑　稿本

校刻篆文论语考证二卷　（清）丁楘五撰　附录一卷（原缺卷下）清日照丁氏钞本

第四七册

毛诗申成十卷（一）（清）汪龙撰　清钞本

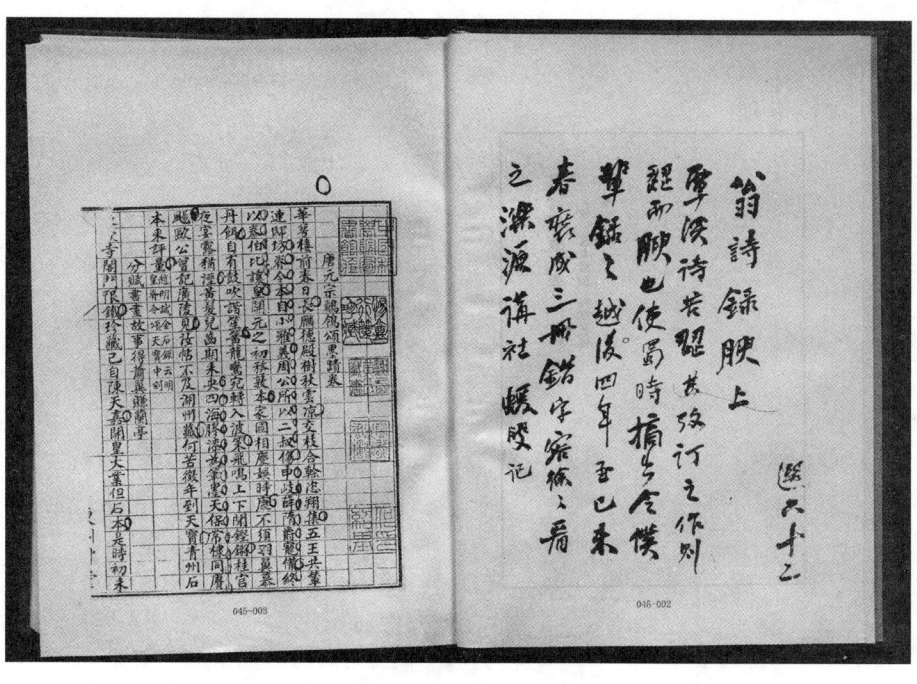

第四八册

毛诗申成十卷（二）（清）汪龙撰　清钞本

第四九册

毛诗申成十卷（三）（清）汪龙撰　清钞本

江于九先生手拓泉布录不分卷　（清）江恂拓　清光绪汪鋆影钞江氏手拓本

第五〇册

朗斋碑录二卷附一卷金石杂录一卷　（清）朱文藻辑　清道光九年清吟阁钞本

口谱二卷　（清）陆圻撰　清钞本

《中国科学院文献情报中心藏古籍珍本丛书》被列入"国家古籍整理出版资助项目"和"2011—2020年国家古籍整理出版规划项目"。《中国科学院文献情报中心藏古籍珍本丛书》（抄稿本部分）共300册，分六辑出版，每辑50册，每册约600页，一比一影印出版，2019年出版完毕。

《中国金石总录》数据库石刻文献分类浅识

高国祥

金石学成形于北宋，以欧阳修《集古录》[1]和赵明诚《金石录》[2]为代表。之前金石资料的搜集、著录和利用已见睹于早期各类古籍，其中北魏郦道元的《水经注》[3]引证金石文献就达350余种。之后至清末约800年间，金石学逐渐趋于成熟，历代著述丰厚，尤以清王昶《金石萃

---

[1]《集古录》亦称《集古录跋尾》，十卷，宋欧阳修撰。书成于嘉祐八年（1063），是中国现存最早的金石学著作。欧阳修（1007—1072），字永叔，号醉翁，晚号六一居士，吉州永丰（今江西省永丰县）人。官至翰林学士、枢密副使、参知政事。谥号文忠，世称欧阳文忠公。北宋著名政治家、文学家。著有《新唐书》（与宋祁合修）、《新五代史》等，有《欧阳文忠公全集》行世。修家藏宏富，自诩"吾家藏书一万卷，集录三代以来金石遗文一千卷"。

[2]《金石录》三十卷，宋赵明诚撰。著录先秦至五代钟鼎彝器铭文和石刻文字，前十卷为目录，后二十卷为跋尾，是中国最早的金石学著作之一。赵明诚（1081—1129），字德甫、德父，诸城（今山东省诸城市）人，徽宗间宰相赵挺之三子，宋代著名金石学家。历官莱州（今山东省莱州市）、淄州（今山东省淄博市）知州，江宁（今南京市江宁区）知府。建炎三年（1129）移官湖州（今浙江省湖州市），未赴，病逝建康（今江苏省南京市）。妻北宋著名女词人李清照。

[3]《水经注》四十卷，北魏郦道元撰。《水经》"引天下之水，百三十七"（《唐六典·注》）。《注》以《水经》为纲，则详载一千多条河流及有关历史遗迹、人物掌故、神话传说等，是中国古代最全面系统的综合性地理著作。郦道元（约466—527），字善长，范阳涿州（今河北省涿州市）人。平东将军郦范之子。历官御史中尉、北中郎将、东荆州（州治在今河南省泌阳县）刺史、河南尹等职。孝昌三年（527）被郭子恢所杀。北魏著名地理学家、散文家。

编》[1]和陆增祥《八琼室金石补正》[2]为富。随着社会的发展以及近现代金石器物的大量出土，金石文献的资源价值体系不断完善，并对学术的进步产生了巨大的影响。

金石文献尤其是石刻文献的种类十分复杂。形制上有摩崖、碑、碣、建筑刻石、造像与器物题记等多种形式；内容上有经典文献、墓志、诏令奏议、记事、营造、表赞、榜告、题记、题名、谱牒、祭祝、诗词歌赋以及书画石刻等多种题材；文种上有单一汉文、单一少数民族文字、域外文字以及多文种等多种形态。自20世纪初以来，石刻文献积存数量显著增多，据相关资料统计，仅河北保定和甘肃武威地区，清末前的各类石刻文献就各达3000余种。按此推测，全国今存清末前石刻文献当在百万种之外，加上数量庞大的民国石刻文献，以及近现代大量石刻器物的出土，形成了有别于传世纸本文献的博大的原始资源体系，其学术价值已令今人高度重视。

面对如此丰富的资源，如何进行科学准确的分类，在历代传世金石著作中尚无轨迹可循。究其原因，主要是由于历代著述者受当时社会思潮的影响，以及受当时交通、通信和资料搜集手段等条件的限制，难免会对历史石刻文献的价值产生不同的认知，从而在收录数量和内容上，必然与今存石刻文献存在着巨大的差距。例如被誉为清代集金石大成的《金石萃编》一百六十卷与《八琼室金石补正》一百三十卷，合计收录数量包括钟鼎等其他铭文也仅约5000种。由于数量有限，历

---

[1]《金石萃编》一百六十卷，清王昶撰。书成于嘉庆十年（1805），内容以著录历代碑刻为主，其中石刻著录1500余种，钟鼎铭文著录10余种，按时代先后编次，是清代著名的金石学著作。王昶（1724—1806），字德甫、兰泉、琴德，号述庵，青浦（今上海市青浦区）人，祖籍兰溪（今浙江省兰溪市）。乾隆十九年（1754）进士。历官内阁中书、刑部山东司主事、大理寺卿、副都御史、陕西按察使、刑部右侍郎等职。擅音韵训诂之学，著有《使楚从谭》《征缅纪闻》《春融堂诗文集》，辑有《明词综》《国朝词综》《湖海诗传》《湖海文传》等。
[2]《八琼室金石补正》一百三十卷，清陆增祥撰。体例仿《金石萃编》，著录历代碑刻3500余种，末附《八琼室金石札记》四卷和《八琼室金石祛伪》《八琼室金石偶存》各一卷，是继《金石萃编》之后的清代金石学重要著作。陆增祥（1816—1882），江苏太仓人。字魁仲，号星农、莘农。道光三十年（1850）一甲一名进士，历官翰林院修撰、湖南辰永沅靖道。著有《篆墨述诂》《吴氏筠清馆金石记目》《金石偶存》《三百砖砚录》《八琼室待访金石录》等。

代大多著作均采取按石刻朝代或年代先后排序的方法，实践证明，这种方法远不适应今天学科的发展需要，更不能作为一种通行的分类法则。石刻文献分类不能完全等同于古籍分类，需要根据石刻形制和内容的特殊性，全面分析、综合布局，以达到全面驾驭文献的分类目的。本文作者有幸多年参与《中国金石总录》[1]全拓全文数字化建设项目的整理与研究工作，对石刻文献分类略有体会，谨与大家探讨。

按当代学科要求，参考2009年10月国家古籍保护中心颁布的《中华古籍总目编目规则》，同时充分考虑到石刻文献特点，依据文种、形制、内容和年代等基础信息，可将历代石刻文献统一归并为三至六级分类，末级分类后按镌刻年代先后排序。此分类方法公布至今，从海内外广泛的使用情况来看，相对而言较为合理。

首先第一级按文种分类，即汉文、非汉文和其他石刻3项。汉文石刻是指使用汉文文字镌刻于石质材料上的文献，非汉文石刻是指使用少数民族文字或域外文字镌刻于石质材料上的文献，其他石刻指镌刻于石质材料上不以文字为主体的文献。历代非汉文石刻虽然遗存数量较少，但是研究价值较高，如俗称"鬼佬碑"的广东珠海淇澳岛英文墓碑石刻[2]、山西高平果则沟村外文石刻[3]、贵州大方县"蜀汉建兴妥阿

---

[1] 《中国金石总录》，全称"《中国金石总录》全拓全文数字版"。甘肃省古籍文献整理编译中心编，总主编宿白，首席专家李学勤、史金波、陈育宁、刘庆柱、傅璇琮。是首次对全国地下出土和地上遗存金石文献进行全面调查、系统整理、全拓全文数字化的一项创新性基础资源整合工程，也是首次在传世纸本文献之外创建的大型基础资源应用平台，对于历史学、文字学、考古学、古文献学、文学、宗教学、民族学以及艺术领域等学科的研究和发展具有重大的学术意义。收录范围：地域以现行中华人民共和国行政区域（含台湾地区）为收存整理范围，时限上溯先秦下迄清末（含部分民国时期重要碑碣）。整理形式包括完整拓本、全文录文和基础著录（含参考论著目录）三部分内容。
[2] 淇澳岛英文墓碑石刻，俗称"鬼佬碑"。淇澳岛位于珠海出海口金星门，第一次"鸦片战争"前，一度成为外国鸦片贩子的走私基地，频繁骚扰，犯我主权，当地官民奋起反抗，双方互有死伤。淇澳岛上有多处英文碑刻，其中两块墓碑，作为淇澳岛人民抗击侵略的证据，1956年被中国革命博物馆和广东省博物馆征集。"鬼佬"是当地居民对侵略者的贬称。
[3] 果则沟村外文石刻。

哲彝文纪功碑"[1]、云南景洪县"清嘉庆六年大勐龙傣文九曜碑"[2]、云南曲靖"大理明政三年三十七部白文会盟碑"[3]等，内容涉及范围十分广泛。二级分类设单一文种和多文种两类，其中单一文种可按民族文种或域外文种下设三级分类；其他石刻文献类型相对单一，根据形制可设造像、图表和岩画三项二级分类。

汉文石刻是石刻文献的主体，遗存丰富，内容复杂，二级分类根据石刻属性设可移动和不可移动石刻两类。不可移动石刻的范围，设定在自然形成和人工建造的不可移动的石质材料上镌刻的文献，下设摩崖、建筑两项三级分类。摩崖石刻在全国分布较广，多具明显的地域特色，如山东"泰山石刻"[4]、吉林"庆云女真摩崖石刻"[5]、安徽"天马山摩崖石刻"[6]、广东"罗浮山摩崖石刻"[7]、甘肃"武都万象洞石刻题记"[8]等，内容大多是以颂赞当地景致与人文的文辞，若按题材分类势必要打破其独立属性，因此四级分类仍保持摩崖整体形态，以摩崖群或独

---

[1] 妥阿哲彝文纪功碑，蜀汉建兴（223—237）间镌刻，贵州大方县响水区青山彝族乡出土，碑文177字（参见《彝文金石图录》1989年四川民族出版社出版），是有明确年代记载最早的彝文碑刻。

[2] 大勐龙傣文九曜碑，傣历1162年6月2日，即清嘉庆六年（1801）镌刻，立于云南省西双版纳景洪县大勐龙乡大塔山南侧。碑首刻有四幅用以推算时间的"九曜位置图"，故名。

[3] 大理国三十七部白文会盟碑，大理明政三年即宋开宝四年（971）立。碑通高125厘米，宽58厘米，厚16厘米。碑文共212字，分上下两截。碑额补刻清道光二十九年（1849）喻怀信题记，叙述此碑出土及移置经过。1961年，国务院被列为全国第一批重点文物保护单位。现碑存曲靖市第一中学。

[4] 泰山石刻，是镌刻于泰山之上的各类石碣、石阙、碑刻、墓志、经幢、造像记及石造像、画像石和题名题诗题记等石刻的总称。现存碑刻500余座、摩崖题刻800余处。最早为秦石刻，立于始皇二十八年（前219），后失于灾火。

[5] 庆云女真摩崖石刻，位于吉林省梅河口市区西南40公里的小杨乡庆云村半截山南坡，是我国仅存的几块女真文石碑之一。石刻在距地表22米的一块凸出的砬石上，砬石从上到下有一道裂缝，将石壁劈成为两部分。西侧碑高约200厘米，宽100厘米；东侧碑高2.45米，宽1.1至2.5米不等。

[6] 天马山摩崖石刻，位于安徽省抚宁县白家堡子天马山绝顶。现存唐至民国历代石刻400余方，以宋代石刻最多。1988年，被国务院公布为第3批全国重点文物保护单位。

[7] 罗浮山摩崖石刻，位于广东省博罗县罗浮山，共有宋代以来题刻130多题，内容多为庙宇记、题刻题记、榜告乡约等。1989年，被广东省人民政府公布为省级重点文物保护单位。

[8] 武都万象洞石刻，位于甘肃省陇南市武都区汉王镇杨庞村的半山处。现存北周、唐、宋、元、明、清各代石刻100多面，诗词题刻960多首。1993年，被甘肃省人民政府公布为省级重点文物保护单位。

图1 北魏延昌三年（514）赵充华墓志铭

立摩崖、洞窟设类。建筑类石刻范围涵盖殿宇、庙塔、桥梁、坊阙等，并根据类型下设四级分类。

可移动石刻按属性可分为碑碣和器物两类。器物是指在实用型石器上镌刻的文献，可依据功能分列三级分类。碑碣是指碑志或碣石上的镌刻文献，按文献内容可分为非宗教和宗教石刻两项三级分类。宗教石刻包括传统宗教和民间信仰两种类型，其中传统宗教是指佛教、藏传佛教、道教、伊斯兰教、天主教、基督教等各类宗教石刻文献；民间宗教指民间原始信仰、崇拜等非严格宗教意义的各类石刻文献。传统宗教可分经典与非经典两方面，其中经典指本宗教经典石刻文献，非经典指经典文献以外的宗教生活石刻文献。

非宗教石刻在石刻文献中占有重要的地位，拥有着巨大的存量和丰富的内容，然而正是因为资源宏富，科学分类也就显得相对复杂。《中国金石总录》通过对大量实物的整理，逐渐形成了自身的分类轨迹，将非宗教石刻按内容进行了划分，在部分细节兼顾特殊性的基础上，设百家经典、墓志、纪事、诗文和综合5项五级分类。其中百家经典是指使用汉文文字记载以各家经典著述为内容的石刻文献，设置儒家、道家和其他3项。释家归入宗教类；道家定义指隋王通[1]（号文中子，584—617）以前道家学说经典文献，以后文献归入宗教类道教。墓碑志在这里指的是一种宽泛的概念，包括各种形式的记载亡者生平等内容的石刻文献以及墓葬出土具有墓志性质的非石刻文献，如墓碑、神道碑、墓志、墓表等，分墓碑、墓志和附录3类。其中墓碑是指墓道前石刻文献，含神道碑（柱）、墓阙等；墓志指墓室内石刻文献，含墓表等；附录范围指木、陶、砖、泥等非石质材料或非镌刻等特殊类型的墓志文献，如"三国魏吕猛妻马氏砖志"、"北魏王遵敬及妻薛氏砖志"、"元延　三年（1316）陇西木板墨书墓志"等。纪事的范围涵盖

---

[1] 王通（584—617），字仲淹，道号文中子，隋河东郡龙门县（今山西省万荣县）人，著名教育家、思想家、道家，《三字经》将其列为诸子百家五子之一。著作有《续书》《续诗》《元经》《礼经》《乐论》《赞易》，唐时皆佚，仅有弟子姚义、薛收辑《文中子说》10篇行世。

图3 北魏熙平元年（516）
河东郡王遵敬并妻薛砖志

图4 东汉永元四年（92）
汝南袁安碑

较为广泛，按内容大体上可分为诏奏、记事、营造、表赞、榜告、题记、题名、谱牒、祭祝和其他10项。其中诏奏指帝王诏令诰敕与臣僚奏议疏表等文献，如"三国魏上尊号碑""唐天宝十一年（752）原上表文碑"等；记事指历史事件记录性文献，如"东汉永和二年（137）裴岑纪功碑"、"东汉永兴元年（153）鲁相乙瑛请置孔庙百石卒史碑"等；营造指建造事件记录性文献，如"东汉永寿二年（156）韩明府修孔庙碑""东魏天平四年（537）重修天宫塔碑"等；表赞指颂扬功勋、德政、节操等文献，如"东汉中平三年（186）张迁表赞碑""前秦建元四年（368）张产碑"等；榜告指官府或民间发布的社会周知性文献，如"隋大业四年（608）始建县界碑""元大德十一年（1307）兖国公庙中书省禁约碑"等；题记指题写或记录纪念性文献（不含摩崖），如"东汉建武二十八年（52）三老讳字忌日记碑"等；题名指景迹题名、同窗同业题名、科举登第题名等文献，如"东汉建武年间（25—56）张飞题名碑""宋宝佑二年（1254）黔阳县登科题名碑"等；谱牒指记述氏族或宗族性内容的文献，如"唐广德二年郭敬之家庙碑""元元统二年（1334）曲阜泗水等县达鲁花赤铁哥答公宗支碑"等；祭祝指祭祀和祝祷性文献，如"东汉元初四年（117）祀三公山碑""唐（周）万岁登封元年（696）封祀坛碑"等；其他指无法具体分类的纪事性文献。诗文类指向较为明确，即诗词文赋或校释疏证经典著作文献，其中诗词文赋指文学作品，校释疏证指对经典著作的研究性文献。综合指书法绘画、篆刻杂技等，其中书录指摹刻上石的书法作品，画录指摹刻上石的绘画作品，杂录指牌记、楹联、箴劝、批答、账契、帖铭、述识、规约以及各类杂技等无法具体分类的非宗教石刻文献。

具体分类列表如下：

一至四级分类框架表

一级分类	二级分类	三级分类	四级分类
汉文石刻	可移动石刻	碑碣	非宗教、宗教两类
		器物	——
	不可移动石刻	摩崖、建筑两类	摩崖按摩崖群或独立摩崖分类
非汉文石刻	单一文种、多文中两类	单一文种按文种分类	——
其他石刻	造像、图表、岩画三类	——	——

非宗教和宗教石刻分类框架表

非宗教石刻	百家经典	儒家、道家、其他三类
	墓碑志	墓碑、墓志、附录三类
	纪事	诏奏、记事、营造、表赞、榜告、题记、题名、谱牒、祭祝、其他十类
	诗文	诗词歌赋、校释疏证两类
	综合	书录、画录、杂录三类
宗教石刻	传统宗教	按宗教分类
	民间宗教	按信仰分类

石刻文献的内容包罗万象，疏纲列目是一项复杂的课题，这方面《中国金石总录》先他人做了有益的尝试。不仅如此，《中国金石总录》的资源体系正在快速地趋于完善，仅一期工程就收录约30万帧原石拓片，并著录大量基础信息和相关研究文献，实现了拓本文献的全文释录与任意检索，拓文释读字数约两亿余，可谓泱泱宏富，为各学科科研和教学构建了一座在传世纸本文献之外的全新的基础资源应用平台，其益深远。

历代活字版及特点识别浅述

高国祥

活字印刷，是中国古代发明的一种较为科学的印刷技术，它不仅为现代印刷的进步提供了重大的技术思想变革，而且有力地推动了历代文化的繁荣和发展，在我国乃至世界印刷史上占有十分重要的地位。

一、古代印章对雕版印刷和活字技术的影响

中国古代印章起源始于夏商周三代。"三皇无文，结绳以治，自五帝始有书契。至于三王，俗化雕文，诈伪渐兴，始有印玺以检奸萌，然犹未有金玉银铜之器也。"[1] 其早期用途仅限个人号记，西周以后随着凭信作用的逐渐形成，在社会发展的各领域才被广泛使用和普及。印是以金、石、木、陶等坚硬物质为介，除陶质以外，其方式首先依据需要或美感将材料制作成长形、方形、扁形、圆形、矩形以及异形等形状，在一端平面刻上反向文字，刻法有阳文和阴文，字体依时代变化。印文少则一字，多则若干字。陶印做法，先将陶土调成泥状，摔打均匀，取模具置其中挤压成形，阴半干后于平面调刻印文，入窑烧制。随着人类的进步和社会的发展，这些制章的基本方法对后来的雕版印刷以及活字印刷技术的产生具有重大的思想启迪作用。

---

[1]［南北朝·宋］范晔撰、［唐］李贤等著：《后汉书·祭祀志》，中华书局 1965 年 5 月版。

约公元5世纪初，人们从刻制印章中得到启发，经过反复研究改进，发明了人类历史上最早的雕版印刷术。宋代是雕版印刷发展的全盛时期，雕版印刷技术已经达到十分纯熟的程度。当时"官刻""坊刻""私刻"并举，以杭州及四川、福建等地最为发达，成为全国的雕版印刷中心。雕版印刷技术比较复杂，一般先选用梨木、枣木、梓木、黄杨、银杏等不易变形的木料做成版材，将书写于纸上的稿件反向贴敷于板材之上进行雕刻，之后再着墨单页刷印。这种印刷方法存在的明显缺点是：第一，刻版费时费工费料。第二，有错别字不容易修改。第三，大批书版存放不便。宋太祖开宝年间刊印的《大藏经》5000多卷，仅存放13万块雕版就占用了几十间房屋。当时的北宋，刚刚由五代分裂割据的局面走向统一，社会生活相对安定，社会经济和科学技术有了较大的发展。文化的繁荣，必然要求传播工具的先进，于是活字印刷术便应运而生。

二、历代活字印刷技术的发展和演变

我国活字印刷技术始于宋仁宗庆历（1041—1048）年间，据沈括《梦溪笔谈》记载毕升为活字印刷术之先。毕昇（约661—1051），英山县草盘人，北宋著名发明家，1990年其墓碑在英山草盘地五桂村毕家坳发现。

> 版印书籍，唐人尚未盛为之。自冯瀛王始印五经，已后典籍，皆为版本。庆历中，有布衣毕升，又为活版。其法用胶泥刻字，薄如钱唇，每字为一印，火烧令坚。先设一铁板，其上以松脂蜡和纸灰之类冒之。欲印则以一铁范置铁板上，乃密布字印。满铁范为一板，持就火炀之，药稍熔，则以一平板按其面，则字平如砥。若止印三二本，未为简易；若印数十百千本，而极为神速。常作二铁板，一板印刷，一板已自布字。此印者才毕，则第二板已具。更互用之，

瞬息可就。每一字皆有数印，如之、也等字，每字有二十余印，以备一板内有重复者。不用则以纸贴之，每韵为一贴，木格贮之。有奇字素无备者，旋刻之，以草火烧，瞬息可成。不以木为之者，木理有疏密，沾水则高下不平，兼与药相粘，不可取。不若燔土，用讫再火令药熔，以手拂之，其印自落，殊不沾污。升死，其印为余群从所得，至今保藏。[1]

沈括在这里详细地描述了毕升活字印刷术的全部过程，从中可以看到，活字印刷不仅是基于前人雕版印刷技术的改进，同时也融入了印章独立文字的制刻思想。

北宋以后，活字印刷技术经历了泥、木、瓷、金属等质地演变和发展过程。泥活字印书，在当时虽然没有得到广泛推广，但这种技术由于后人不断地改进，在其他材质上得到继续发展。

元初，旌德县（今安徽省旌德县）尹王祯[2]成功地制作木活字，并发明了"活字板韵轮"，即转轮排字技术，经过两年与刻工共同研究，用梨木、枣木制作出3万多枚木活字，于大德二年（1298）排印了《旌德县志》。全书6万多字，"不出一月，百部齐成"，这在当时是一个奇迹，只可惜后世未见传本。为了推广木活字印刷，王祯把木活字创制法、拣字排版工艺著《造活字印书法》，附于其自撰《农书》（卷二十二）之末，这是世界上最早系统叙述木活字印刷技术的文献。

明代中期，江苏无锡、南京等地出现了铜活字，铜活字相比胶泥活字和木活字质地坚硬，其优点是遇水不变形，规格统一，差距细微，易于保存检索，磨损率小寿命较长，字体清晰成书美观。清代以后在此基础上逐渐形成了现代凸版印刷技术。

瓷活字是继泥活字之后出现的一种活字技术。瓷活字烧制做模需经选料、粉碎、过细、搅拌形成泥坯，阴干后经900摄氏度高温烧制，

---

[1] [宋]沈括撰《梦溪笔谈》（卷十八），张富祥译注，中华书局2009年10月版。
[2] 王祯（1271—1368），字伯善，山东东平县人。

工艺复杂而精细。其特点相比泥活字坚硬、耐磨，不足之处是制作复杂，出炉成品率较低。随着现代印刷技术的出现，瓷活字于清代失传。瓷活字印刷的书籍流传稀少，十分珍贵。

三、历代活字印本及书肆

历代活字印本与刻本一样，大体上可分为官印、私印、坊印和寺庙印本等四个体系。在现存古籍中，活字印本所占比例微小，很难像刻本那样进行阶段性梳理，只能从珍贵遗存中窥探一些活字印刷的发展脉络。

北宋庆历以后，活字印刷虽有使用，但技术上仍然存在着一定难度，所以活字印刷法在发明之初没有被普遍采用。在汉文古籍中我们至今没有发现宋代活字印本。所幸的是，在俄罗斯藏黑水城出土和武威市亥母洞遗址出土的西夏文佛经中，为我们提供了第一手的原始资料。

西夏文泥活字印本《维摩诘所说经》

史金波、黄润华在《中国历代民族古籍文字文献探幽》[1]中记述："黑水城出土的西夏文献中有活字版《维摩诘所说经》（上、中、下），共330余面。武威市亥母洞遗址也出土了西夏文活字版《维摩诘所说经》（下卷）[2]，共54面。两地所出都有西夏仁宗尊号题款'奉天显道耀武宣文神谋睿智制义去邪惇睦懿恭'。仁宗有此尊号时为仁宗大庆二年（1141）。这一时间可定为此经上限。此经印刷可定为12世纪中期。"公元1141

---

[1] 中华书局2008年5月版。

[2] 经折装，土黄色麻质，高28.5厘米，宽11.6厘米，上下单栏，栏高22厘米。共53面半，面7行，行18字。经文有首无尾，首题西夏文"维摩诘所说经卷下卷"。字迹墨色不均，行列排列不齐。史金波、陈育宁主编：《中国藏西夏文文献·甘肃编·武威卷》，甘肃人民出版社、敦煌文艺出版社2005年7月版。

年即南宋绍兴十一年，也是毕升死后90年，在短短几十年中活字印刷技术在中原以外地区已广泛传播，尤其是"该经不仅有一般活字印刷的特征，还显现出有泥活字印刷的特点"[1]。由此可见，泥活字印刷经过初创后近百年的发展，技术已相对成熟。这两部经书是目前世界上现存最早的活字本。该经的出土使沈括在《梦溪笔谈》中对毕升发明泥活字的描述更加可信，对研究古代印刷史和版本学具有十分重大的学术意义。

明代是活字印刷的重要发展阶段，不仅活字技术日臻成熟，材质也发生了重大变化，出现了铜活字、铅锡等金属活字。这一时期民间私印和坊印较为繁荣，弘治、嘉靖年间以长江下游无锡、杭州、苏州、南京等地最为昌盛，书肆林立。其中著名的有无锡华氏会通馆和兰雪堂、安氏桂坡馆等。

华燧，字文辉，无锡人，室名会通馆，人称会通君。明代著名学者邵宝[2]在《容春堂集》中撰有"会通君传"，介绍华燧"少于经史多涉猎，中岁好校阅同异，辄为辨证，手录成帙。遇老儒先生，即持以质焉。既而为铜字板以继之，曰：吾能会而通矣，乃名其所为'会通馆'"。叶昌炽[3]在《藏书纪事》中赞誉华燧："范铜制出胶泥上，屈铁紫丝字字分，一日流传千百本，何人不颂会通君。"会通馆使用铜活字先后于弘治三年（1490）排印《宋诸臣奏议》，弘治五年（1492）排印《锦绣万花谷》前后续集，弘治八年（1495）排印《容斋随笔》，弘治十一年（1498）排印《会通馆印正缉补古今合璧事类》前后续集、《会通馆纂集九经韵览》，此外还印有《文苑英华纂要》《文苑英华辨证》等。

华坚，华燧之侄，室名兰雪堂，用铜活字排印《元氏长庆集》《蔡中郎文集》《白氏长庆集》等。《白氏长庆集》卷二十有"兰雪堂华坚活字铜版印"篆文印记。正德十年（1515）排印《艺文类聚》，目录后

---

1 史金波、黄润华：《中国历代民族古籍文字文献探幽》，中华书局2008年5月版。
2 邵宝（1460—1527），字国贤，号泉斋，别号二泉，江苏无锡人，成化20年（1484）进士。
3 叶昌炽（1849—1931），字兰裳，又字鞠裳、鞠常，自署"歇后翁"，晚号"缘督庐主人"。原籍浙江绍兴，后入江苏长川。

有"乙亥冬锡山兰雪堂华坚允刚活字铜板校正印行"阴文牌记。正德十一年（1516）排印《春秋繁露》。

华程，华燧叔伯，字汝德，号尚古。弘治十五年（1502）铜活字排印《渭南文集》等。

与华氏同时期的还有苏州范山顾恂金兰馆、建业张氏、常熟五川精舍、五云溪馆、祁东李氏等。金兰馆弘治十六年（1503）铜活字排印《石湖居士集》，书上口有"弘治癸亥金兰馆刻"一行8字，此书字体清劲，版式疏朗，系明铜活字版中精品，同年印有明孙蕡撰《西庵集》。建业张氏铜活字印《开元天宝遗事》，前题下有"建业张氏铜板印行"。常熟相仪[1]五川精舍铜活字排印《王歧公宫词》等。五云溪馆铜活字排印《玉台新咏》《襄阳耆旧传》等。祁东李氏铜活字排印《王状元标目唐文类》等。

嘉靖年间，安国桂坡馆是继华氏之后成为无锡重要的铜活字印书坊。安国字民泰，无锡胶山人，性喜梅花，自号桂坡。其主要活字印本有嘉靖二年（1523）排印《颜鲁公文集》十五卷、《补遗》一卷、《年谱》一卷、《附录》一卷；嘉靖三年（1524）排印《吴中水利通志》，卷后有牌记；同年排印《古今合璧事类备要》前集六十九卷、后集八十一卷，卷前有"印人太""印人王"，排字工人"陆佃、张松、李太"等；嘉靖十年（1531）排印《初学记》三十卷；嘉靖二十年（1541）排印苏辙《栾城集三集》；嘉靖三十年（1551）排印《通书类聚克择大全》，嘉靖三十一年（1552）排印《墨子》，卷后有牌记。以及《重校鹤山先生大全集》一百卷、《石田诗集》十卷等。

此外，重要的还有无锡周堂万历二年（1574）铜活字排印《太平御览》一千卷，版心下有"宋版校正饶氏或游氏全版活字印行一百余部"，另印有《太平广记》五百卷，题"周堂活字本"。

清代铜活字印书主要有：康熙二十五年（1686）吹藜阁排印《文苑英华律赋选》，康熙五十二年（1713）排印《松鹤山房集》。康熙

---

[1] 相仪，字梦羽，号五川，著名藏书家。

五十二年（1713）内府排印《预定星历考原》《预定钦若历书》。雍正四年至六年（1726—1728）内府排印《古今图书集成》60部，这是世界上最大的一部铜活字版书，又印《律吕正义》等。乾隆内府铜活字印书不多，仅见《钦定诗经乐谱全书》朱墨两色套印本。道光、咸丰间福建侯官林春祺"福田书海"用了20年时间铸铜活字20万枚，耗资20万金，排印颜氏《音学五书》，但只印成《音论》《诗本音》两种，《诗本音》书后有牌记"古闽三山林春祺怡斋捐镌，兄季冠痴石校刊，长子永昌正画，次子毓昌辨体"四行，咸丰三年（1853）又印《水陆攻守战略七种》。

木活字印本明以前罕见传本，明代也为数不多。弘治十五年（1502）孙凤印《阴何诗》。正德、嘉靖间丽泽堂印《碧水群英待问会元》，卷末有"丽泽堂活版印行""姑苏胡升缮写、章凤刻、赵昂印"四行。万历建阳游榕印《文体明辩》。毕氏印《刘随州集》等。此外，明代后期也有家谱、族谱使用木活字印刷的书籍。

清代木活字印书，除内府外，私家和书坊较之明代有很大发展。著名藏书家周叔弢[1]藏清代活字版书400多种，20世纪70年代捐赠天津图书馆，并编印《活字版书目》，其中大部分是天津古籍书店代为收集的。张振铎[2]先生从中华人民共和国成立初期就注意收集活字本书，记录近两千种，现择录部分按出版年代排列，供参考：

顺治十七年（1660）"琅环"活字《春秋纂》。雍正三年（1725）汪亮采南陔草堂活字印《唐眉山诗集》卷末有"湖城潘大有刊"两行，此书排印极精。乾隆三十五年（1770）公愤堂活字印《乾隆官报》。清内府活字套印《万寿衢歌乐章》。乾隆四十六年（1781）武英殿聚珍版活字印《聚珍版丛书》，此书是陆续排印，共印138种。乾隆四十八年（1783）谢兖康乐官署活字印《宝祐四年丙辰登科录》。乾隆五十六年（1791）节俭堂活字印《易经儿说》。乾隆五十六年（1791）辛亥萃

---

[1] 周叔弢（1891—1984），原名暹，安徽东至人。
[2] 张振铎，原天津市古籍书店经理，一生从事古籍搜集整理。

文书屋木活字印《红楼梦》，称"陈甲本"，五十七年（1792）又重印《红楼梦》，称"乙种本"。两书不同点是：乙本"序"后多"引言"两页，据俞平伯[1]考证，乙本变动了5900多字。乾隆五十七年（1792）武英殿活字印《八旬万寿圣典》。乾隆五十六年（1791）易安书屋活字印《假年录》，乾隆五十八年（1793）又印《甫里遗诗、遗文》（此书版心下方有"易安书屋"四字，姓氏后有"印一百部，五十部分送四方，五十部待售，纹银两钱"一行）。嘉庆元年武英殿活字印《千叟宴诗》三十四卷。嘉庆十二年（1807）敷文阁活字印《天下郡国利病书》。嘉庆十九年（1814）爱竹居活字印元《柳待制文集》。嘉庆二十四年（1819）张金吾爱曰精庐活字印《续资治通鉴长编》。[2] 嘉庆间玉峰陈景川排字局排印《淞南志》。道光七年（1827）张选寿清芬阁活字印《一统志案说》。道光十一年（1831）六安晁氏活字印曹溶辑《学海类编》三百一十种。道光十四年（1834）山东雅鉴斋活字印《天下郡国利病书》。道光十六年（1836）闽汀东壁轩印书局活字印《仁恕堂笔记》。道光二十一年（1841）王芝林活字印明王达撰《重刻天游集》十卷。道光二十三年（1843）鲁歧峰排印《论语后案》。道光二十三年（1843）崇敬堂活字排印华恕撰《燕香居诗稿》。道光二十五年（1845）暨阳洞梵阁活字印《玉枢经龠》二十四卷。道光二十九年（1849）薛子瑜活字印《大清一统志》。道光三十年（1850）甘熙津逮楼活字印《帝里明代人文略》。道光间朝宗书屋活字印《包孝肃公奏议》《李忠定公奏议》等。道光间王氏信芳阁活字印《诗说考略》十二卷。咸丰二年（1852）敕书楼活字印《易触七卷诗触六卷》。同治六年（1867）金陵书局活字印《三国志》等。同治八年（1869）群玉斋活字印《儒林外史》《平定粤匪纪略》《禹贡锥旨节要》等。同治十年（1871）安徽敷文书店活字印《大清律例根原》一百二十四卷。同治十一年（1872）常州翰文斋活字印《本

---

[1] 俞平伯（1900—1990），原名俞铭衡，字平伯，清代朴学大师俞樾曾孙。现代诗人、作家、红学家，与胡适并称"新红学派"创始人。
[2] 张氏从范饶得活字十余万，又从何梦华购得传抄文澜阁本《通鉴长编》五百二十卷，遂排印以传。

草述钩元》。同治十二年（1873）集珍斋印《两当轩集》。光绪初年思补楼印《资治通鉴补》、二年（1876）印《三公奏议》。光绪元年（1875）晋文斋印《理运管见》一卷。光绪二年（1876）北京聚珍堂印《王希廉评红楼梦》、三年（1877）印《济公传》、四年（1878）印《聊斋拾遗》、五年（1879）印《忠烈侠义传》、七年（1881）印《乐极世界传奇》等。光绪五年（1879）无锡匡宝才活字印《芙蓉山馆全集》。光绪七年（1881）聚珍堂印《艺菊新编》。光绪七年（1881）毗陵汇珍楼《野叟曝言》二十卷。光绪十一年（1885）上海萃珍斋《劫火纪焚》一卷。光绪十三年（1887）武进罗湾春及堂印《谢氏清芬诗录》。光绪十四年（1888）长洲黄氏流芳阁活字印诸可宝撰《璞斋集》。光绪十七年（1891）无锡文苑阁活字印孙同康撰《师郑堂集》，曾倬撰《补汉书艺文志》《西伸丛语》等。光绪二十七年（1901）金陵宜春阁活字印《也侬诗草》、二十八年（1902）印《塾言》等。民国期间琉璃厂半松居士印《二臣传、逆臣传》《南疆逸史勘本》，文学山房活字印《国朝书画家笔录》，西泠印社印《东海渔歌》，苏州毛上珍印《古今经世策论举隅》，苏州宝华山房印《古今伪书考》，金陵汤明林印《吉林纪事诗》，守政书局印《颜鲁公文集》《两溪文集》《孙可之文集》，天门山馆印《句余嗣响》，常熟缪承古堂印《先醒斋笔记》，北京龙光斋印《千字文》，华聚玉书社印《课子随笔》十卷，民国 25 年（1936）云林阁刊刷处印《庞公宝卷》等。

泥活字印书，罕见传本。清代苏州人李瑶、安徽人翟金生[1]始用毕升古法，制泥活字获得成功。天津古籍书店于 1958 年在民间收到一部《仙屏书屋初集诗录》十八卷，道光二十六年（1846）丙午安徽泾县翟西园用泥活字版，为宜黄黄爵滋印刷。据翟氏题识云：另有大号泥活字排印本（此为小号泥活字排印本），大号每行 19 字，小号每行 21 字。封面有"泾县翟西园泥字排印"两行。总目后排检名单中，除翟西园外，还有家属翟廷珍、一熙、家祥、文彪、一蒸、承泽、朝冠等七人。后来，

---

1 翟金生，字西园，安徽泾县人。

张秀民先生在1961年《文物》第三期中《清代泾县翟氏的泥活字印本》一文中又介绍了翟氏还在道光二十四年（1844）以泥活字试印了自己的家集《泥版试印初编》，其子一棠、一杰、一新、发曾等造泥活字，孙翟家祥、内侄查夏生检字，学生左宽等校字，外孙查光鼎等归字。咸丰七年（1857）翟氏83岁时又命其孙翟家祥排印《水东翟氏家谱》。光绪二十四年（1898）又用泥活字印翟廷珍撰《修业堂集》。

泥版試印初編
涇上翟金生西園氏著幷自造泥字
男 發曾振如
一棠名亭 同造泥字
一傑典甫
一新煥然
孫 家祥倍庚 檢字
内姪查夏生禹功

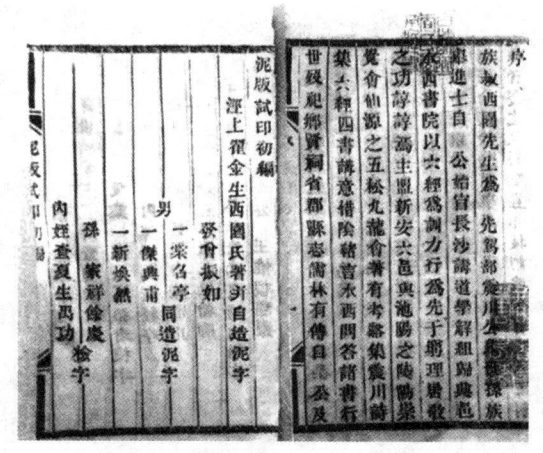

图1 翟金生泥活字印本《泥版试印初编》

李瑶泥活字版印书，安徽省图书馆、天津图书馆藏有李瑶编辑的《校补金石例》四种[1]。又印有《南疆逸史勘本》五十八卷，道光十年（1830）李瑶勘定，用七宝转轮仿宋胶泥活字排印。

繹史勘本卷首
聖諭
欽賜二通洪綠
臣李瑤恭錄
帝德則天至公無黑推兹崇褒易代之典眞曠古所
稀有者也敬謹錄冠卷端用昭萬禩
乾隆四十年冬閏十月奉
諭旨前據各省查送應燬書籍中

图2 李瑶用泥活字印刷本《南疆绎史勘本》

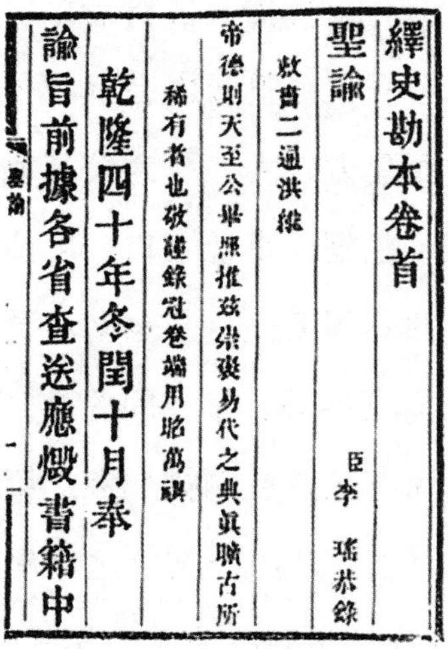

泰山瓷版，1961年中国书店收购了一部清人徐志定印刷的瓷版《周易说略》。序谓："戊戌冬，偶创瓷刊，坚致胜木，因极第次校正，逾己亥春而《易》先成"，序末署"康熙己亥（五十八年，即1719）四月泰山后学徐志定书于七十二峰之真合斋"。封面书有"泰山瓷版"四字。90年代初济南古旧书店也收购了一部徐氏瓷版印《蒿庵闲话》，现藏山东省图书馆。

1 济南潘氏《苍崖金石例》、长洲王止仲《墓铭举例》、姚江黄梨洲《金石要例》、吴江郭祥伯《金石例补》。

四、活字本古籍的特点识别

活字印刷的书籍一般与刻本无明显区别，除部分在书牌或版心处标明活字印本外，其绝大部分是没有特殊标志的，对不经常接触古籍实物的读者，易于混淆，难以辨识。在前期制作工艺上活字版和刻版完全不同。活字是以单字为独立制作单位，诸多单字拼成一版，其拼版方式是在一版框大小平板上置框格，将单字及栏线、鱼尾等按文稿依次检入，然后紧版去隙成形，用后即拆。由于受工艺精度等因素影响，活字版文字在同版内或多版间很难保持高低、笔画、字身及墨色一致。而刻版是在一块整版上，将誊写清晰的稿子反向附着在木板上，由刊工一气呵成，刻版存放日久易于变形、开裂。掌握了这些基本区别，就不难找到识别活字本的依据。

第一，由于活字独立造字的特点，制字时刻工无法全面比对参照，前后制字差异较大，排版检字又非依制字顺序，因此一般情况下字体大小不一，笔画粗细不同，大多印本总体翻阅感官不匀。第二，文字"钱唇"下等边基柱体切割时与文字方向若出现细微差距，成行后多表现为文字歪斜。第三，活字长度很难做到完全一致，整版内会出现个别参差不齐现象，从背面看，个别字因凸出而受力较大，墨色较其他文字浓重。第四，活字排印多使用一个或几个栏框，审视书口，可清楚地看到上下栏间距相同，或几个整齐明显的不同高度，甚至前后页边栏形状几乎一致。第五，一般除版框、版心有细栏外，字行间的直栏多不完整，个别半页无细格。第六，个别字偶有横排或倒排现象。第七，写稿上版为了行款整齐，字体结构美观，书写时上下文字之间笔划时有相交。而活字版则不然，每字独立，字字之间绝无交叉。第八，由于活字版具有整版拼版特点，因而栏线、四角横线、竖线拐角处接缝松离，界格行线两头与栏线互不衔接。第九，活版鱼尾系并排成版，版心鱼尾与两旁行线十之九有隔离迹象。第十，活字版印书印完即拆，再印再排，所以印本版面无断裂痕迹。

上述特征一般通用各类活字本的鉴别，若进一步区分泥活字，则需要另行判断。史金波、黄润华先生在《中国历代民族古籍文字文献探幽》[1]中对泥活字的特点进行了较为详细的描述。泥活字"很多字笔划生硬变形，竖不垂直，横不连贯，有的笔画中间断折，半隐半现。这是由于在尚未干燥的泥活字上刻字时，刀刃挤迫笔画而偏斜变形。有些字有明显的边角、笔画缺损痕迹。甚至有的字由于缺角而显得近乎圆润。这是因为活字虽经烧制陶化，比较坚固，但比起木活字和金属活字，泥活字性脆，容易破损，特别是边角处更易伤残。有些行字列不直，是泥活字印刷行间尚无夹条，聚版又难以紧凑的缘故。印面文字墨色不匀，笔划中有类似气泡、沙眼的痕迹，表现出泥活字吸墨不均匀的特点。有的字迹模糊，边缘形成蜡泪状，这是烧制活字时温度太高，造成流釉现象。这些都体现了泥字印刷的特点。"按上述特征鉴别活字本，一般是可以区别出来的。

---

[1] 史金波、黄润华著，中华书局2008年5月版。

《通志堂经解》的前世今生

方应权

《通志堂经解》是在清代著名才子纳兰成德主持下编辑刻印的，主要参与其事者，为清初著名学者、藏书家徐乾学。徐乾学，字原一，号健庵，江苏昆山人。康熙九年（1670）一甲第三名进士，官至刑部尚书。他藏书富有，筑传是楼，藏书堪称当时海内第一。著有《资治通鉴后编》《憺园文集》等，主持编纂《明史》《大清一统志》等。《通志堂经解》自康熙十二年（1673）开始刊刻，至康熙三十年（1691）前后完成全部校订刊刻工作。这部丛书规模宏大，其底本来源除了徐氏传是楼，还有毛氏汲古阁、范氏天一阁、钱氏述古堂等多家；参与校勘的有太仓顾湄、昆山徐秉义、长洲何焯等；参与刊刻的刻工更是接近500人。《通志堂经解》收罗宏富，并且多是重要而稀见的典籍，为当时及后世的经学研究提供了丰富资料，扩大了研究范围，对清代经学的兴盛有重要的贡献。它荟萃宋元经学要籍，上承《十三经注疏》，下启《经苑》《皇清经解》，是《十三经注疏》之后最大的一部经学丛书。《通志堂经解》重视底本选择，多以宋元佳椠为本，又经精工良将，写刻工致，为清代软体字写刻本的重要代表，《四库全书》及后世抄、刻、影印古籍，多取之为底本。因此，《通志堂经解》在经学和版本学研究方面都具有极其重要的价值。

《通志堂经解》的辑刻与流传

《通志堂经解》以"通志堂"名编,通志堂是纳兰成德的堂号。纳兰成德是武英殿大学士明珠之子,生于清顺治十一年(1654),康熙十五年(1676)中进士,卒于康熙二十四年(1685),年仅31岁。纳兰成德师从徐乾学,与朱彝尊、陈维崧、姜宸英等交往甚密。他工于作诗,尤其擅长填词,是清初杰出的词人,有《饮水词》等流传。卒后,徐乾学将其诗词文赋合编为《通志堂集》二十卷。《通志堂经解》书中版心下方皆刻"通志堂"三字,卷末有"后学成德校订"。《通志堂经解》卷首有成德总序一篇,各书之序六十二篇,还有书后二篇,都与编刻该书有关。所以,历来都将这部丛书的作者署为"纳兰成德"。实际上,徐乾学对这套丛书的编刻也起到了很大的推动作用。纳兰成德去世后,徐乾学等仍有续刻,直到康熙三十年(1691)左右才全部完成。

《通志堂经解》是一项浩大的出版工程,耗费了大量的人力财力。首先,纳兰成德为该书的刻印提供了充足的资金。其次,底本来源丰富而质量上乘。《通志堂经解》徐氏总序云:"因悉余兄弟家所藏本,覆加校勘,更假秀水曹秋岳,无锡秦对岩,常熟钱遵王、毛斧季,温陵黄俞邰及竹垞家藏旧版书,若抄本,厘择是正,总若干种,谋雕版行世。"徐乾学家有传是楼,聚宋元版书四百四十二部,是《通志堂经解》的重要底本来源。其二弟徐秉义、三弟徐元文也都藏书丰富,宋元旧本颇夥。加上序言中提到的曹溶、钱遵王、朱彝尊等,都是当时的藏书名家。这些优质的底本资源,为《通志堂经解》提供了巨大的版本优势。而顾湄、徐秉义、何焯等一批学者的校勘和一支数量庞大、技艺精湛的刻工队伍,更是为《通志堂经解》的质量提供了重要保障。

《通志堂经解》初刻本写刻严整、自然大方,堪称清初写刻本的典范。著名藏书家黄裳称赞其"精写付刻,也是有代表性的官方刻书的标本"。初刻本一般为半叶十一行,行二十字,白口,单黑鱼尾,左右双边。鱼尾上方记字数,下方依次记书名、卷次、页码。版心下方右侧刻"通志堂",左侧刻刻工名。全书卷首有纳兰成德、徐乾学序言,次接"新刊经解目录"。从相关资料获悉,初刻本印数较少,流传不广,到乾嘉时期,收藏整套初刻本者已不多见。现在,在中国、日本、美国等国的几家大型图书馆,还可见整套初刻本,均已列为善本。乾隆五十年(1785),乾隆帝下令修版补刊,是为"钦定"本,书前有乾隆御旨。到了同治十二年(1873),粤东书局对该书进行翻刻,版式、行款、字体一仍原刻,各卷末"后学成德校订"后,增刻"巴陵钟谦钧重刊",书前又多序言几篇。对于这个翻刻本,关文英认为"时日短促,校勘殊嫌草草",而《程尚书禹贡论》更有妄补之嫌。20世纪90年代,这一翻刻本曾被缩小拼页影印。而此次影印出版,所据则是康熙初刻本,原大再现,让这一深闺秘籍化身千百。

《通志堂经解》的学术和版本价值

《通志堂经解》的刊刻,具有重要的学术价值。首先,荟萃宋元经解,扩大了经学研究的范围。自汉至清,儒家学说占据着绝对的统治地位,著作更是汗牛充栋。然而,由于流传日久,战乱水火,学派更迭,人为破坏,唐以前的经学论说大多赖《十三经注疏》等得以保存。宋代经学新说迭出,著作大盛,但元明两代学风空疏,并没有能整理传布。清代学风一变,经学研究有了新的发展要求,所以作为重要基本资料的《通志堂经解》顺势而生。《通志堂经解》收录的一百四十种经解,有易类三十九种、书类十九种、诗类十一种、春秋类三十五种、礼类十二种、孝经类四种、四书类十三种、群经总义类七种。该书以宋元人著作为主,其中宋人八十三种附见一种、元人四十七种,另有唐人三种、后蜀一种、明人三种、清人二种,不明时代姓名者二种。其收罗宏富,卷帙浩繁,规模之大,有清一代,除了《四库全书》经部文献,没有能在卷数、字数上超越它的,以私人之力达到如此规模是空前的。乾隆皇帝称赞该书"荟萃诸家,典瞻赅博,实足以表彰六经"。它的刊

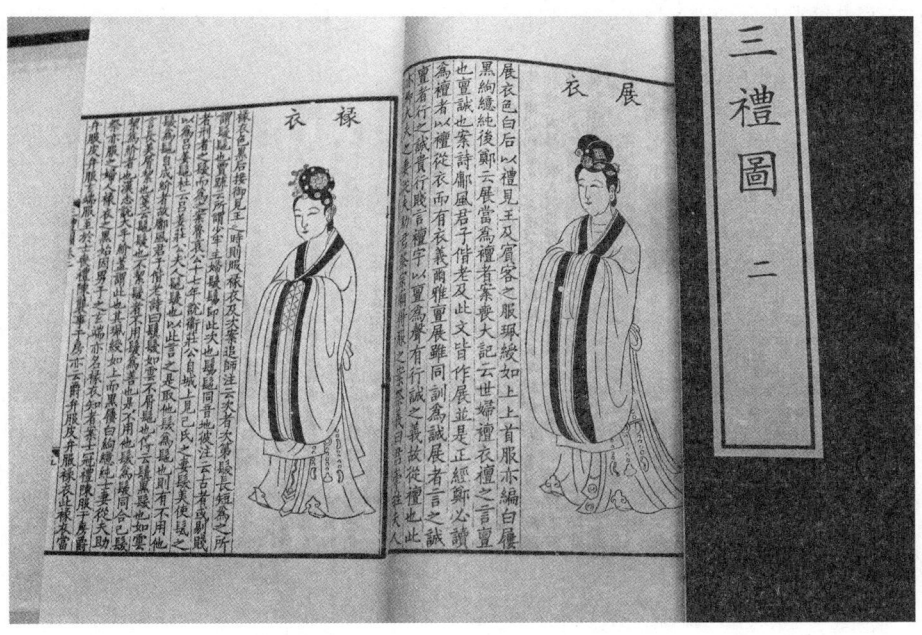

刻，使得大量宋元经学著作得以保存流传。

其次，《通志堂经解》收录了大量重要而稀见的典籍，宋元重要经学典籍基本荟萃于此。特别是选入了很多稀见的版本，使"多数罕传之籍得因巨力以行世"。《通志堂经解》所据底本，大多为宋元旧刻旧抄，这些善本即使在当时也存世极少，且多藏于私家，一般学者士人难以

101

得见。如宋吕祖谦《古周易》等，各书目都罕见著录；又如宋王当《春秋臣传》等书，此前仅有抄本流传，可见这些典籍的稀见程度。再如宋朱震《汉上易传》、郑汝谐《东谷郑先生易翼传》等，如今《通志堂经解》本为其存世第一足本。正如韩菼所说："凡唐宋以来先儒经解世不常见者，靡不搜揽参考，雕版行世。"所以，《通志堂经解》的刊刻，对保存和传播前人文献有着不可磨灭的功绩。

再次，康熙初刻本《通志堂经解》校勘严谨，写刻精美。参与校勘者皆为当时的大家，其校勘有如下特点：一是态度十分认真，张云章言"诚恐此事一时鲁莽，得罪先儒，贻误来学"，所以"反复考订，期于详慎精核"。二是经过这些学者的校勘，发现并改正了原本中的很多错误。如宋家铉翁《春秋集传详说》，校出了原本因抄写而导致的错误。三是对错误的处理过程很严谨，必须经过反复稽考，又经徐秉义亲自勘定，甚至请徐乾学定夺后才缮写付刻。在清代写刻本中，康熙初刻本《通志堂经解》颇具有代表性。它内容重要、规模宏大、刊刻较早，又是私人所刻，从这几个方面来看，整个清代的写刻本，无能出其右者。黄永年、贾二强《清代版本图录》中称："(《通志堂经解》)点画精雅，为清初用方劲欧体写刻之典范。"杜泽逊在《文献学概要》中称赞其"初刻工致，为清初写刻本代表之一"。康熙初刻本《通志堂经解》写刻严整疏秀，纸墨俱佳，仿佛宋刻。叶德辉《郋园读书志》卷一载："《书目前编》所载无一册之存，《后编》经部宋人书所谓宋版者，往往以白纸初印本之通志堂本伪充。"今湖南图书馆所藏王与之《周礼订义》残卷，上钤"乾隆御览之宝""五福五代堂古稀天子之宝"等乾隆御印，《天禄琳琅书目后编》卷二"宋版经"中对其有著录，而实际上该书为康熙刻《通志堂经解》本。又《杭州大学图书馆善本书目》著录宋李衡《周易义海撮要》十二卷，定为宋乾道六年（1170）刻本，但根据附录书影，实际上也是康熙刻《通志堂经解》本。

《通志堂经解》原大影印本收藏价值不菲

《通志堂经解》初刻本自刊刻至今，已经有300多年的历史，其原本全套存世者寥若晨星，且均已列为善本，常人难得一见。原大影印，既是对原本的再生性保护，也能将其化身千百，为广大读者所用。即使是同治年间粤东书局翻刻本，虽有种种瑕疵，近年在各大拍场出现的也不过三两套，且几年前成交价已过50万元。而这一翻刻本的影印本为缩小拼页而成，令人难以卒读。既无法看到康熙初刻本的原貌，也容易被其错误所误导。故此，将康熙初刻本这样富有文献价值和版本特色的精美巨型丛书原大影印，再造行世，正可补充各大图书馆馆藏，并丰富古籍收藏爱好者的收藏品种。

此次据康熙初刻本原大影印的《通志堂经解》在收藏价值方面也是更胜一筹。

首先，底本选择康熙初刻本，其完整存世之少，写刻之精美，为学者所共知。此次依其原样影印，将秘藏深阁大库的善本原貌展现在广大读者面前。

其次，采用拥有千年之寿的上等手工宣纸，以传统手工技艺印制，尺寸一仍其旧，线装五百九十九册，并附目录一册，分为六十函。从材质和形制上，完美再现了康熙初刻本的面貌，具有不可比拟的收藏价值。

此外，这一影印本限量编号发行，仅印行60套，这样耗财耗时耗力的做法，具有不可复制性。所以，这一新善本又有着很大的升值空间。

执着爬梳，还原细节
——清宫内务府档案的编纂与出版

方应权

从 2012 年开始，北京鸿博儒文化公司与中国第一历史档案馆、故宫出版社合作，着力打造一套"清宫内务府"的一手史料——《清宫内务府档案汇编·奏销档》（300 册）和《清宫内务府档案汇编·奏案》（上编 300 册，下编 300 册）。六年多的时间，上千万的投入，至今已完成《奏销档》300 册出版，《奏案》编纂紧张进行，也将于 2019 年推出上编，而下编最终的完成，估计还要两三年时间。是什么样的魔力，能够让一家民营文化公司如此坚守不弃？今天我们要讲的，正是这近千册大书的编纂和出版故事。

一、内务府是个什么机构

内务府是清代朝廷特有的机构，职官多达三千人，比事务最繁的户部人数多十倍以上，可以说是清朝规模最大的机关。内务府主要职能是管理皇家事务，诸如皇家日膳、服饰、库贮、礼仪、工程、农庄、畜牧、警卫扈从、山泽采捕等，还把持盐政、分收榷关、收受贡品。内务府主要机构有"七司三院"，最重要的是广储司，专储皇室的金银珠宝、皮草、瓷器、绸缎、衣服、茶叶等特供品。内务府的组织渊源于满族社会的包衣（奴仆）制度，其主要人员分别由满洲八旗中的上三旗（即镶黄、正黄、正白旗）所属包衣组成。最高长官为总管内务府大臣，初为三品衙门，雍正十三年（1735）升为正二品，由皇帝从满洲王公、内大臣、尚书、侍郎中特简，或从满洲侍卫、本府郎中、三院卿中升补。凡皇帝家的衣、食、住、行等各种事务，都由内务府承办。内务府直属机构有七司三院。内部主要机构有广储、都虞、掌仪、会计、营造、慎刑、庆丰七司，分别主管皇室财务、库贮、警卫扈从、山泽采捕、礼仪、皇庄租税、工程、刑罚、畜牧等事。另有上驷院管理御用马匹，武备院负责制造与收储伞盖、鞍甲、刀枪弓矢等物，奉宸苑掌各处苑囿的管理、修缮等事，统称七司三院。内务府还有织造处等30多个附属机构。此外负责管理太监、宫女及宫内一切事务的敬事房也隶属总管内务府大臣管辖。1911年辛亥革命后，废帝溥仪仍居宫内，为皇帝服务的内务府也得以保留，直至1924年溥仪被驱逐出宫为止。

二、宝贵文化遗产——奏销档和奏案

内务府在大量政治活动中，留下了两种比较重要的文化遗产——奏销档和奏案，这二者总共十万余件，正是今天要说的主角。

（一）奏销档

清廷总管内务府在办理各项宫廷事务中形成大量档案，专人将其汇抄成册，以备查存，这就是内务府奏销档。中国第一历史档案馆所藏内务府奏销档，从顺治十一年（1654）至宣统三年（1911），共700多册，总计33000多件。这些内务府奏销档，从顺治朝至雍正三年都是满文，雍正三年至咸丰朝有满文、满汉合璧、汉文几种形式并存，同治朝以后基本为汉文。

内务府奏销档所涉及的内容广泛而繁杂，凡是内务府所属各单位承办的事务，均包括在内。其主要内容有：宫殿及行宫的修缮及工料银两，官员的任免与奖惩，庄头的革退，御用物品的造办，帝后亲王婚丧大事，外国进贡礼品的接收，承办祭器，缉拿逃跑太监，盘查库储等等。总之，皇家的衣食住行，在这些档案中，均有详实的记录。

（二）奏案

内务府在其长期政务活动中形成的大量档案，不仅有反映宫廷事物的内容，而且还有涉及大量有关国家政务的材料。奏案即是其中一项涉及内容广泛的专项档案。它是总管内务府大臣或所属各司院官员向皇帝报告宫廷事务的奏折、奏片、清单及底稿或抄件等，是内务府报告经办各项事宜，经皇帝批回后，由办事人员整理存案备查的文件。其中大部分为汉文档案，少部分为满文，均有汉文题由。

内务府奏案有1076卷，82242件。档案起自雍正四年（1726），止于宣统三年（1911）。档案内容极其丰富，不仅涵盖了皇族及宫廷事务管理内容，还涉及政治、军事、文化、经济等政府职能的各个方面。由于深藏宫中，散失较少，保存比较完整，利用价值很高。大致说来，包含了宫廷礼仪、宫廷管理、宫中陈设及物品供应、财务经费、工程建筑、畜牧、旗地与房屋、八旗教育与户籍、皇族事务、巡幸行围、宗教事务、外事往来与民族交往、职官人事、防务、司法警务、文图庶务、其他等十七类内容。

内务府奏案是目前中国第一历史档案馆藏清代档案中基本保持原状的档案之一，主要有以下几个特点：

首先，内务府奏案采用了文件组合的归档形式，多数档具有立档时间，这是奏案的特点之一。内务府奏案原有卷内档秩序和编号，是清代立档时形成的基础，是按时间排序编号，每一号为内容相关的一组档，卷内有一件至数件不等。每组档都用封皮包好，封面上有责任者、题名及立档时间。需要注意的是，原有卷内档秩序不是按每件档的具文时间排序的，而是按每组档封皮上立档时间排序的。

其次，多数奏报的档案都存有"奉旨单"。"奉旨单"记录了官员的奏报经皇帝阅后皇帝的口谕内容及时间，是当时文书办事人员抄录的夹单。多数奉旨单内容简单，即于某年某月某日具奏奉旨："知道了。钦此。"少数的奉旨单内容比较丰富，有的还比较有价值。另外，对我们判断没有具文时间的档案可以起到参考作用。

最后，内务府奏折与其他奏折具有不同的行文处理程序。第一，从行文程序上看，多数行政衙门的奏折是通过宫中内奏事处由奏事太监直接送交皇帝亲自批阅的。其中经过皇帝用朱笔批阅的奏折，称为"朱批奏折"，而内务府奏折是在皇帝用膳时，由内务府太监直接向皇帝读具奏内容，并将皇帝的口谕记下来，后由内务府书吏人员记录在"奉旨单"上。第二，从处理程序看，朱批奏折有录副和缴回制度，即经皇帝批阅后的奏折交由军机处处理，均由军机处另抄录一份，称为"录副奏折"。其原折发还具奏人按旨意执行，并规定在办完后定期缴回，存于懋勤殿等处。而内务府奏折具报奉旨后，由书吏抄录、立档、存案，存于内务府，一是为了存盘备查，二是作为遵照执行的依据。这正是奏案中不仅有奏折原件，还有许多抄奏和奏底的原因。

由于内务府奏案是现今保存清代档案原档原貌最完整的档案之一，没有经过后人人为分类加工，因此查找所需数据更加方便快捷。它归档的原则与方式、整理编目的方法，是我们今天整理清代档案的重要参考，对今天文书档案制度的建设也有借鉴作用。

三、奏销档和奏案的价值

（一）奏销档

由于内务府有着直接为皇室服务的特殊地位，因此许多清廷政务活动都与内务府有着一定的联系。内务府在其长期事务性活动中形成的大量档案，不仅反映宫廷生活，同时还有大量涉及朝廷政务的原始数据，奏销文件就是其中重要的一种。可以说，内务府奏销档对清史研究、清宫史研究、满学研究，都具有十分重要的文献价值。而且，内务府奏销档是现今保存的清代档案中原档原貌最完整的档案种类之一，没有经过后人的人为分类加工，其归档的原则与方式、整理编目的方法，对我们今天整理清代档案亦有重要借鉴作用。

（二）奏案

内务府奏案作为帝后在皇宫的最原始活动记录，反映了宫廷历史的原貌，是研究清史的第一手资料。因为它真实、客观地记录了为帝后服务所涉及的方方面面，所以对研究清代政治、经济、文化各方面有着重要的参考价值和补充史料的作用，是不可或缺的珍贵资料。

四、整理与出版

长期以来，清宫内务府奏销档和奏案一直被清史研究者广为利用，是非常有用的两类档案资料。第一历史档案馆历来重视馆藏档案的编目与数字化。从2000年后，开始由专人对这批档案进行扫描编辑，用了十多年时间，完成了比较系统的整理编目工作和档案数字化。但是，即便是完成了的数字化档案，也只能供使用者到馆查询，抄写非常浪费时间，将其编纂成书，影印出版，是学界长久以来的期盼。

因此，在中国第一历史档案馆和故宫出版社的具体指导下，鸿博儒文化公司承接了这项意义非凡的工作。我们首先将中国第一历史档案馆所藏700余册33000多件奏销档全部按原档卷号整理汇编，分成300册，影印出版。在具体编辑过程中，考虑到大量满文档案的阅读习惯，全书采用了从右往左翻看的编排方式。为了便于读者查阅，我们除了编制各册所辑档案目录外，还汇总编制了全书总目录，总目录标注了各册收录档案的起止年月。

在编辑完《奏销档》之后，我们又启动了《奏案》编纂出版工作。中国第一历史档案馆收藏的内务府全部奏案1076卷82242件，数量比《奏销档》多出一倍还多，其整理难度可想而知。在编辑过程中，我们严格按照第一历史档案馆的专家交代的工作方法，一次次地排版校勘，

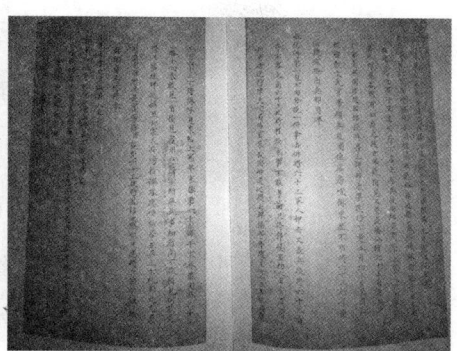
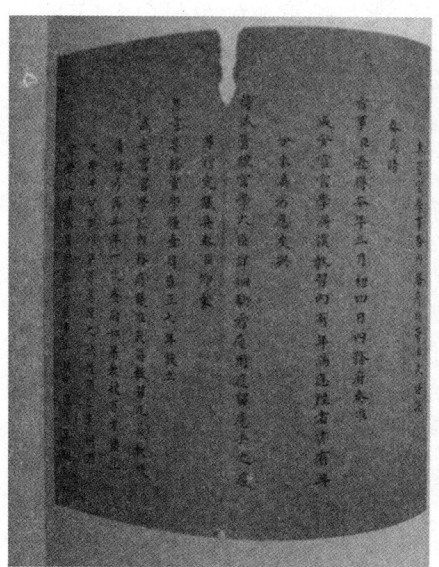
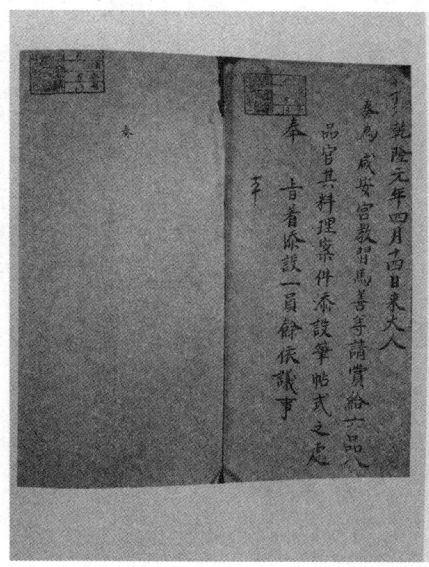

往返探讨，仍然本着最大可能方便读者的宗旨，编辑每一页档案，虽然工程旷日持久，但其中所指示的历史细节，让我们能够安心爬梳董理，还原一件件史实，远比急功近利的追逐利益，让人觉得快乐。《奏案》全部按照时间整理汇编，分为上下两编，上编为乾隆六十年以前部分，下编为嘉庆元年到宣统三年，将陆续出版发行。

相信清宫内务府奏销档和奏案的整理出版，是一件有功于清史编纂的良心工程，必将为我国清史研究领域增添一部重要的史料参考巨著。

《天津图书馆藏稀见日本文献》前言

林登昱

《天津图书馆藏稀见日本文献》，全120册。主编为李培（天津图书馆馆长），副主编为张宝三（台湾大学中国文学系教授）、林登昱（台湾古籍保护学会会长）、李国庆（天津图书馆历史文献部主任）。

天津图书馆所馆藏日本文献达六万余册（专置于日本文库），其大致类别涵盖文学、语言、历史、传记、哲学、宗教、天文、地理、政治、法律、军事、社会、文化、科技、工业、商业、医学、物理等等，种类繁多。本丛书选出文史哲类（又两岸都未见者）1000余种（近2000册），作为整理暨出版重点。

上海师范大学石立善教授曾在"《天津图书馆藏稀见日本文献》首发式"上，针对本丛书的价值与意义论述如下：第一点，本丛书所收书籍稀少珍贵，有不少书现在即便在日本也很难找到，比如高木八太郎《支那哲学讲话》和斋木延次郎《支那批评哲学史》，我对这个领域比较熟悉，见过不少日文专著，但这两部书还是第一次见到，连我的母校京大图书馆也没有收藏。总体来讲，的确配得上书名的"稀见"二字。第二点，是所收书籍具有的社会思想史意义。我觉得本丛书有很多都是"教养类"书籍，用中文讲就是"公共教育类"（台湾称作"通识类"）的书籍，如《女子汉文读本》《支那历史问答》《帝国汉文读本》《朝鲜文学选集》等。此外，还有一些比较专业性的书籍，如《独逸史》《罗马史论》《英国文学史》等，这些普及性的、教育类的书籍反映了当时在津日本侨民乃至明治、大正和昭和初期日本人的价值取向和关注点，无论从教育史还是社会思想史的角度而言，本丛书都给近代日本研究领域提供了丰富的一手材料。

科举文献的资源汇总 科举人物之全景展现

——《中华科举库》

杨光辉

自夏商至春秋，取士以"乡兴贤能"，由君主所任。秦汉的选官用"征辟察举"制度，为皇帝献贤能而储备人才。魏晋南北朝时期，选才派官为"九品中正制"，是两汉察举制度的一种延续和发展，它存在了四百年之久。隋朝建立，废"乡举里选"[1]之法，初试地方荐举与朝廷考试相结合，始设"科举制"[2]。"科举"就是采用分科取士的办法，不需王公侯爵或地方官吏的推荐，凡应举者，可"投牒自进"，参加考试，合格者取士。这也是科举制与察举制最根本的区别之处。科举制度改善了隋唐以前的选官用人制度，使社会中一些下层且有能力的读书人，有了进入上层社会得以发挥才智的可能。随后，唐代逐步完善科举考试制度，并由此选拔人才，这一历史性的变革，成为中国封建社会选任官吏最重要的途径之一，它在中华历史上一直延续了1300年。

唐代武则天再创选拔武将的武举考试，这样也完备了中国科举分文举、武举两科考试制度。但相对于文科举，武科举在社会上就没那么受到重视，而且武科举者在出身和地位上也低于文科进士。历史上的武举还时废时复，约进行过有500余次。

自宋朝以来，进士考试，是由举人经礼部考试后，再经殿试，才

---

[1] 乡举里选：一般科举制度之前的选人制度都称"乡举里选"。
[2] 隋始设科举制：依历史文献及古籍方志等所据。因确切何时"始设科举制"，学界有争论。

算合格。明清两朝沿袭这种科举取士制度。据估算，科举成才者，仅文科进士就选拔出十数万人，还有数十万的举人和更多的贡生、监生，他们是中国封建制度的维护者和执行者，对中国思想文化有着引领和推动作用。唐代王维、宋代苏轼、元代胡三省、明代王守仁、清代阮元等所谓社会"精英人物"、领导阶层，均出自科举，他们是中国封建社会关系的重要组成部分。

科举制度在中国的历史中曾产生过积极的影响：政治上，科举改变了中国封建王朝的任官用人制度。凡参加科举考试并合格者，不论社会身份的高低，均有机会任官晋级，参加治理国家的活动；科举制度对中国教育事业的发展有过重要影响。不仅对中央行政各级、各种私塾的文化统一教育形成惯例，在边远少数民族疆域也传播和影响了当地的民俗、民风，促进了当地教育事业的发展。明清时期，曾大量涌现少数民族的参考名士，这对巩固、强化中央政权的地位有重要作用。在世界历史中，最具有中国特色的科举制度，丰富了世界文化的多样性，也对多国选官用人制度产生了重要影响。

在封建社会制度中的皇权是至高无上的，只有天子可以拥有，其他人没有制约皇权的能力。虽然皇帝行使和实现自己的权力，是由各个层级、各个职能部门的官员来具体执行和完成的，并且皇帝会重用有文化知识和高素质的人才，封他们为大学士，让他们掌握国家的重要大权，但是他们的实际权力依然来自于天子，也服务于天子。尽管如此，他们的思想和行为对历史事件依然有着重要影响，在社会进程中他们也依然扮演着重要的历史角色。

科举制度为皇帝提供了大量有用人才，他们是封建皇权社会中职能部门的最佳人选，这个制度持续地为封建国家储备着适用人才。正是这些接受并传播正统儒学思想的文人学士们，为封建皇权王朝维持了长达一千余年的有效运行，并起到了中流砥柱的作用，在中国历史中留下了深深的痕迹。

时至今日，各类学人们仍把重要的历史人物，作为研究课题的重要切入点，科举人物也自然成为学者们研究中国封建社会史的重要对象之一。因此，将历代科举人物的个人信息分类整理编排，使人们全面、系统、有的放矢地对他们进行了解研究，无疑将是一条便捷通道，想必此举定能实现各界读者长久期盼的愿望。

近年来，各种形式的人物数据库也出现过一些，都各有所长。但令人烦恼的是，同一数据、同一人物，在不同的数据库中反复出现，大量文献被重复使用。正如在纸本文献中，数据重复的情况曾经达到了无以复加的程度，不仅消耗了大量的人力财力，还浪费了大量国家资源。如今，数据库越发显露出重蹈纸本文献覆辙的悲剧。有些数据库也以拼凑人数为目的，不管何种人物，有无相关信息，有无研究价值，均全部收录以充其数，来显示自己数据库之庞大，而学者们真正需要的信息却难以得到，读者花费大量的精力，浪费了宝贵的时间而很难取得研究成果。如此一来，既失去了人物数据库应有的作用，又在数据库的选择上让人不知所措，还给学人们的研究带来了极大的不便，使得新兴科技手段在史学研究领域中的应用一直处于较低水平。

北京籍古轩图书数字技术有限公司在利用现代科技手段开发古籍数据库领域一直处于领先地位，其开发的《中国数字方志库》《中国艺术研究报刊专题库》等较多成功项目为学界认可。近十年来，该公司一直在收集科举人物的相关信息、著作、手札、信件、图像、传记资料等，逐渐积累成库，目前已初步完成明清阶段科举资料的编制工作，定名为《中华科举库》，分为清代进士卷、清代举人卷、明代进士卷、明代举人卷、唐宋元科举人物卷。

《中华科举库》选题鲜明，构思完整，史料丰富，社会需求广泛。它将最新学术成果和科技理念相结合，以读者恰当方便的检索应用为原则设计架构，采用自主研发的软件，广征专家学者建议，综合考虑实用、便捷的操作方式，制作出读者一看就懂，一用就会的软件系统。这套软件的设计方式，可引导读者逐步深入探究每一历史人物，从而得到较全面的人物相关信息。本软件系统既有个人小数据，亦有宏观大数据；既可查询一朝一代，还可搜索一省一县的各级科举人物。既可通过检索科举名词普及知识，亦可查找科举制度的相关文献深入研究。无论何种检索方式，均能满足各类型学者的研究需求。《中华科举库》在各类人物数据库中可谓独树一帜、与众不同。本数据库均使用1949年前的历史文献原件，采用全新高分辨率扫描设备，确保读者获得清晰图像，便于阅览、下载、打印。

《中华科举库》主要定格于中国科举人物，有别于其他人物数据库中对人物无选择的笼统收入、人物资料不完整、让研究者达不到预期目标的弊端。本数据库着力收录大量与科举人物相关的历史文献，真实全面地反映每一位人物详尽的历史信息。例如：

《题三六桥"朔漠访碑图"》信札

吴士鉴（1868—1934），字絅斋，号公督，一号含嘉，别署式溪居士，自题"九钟主人"。清光绪十五年（1889）举人，十八年（1892）壬辰科进士，一甲第二名，号称"榜眼"，授林院编修。

记传类有：《含嘉室自订年谱》《含嘉室日记》《絅斋府君行状》、家传、题三六桥"朔漠访碑图"等信札数通。

自撰、著作类有：乡试硃卷、会试硃卷、《补晋书经籍志》《商周彝器例》《絅斋府君行状九钟精舍金石跋尾》《清宫词》《含嘉室诗文集》《修清史意见》等。

了解一个历史人物，不仅要查看其个人详尽履历、传记，还应阅读个人著述，知其思想认识、行为等，尽可能掌握较多的个人信息，甚至还包括个人书画、图像等，以便研究历史人物所用。《中华科举库》既有满足专业学者的研究功用，又能为一般读者增强兴趣，有普及之功用。

目前本数据库收：

明清科举人物（含：进士、举人、贡生、监生等）：

目前已收入清代进士2.7万余人、清代举人10余万人、明代进士两万余人、明代举人五万余人、宋元科举人物数万人。分别记录他们的名、字、号，籍贯、谥号、各类科目的名次等基本信息。还分别可查阅：1. 人物的行述、墓志铭、正传、别传、日记、年谱、家传等反映个人生平事迹的履历、档案、图像等各类传记资料；2. 科举人物的撰著、奏折、朱卷、游记、诗文集、手札、书画等有关思想、行为的著述。

科举制度：历代科举制度的典章、律例、案例、学校、经典试题、登科录、制科等各类考试制度资料。

科举名词辞典、科举文化等也同时入库。

本库使用1949年前的档案、文献资料约2000万页。

本数据库的特点是：

1. 首次揭示明、清举人名录，与明清进士（及贡生）一同纳入数

《中华科举库》页面

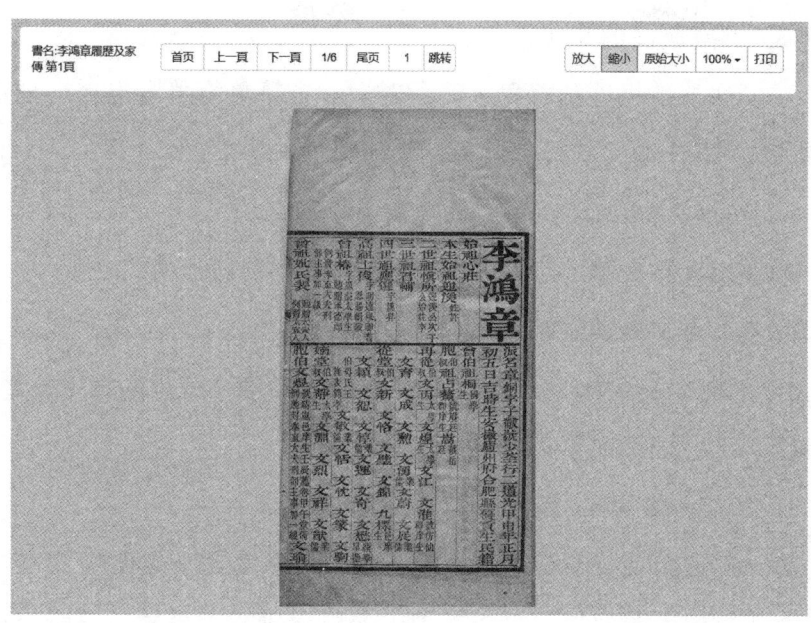

《中华科举库》页面

据库。

2. 对每一科举人物单独设档，有需要时，可提出该人存世的所有传记、撰著的相关个人（图像）资料。

3. 库存信息量大，不仅可方便调出几十万科举人物的信息，也可分别参阅科举制度的文献。

4. 使用该数据库后，免于读者对同种古籍重复再版出现（显见于所谓的大型丛书中）的筛选之劳，节省时间，提高工作效率。

5. 只反映历史文献，不对人物做褒贬评论。

6. 突出人物文献、地方文献等相关资料的科研价值。

7. 具有全文检索功能。

8. 节省购书经费，购买本库仅为购买纸质图书成本的数十分之一，节约数百万元人民币的购书经费。

9. 节约馆藏空间、便于存储。

10. 方便读者查阅、检索。

这套数据库的问世，必将开创中国史学研究工具的新局面，对提高中华民族文明素质有着不可替代的作用。

说明：科举考试制度还设有武科和制科两类，因其人物和资料较少，且无连续传承，其人物暂不作为主要内容入本库，但在本库的科举制度及文化词典中有所体现。

地契：民间收藏品新秀
——北京市文津书店所藏地契简介

王 哲

近年来，随着收藏业的兴起与发展，藏品门类也逐步由传统的字画、钱币、古籍、瓷器、赏石、票证等向其他类藏品拓展。民间收藏家中出现了众多明、清、民国时期地契的收藏者，而地契成为了新兴的被藏家所看好且集收藏兼研究为一体的又一门类藏品，牵动了新一轮的收藏热潮。

地契，就是买卖或典当土地时所立的契约。地契由卖方书立，其中载明土地数量、面积、坐落地点、四至边界、价钱以及典、买条件等，由当事人双方、亲属、四邻、中人及官衙等签字盖章。是转让土地所有权的证明文件。

自我公司收藏地契开始，在全国各地不断收集到包含明、清、民国以及中华人民共和国成立初期，北京、天津、上海、山西、山东、福建、安徽、河北、河南、湖北、江苏、四川、云南、广东、台湾、西藏、东三省及旧省、旧地区、伪政府、日本等49处近11000张地契，包括绝卖契、典约契、交换契、租约契、补契、杜契、龙契、分单、家族契、清丈归户单、执照、土地证等。其中清官契近5000种，民国官契近5000种，中华人民共和国成立初地契700余种，明代清丈归户单9种，家族契共46种共800余张，龙契34种，东省特别行政区租地证书5种，云南清丈执照12种，伪满土地执照6种，伪蒙疆联合自治政府地契2种，此外还有少量其他地契。

现存最早的地契，是明代的地契，而明代的地契中，以万历间清丈归户单（如图1）较有特色。万历年，明代著名首辅张居正上任后，为摆脱财政困境，采取了开源节流的策略，推行"清丈田粮"和"一条鞭法"赋役改革。清丈归户单便成为了这个清丈改革的见证。

据《连城县志》记载："万历年间知县朱九卿清丈田亩时，全县官民田总共1293顷79亩，田分上、中、下三则起科，上则每亩科米4.66升、中则每亩3.72升、下则每亩2.79升，共征赋米7744石。"《闽书》中对朱九卿有"肃清衙役，清丈得法"的评语。

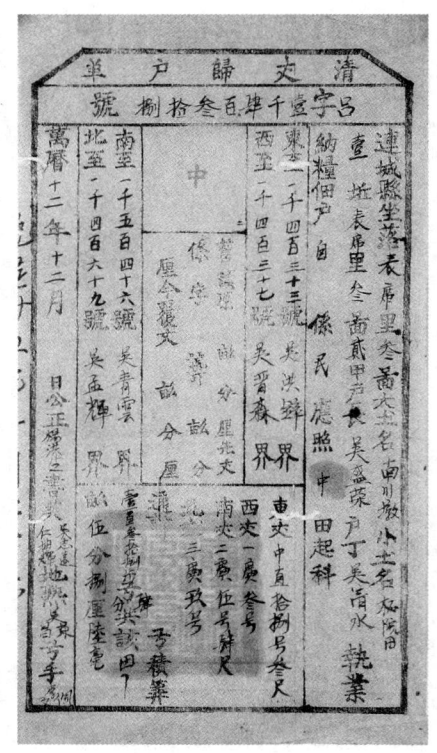

图1 明朝清丈归户单

清代地契是现存比较多的，常见的有绝卖契、活卖契、回赎契、典约契、租约契、交换契和分家析产的分关，总称"契券"或"书契"，具有法律效力。应立契券而不立，必须承担法律后果。

合法有效的书契，必须由买卖双方携带"白契"到官府缴纳契税，办理过户过税手续，再由官府在白契上粘贴统一印制的文书（"契尾"），加盖州县骑缝章，成为"红契"（"官契"），这样的书契才具有法律效力。专家普遍认为，收藏地契的重点在"官契"，因为"白契"最容易出现伪品，且不能反映时代风貌。契税的征收，源于东晋，宋、元、明、清均沿用。税额根据田房总价按比例征收。清末买契征百分之九，典契征百分之六，正税外另征附加税，逾期、匿报都要受到处罚。

在本公司收藏中，清代最早的一张地契是顺治年间山西省襄陵县地契（如图2），上书时间是顺治十年闰六月二十五日。

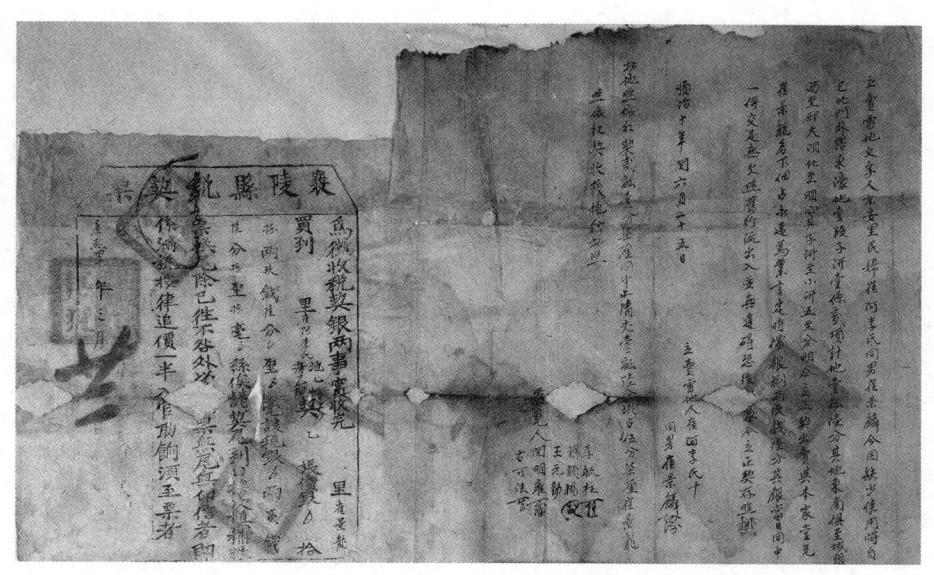

图 2 顺治年间山西省襄陵县地契

乾隆朝以后,如嘉庆、道光、咸丰、同治、光绪年间的契尾,全部骑字截为两幅,一交业户,一交布政司,颁契方式较为划一。光绪年间,官府另颁"官契",取代民间白纸写契,目的是为了杜绝民间私契不税。成契时,将白契内容填写于官府统一印制的"官契"上,纳税后再粘贴契尾。单有官契而无契尾,仍然不能视为合法,因为"官契"只是"规范化"的草契。"官契"是相对"私契"而言的,它由官府统一印发给业户填写,填写后仍须粘贴布政司颁发的契尾。自此以后,白契一律禁用。官契的格式,各地不一,称谓也不尽相同。

晚清时期,由于战争频起,交通时有中断,布政司契尾往往不能及时送达,加上地方经费紧缺,为就地解决军需,相关州县就用县颁"执照"取代契尾,粘贴于草契上。这一形式的书契并不多见。图3为同治三年安徽省歙县"完税执照"。

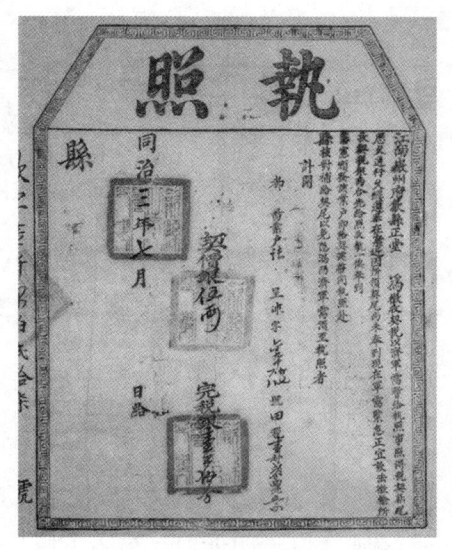

图 3 同治三年(1864)安徽省歙县完税执照

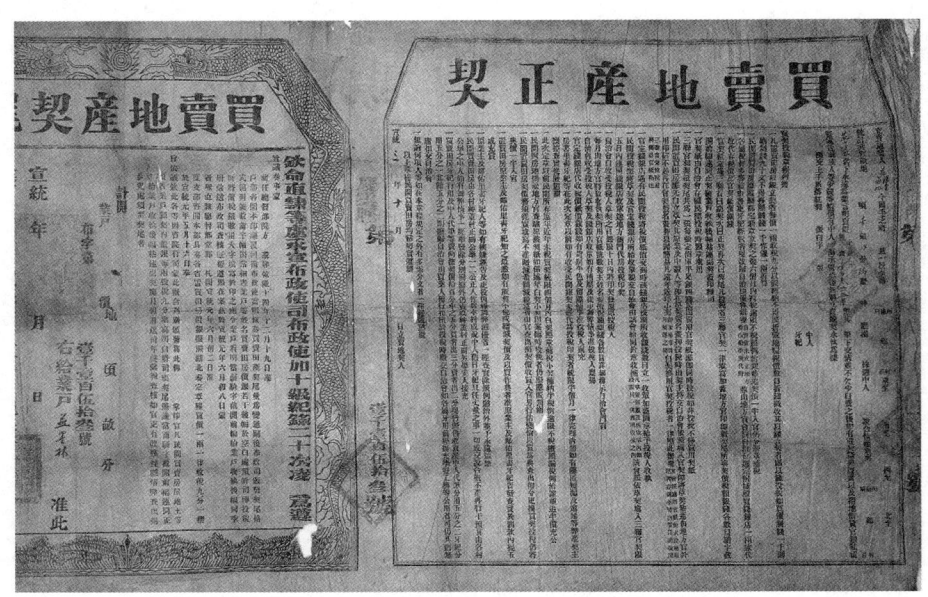

图 4 龙契

在清代地契中，弥足珍贵的当属"龙契"，"龙契"是清代朝廷征用民间土地而立的契据，地契上印有龙纹、盖有官印（如图4）。

鸦片战争以后，随着不平等条约的签订，基督教以沿海通商口岸为基地迅速发展。图5为清光绪十八年（1892）四川省一张买卖契并附民国二十六年（1937）验契，买契人与承租人分别为伦敦会与英美会，用途为"医院"。这两个教会正是晚清时期从外国传入中国的知名基督教教会。在国内活动期间，这些教会在各地创办了不少医院和学校。其中之一就是四川大学华西医院。

自民国开始，书契的形式有所改变，契税税率有大幅度提高。由于军阀混战，军费支出激增，北洋政府还强行征收验契税，规定各地不管旧契新契，统统报验。图6为清宣统三年地契，民国三年山东省国税厅验。此次北洋政府的验契，在全国就收取了数以千万计的验契税。

东省特别行政区是民国年间管理中东铁路沿线地带的一个省级行政区域，位于黑龙江、吉林两省之间，其管辖范围是以哈尔滨为中心，

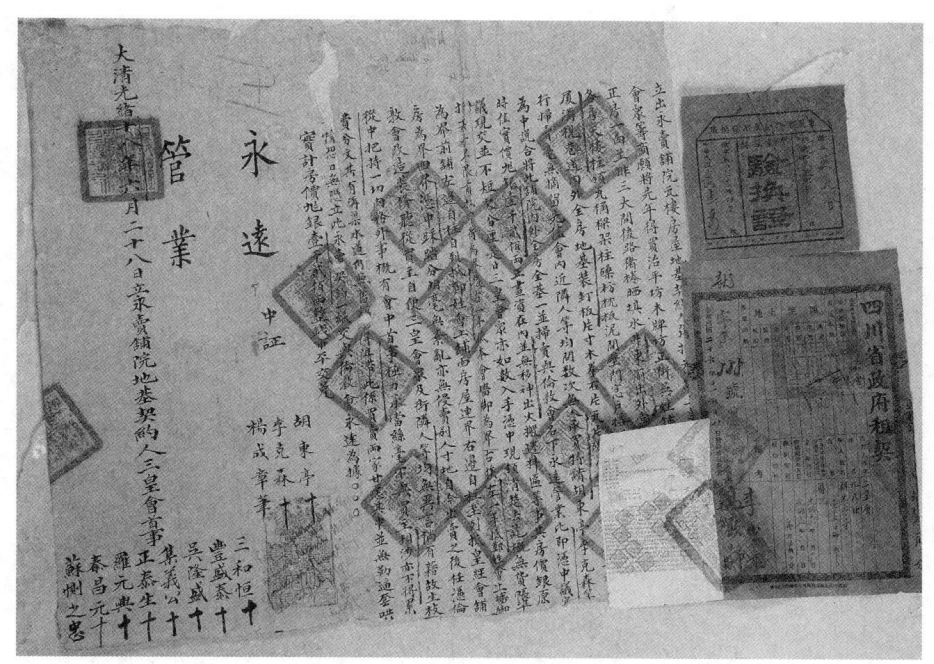

图 5 清光绪十八年（1892）四川省买卖契，附民国二十六年（1937）验契

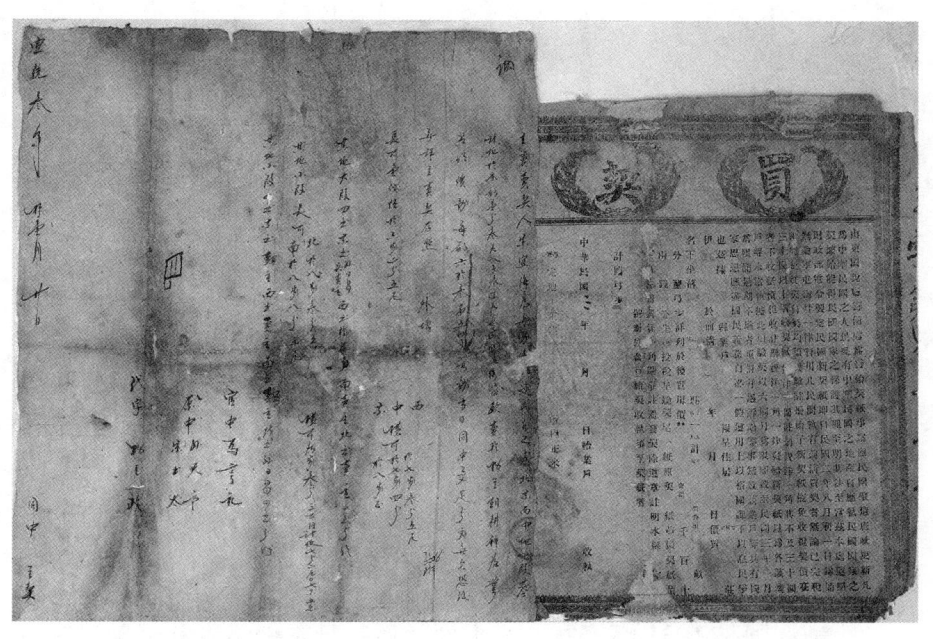

图 6 清宣统三年（1911）地契，民国三年山东省国税厅验

东至绥芬河，西抵满洲里，南到长春的T字形带状地区，是中国近代史上少数几个以"特区"命名的地方行政区之一。

图7是一张民国十八年（1929）中东铁路哈尔滨站"东省特别行政区长官公署短期租地证书"，含税票一枚，上面还有民国十九年（1930）、二十年、二十一年（伪满大同元）短期续租印。民国十八年（1929）东省特别行政区地亩管理局局长签名为：应振复。

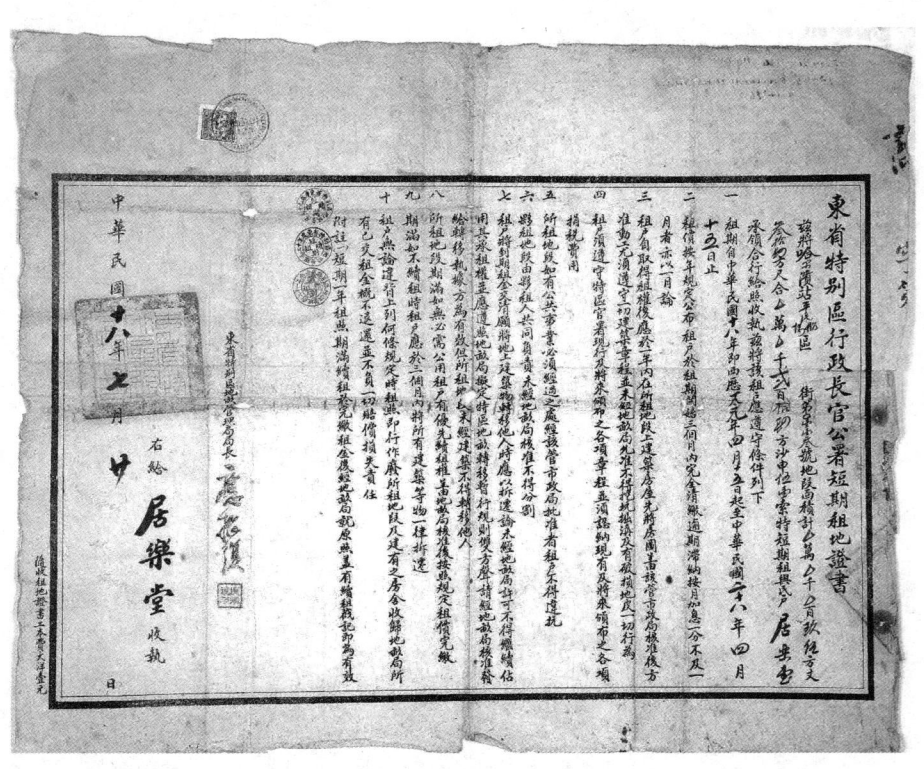

图7 民国十八年（1939）东省特别行政区长官公署短期租地证书

对土地进行清丈，是龙云统治云南后增加税收的一个手段。图8是民国二十一年（1932）七月二十五日云南晋宁县西区西河、石寨保业户廖正光三分土地的清丈执照。执照除盖有"云南财政厅"官印外，还有厅长陆崇仁的私印、税票两枚。

伪满洲国是1931年"九一八事变"后，日本侵略者利用前清废帝爱新觉·罗溥仪在中国东北建立的傀儡政权。图9为康德九年（1942）

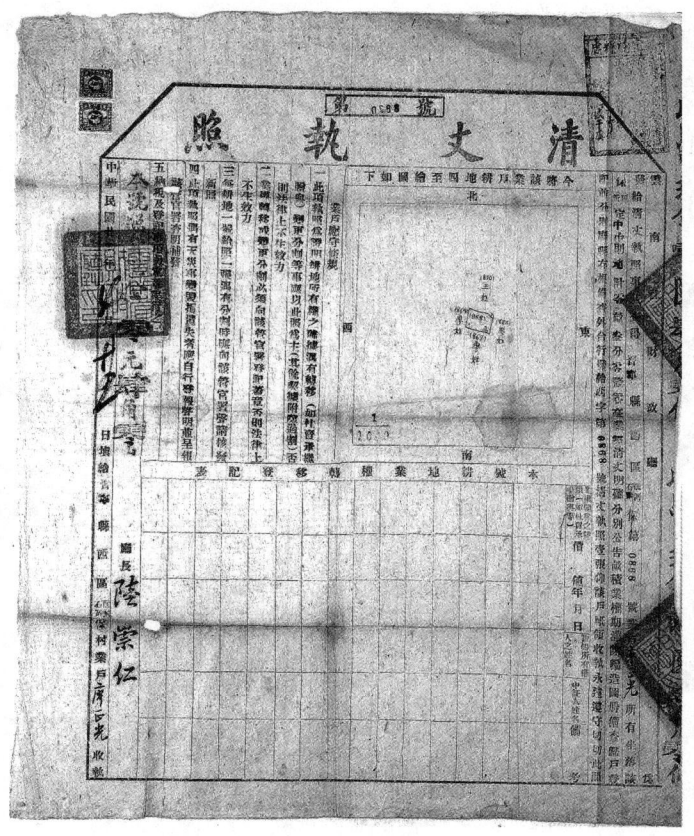

图 8 云南清丈执照

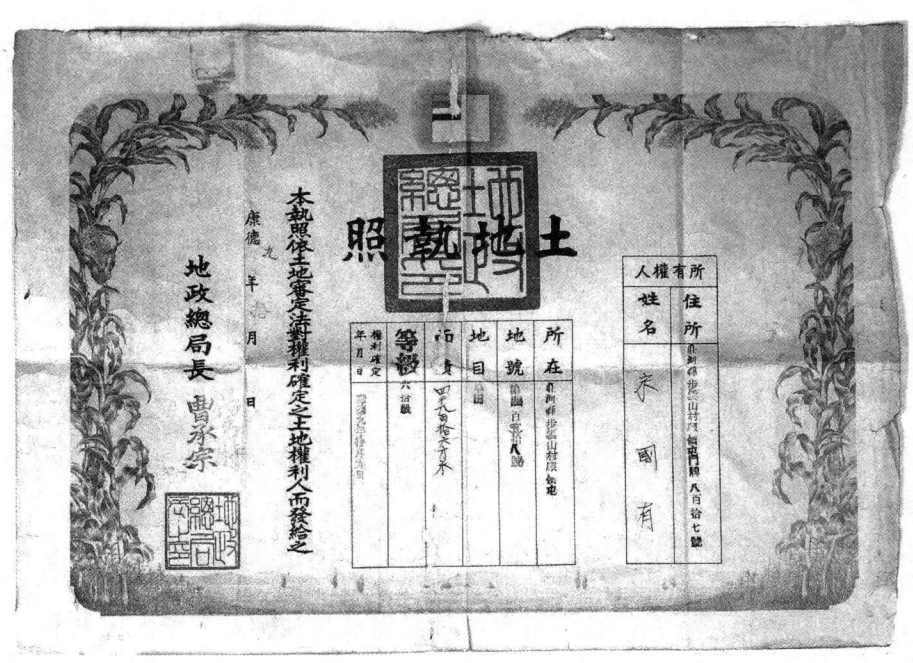

图 9 康德九年 (1942) 土地执照

土地执照,曹承宗正是伪满"地政总局"1940年至1942年任期局长。此土地执照是日本侵华历史的重要实物资料。

图10是伪蒙疆联合自治政府时期的地契。成纪指成吉思汗纪年。公元1936年—1945年即标记为成纪731—740年。

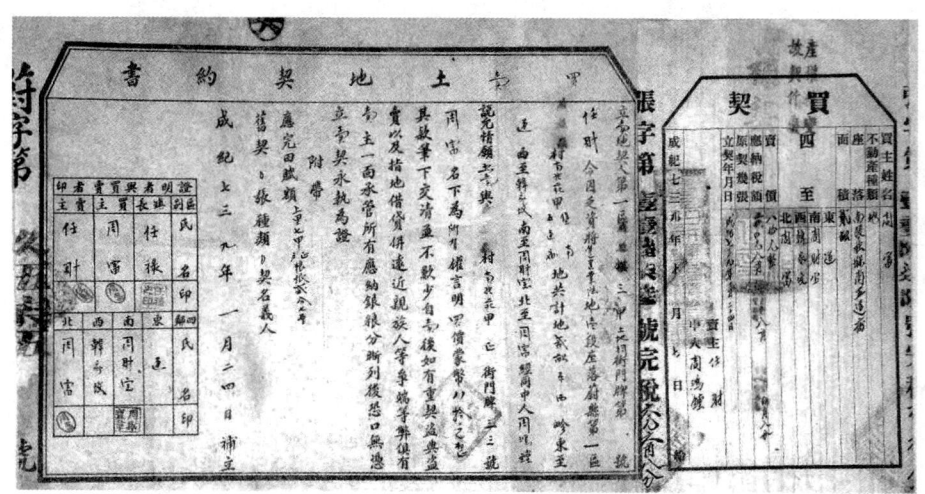

图10 成纪739年伪蒙疆联合自治政府地契

日本投降后,中国共产党根据国内阶级斗争的形势和广大农民的迫切要求,于1946年5月4日发布了《关于土地问题的指示》(即"五四指示"),坚定地把抗战时期减租减息政策变为没收地主阶级土地分配给农民的政策。之后中共中央又制定了《中国土地法大纲》。《中国土地法大纲》明确规定:"废除封建性和半封建性剥削的土地制度,实行耕者有其田的土地制度。"还规定:"分配给人民的土地,由政府发给土地所有证,并承认其自由经营、买卖及在特定条件下出租的权利,土地制度改革以前的土地契约及债约,一律撤销。"

图11是1950年东北行政委员会颁发给察哈尔省龙关县农民的《土地执照》,称:"根据中国土地法大纲平分土地以后,人民政府为确保农民土地所有权,发给此执照。"

中华人民共和国成立后,在国家土地征用条例公布前(1953年11月前)土地允许买卖,在买卖土地时仍需书写地契。中华人民共和国刚成立的时候,尽管有关法律法规还不够完善,但对民间典卖房地产

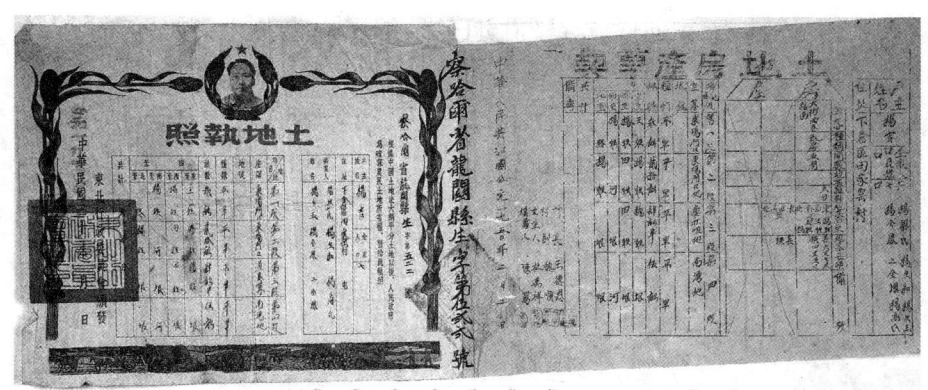

图 11 1950 年察哈尔省龙关县农民的《土地执照》

的管理却秩序井然。土地改革运动以后，人民政府规定，凡农民分得的土地房屋，"耕种、居住、典卖、转让、赠与、出租等完全自由"，为保护农民的买卖自由权，各地人民政府为当事人依法办理产权过户手续。图 12 是 1951 年河北省深县一张地契。

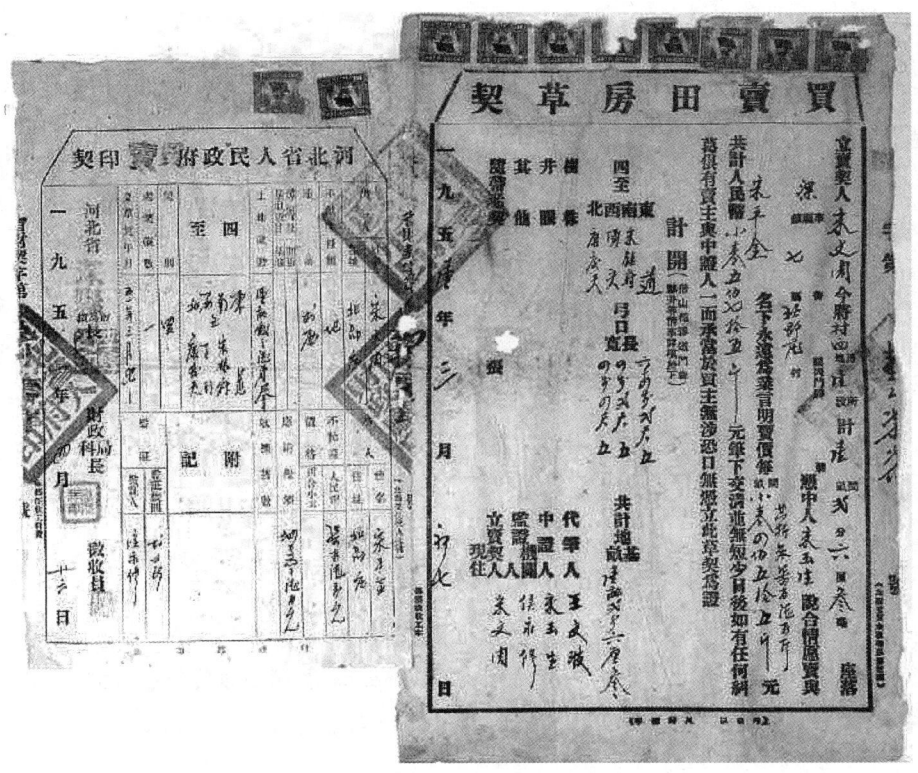

图 12 1951 年河北省深县地契

除上述地契之外，家族契在地契的发展史上也占有了重要地位。家族契见证了一个家族和时代的建立、相承、兴盛或是没落。下组数据是本公司收藏中清乾隆至中华人民共和国成立后河北故城县小刘孝子村刘姓部分家族契：

1. 乾隆四十三年十月廿五日，买者刘印孔，地十六亩一厘，钱二百二十五千七百四十文；

2. 乾隆五十二年十月，买者刘国珍，地九亩五分，钱一百三十三千文；

3. 咸丰八年二月初四日，买者刘继绪，地二亩三分四厘零六丝二忽五为，钱五十七千五百一十六文；

4. 同治二年正月二十一日，买者刘继绪，地二亩三分四厘零六丝二忽五为，钱七十八千九百文；

5. 光绪二十七年十一月二十七日，买者刘维参，地四亩零八厘，银二十两五钱；

6. 光绪三十年二月十六日，买者刘光参，地一亩九分一厘六毛一丝四忽五为八先，钱六十吊；

7. 宣统三年十一月初十日，买者刘文海，地四亩零八厘三毛三丝三忽三为三先，钱六十吊；

8. 民国七年十二月十三日，买者刘文海，地二亩三分八厘一毛四丝一忽六为六先，钱二百三十三吊；

9. 民国八年十二月二十四日，买者刘香芹，地四分八厘一毛九丝九忽九为三先，钱五十七吊；

10. 民国十七年十一月廿二日，买者刘殿春，地三亩，大洋一百二十元；

11. 民国二十四年二月廿二日，买者永顺堂刘，地三亩四分，大洋一百七十元；

12. 一九五五年四月十八日，买者刘玉昌，地五分零一毛，钱二百元。

从数据上看，此家族至少在乾隆年间至中华人民共和国成立初期数百年的历史中，生活条件良好，虽几经时代更替，却未受太大影响，可谓长盛不衰。小刘孝子村至今仍存。

地契作为见证我国土地权属变更的重要历史资料，真实地反映了我国不同的历史时期的土地所有权制度、土地权属变更及对土地的管理制度，甚至反映某一历史时期的社会、经济、政治、文化的发展状况，从这个意义上说，正是最为轻盈单薄的纸，承载了中国最为深刻厚重的历史。

收藏地契，仿佛使早已消失的一段地方历史跃然纸上。这些距今已有数百年的地契，再现了我国近代民间土地交易方式。使我们仿佛看到，旧中国的百姓买卖房屋田地的生活场景，窥视到民间买卖场所、立契程序及格式、地价银两、书写章法等许多未知的历史。因此，作为探究历史的补充，每张地契都有许多未知故事，在得到一份地契之余，只要我们认真研究开发，有针对性地补充相关的文史知识，探究地契背后的故事，才能真正体味到收藏地契所带来的乐趣。[1]

---

[1] 本文参考了郑焕明著《古今土地证集藏》，万卷出版公司，2016。

《中国金石总录》数据库定名与著录特点

白德云

金石学是中国传统的学科,"金"主要指青铜器及其铭文,"石"指石刻而且主要是石刻文字。为求将文字资料永久保存,或刻于石上,或铸于青铜器上,是中国古代一种重要的文化传统。金石学偏重于著录和考证文字资料,以达到证经补史的目的,因此商周青铜器铭文与东周以后的石刻文字资料尤为珍贵。

金石学形成于北宋时期,其开创者为欧阳修,赵明诚的《金石录》首次提出"金石"一词,清代王鸣盛等人正式提出"金石之学"这一名称。在历代关于金石学的大量著作中,保存了许多有价值的古代金石铭刻资料,甚至有的书籍还辑录了一些器物的图像及其名称和用途,这就使得金石学著作具有了一定的史料价值,也标志着金石学从单纯的古物搜集、收藏活动转变为学术研究。然而金石学著作内容庞杂,受时代政治、经济、技术等条件的限制,绝大部分金石著作在收录数量、范围、种类、质量上参差不齐。此类著作的侧重点也不尽相同,或遍访域内,或专录一地,或仅释一碑,或文集散见,或札记偶及,或校勘补证。且相互之间多有重复收录,名称各异,著录详略不等,使之利用研究较为困难。同时大部分著作未对具体器物铭刻的名称、著录等进行深入的整理、论证、研究,故而至今未能形成科学完整,广泛应用的定名、著录体系。

近年来随着考古发掘的不断深入开展，大量金石文物文献陆续出土，为我们提供了丰富、全新的研究资源。结合其共存的文化遗存作多层次、多维度的综合研究。零散传世的资料，特别是对数量庞大的金石文献资料，更应得到系统的收集与整理，应该说是古代文献资源领域基础性研究的当务之急，并在此基础上做更深入的探研。有鉴于此，由甘肃省古籍文献整理编译中心牵头，国内数十家教学、科研和典藏单位参与的《中国金石总录》体系化整理工程，于2012年在全国范围内大规模展开，今已取得丰硕的成果。

《中国金石总录》是首次对全国地下出土和地上遗存金石文献进行全面调查、系统整理、全拓数字化的一项基础资源整合工程，全面收存21世纪以前出土或遗存的金文拓本文献（秦汉以前）和历代石刻文献（原则上截至清末，含部分民国时期重要碑碣）。工程初步规划10期，1—5期成果已形成。首创金石拓本文献定名和基础著录体系。

《中国金石总录》对每则金石拓本都进行了细致科学的定名。首先是金文拓本文献定名原则。金文拓本文献定名以已有研究定论成果为准，形式包括主称和又称两种。主称指定论成果中采用的名称，又指传世文献中的著录名称以及约定俗成的名称，全部著录，便于检索查阅。例如：1959年陕西省西安市临潼区穆寨乡戏河水库出土青铜鼎，其定

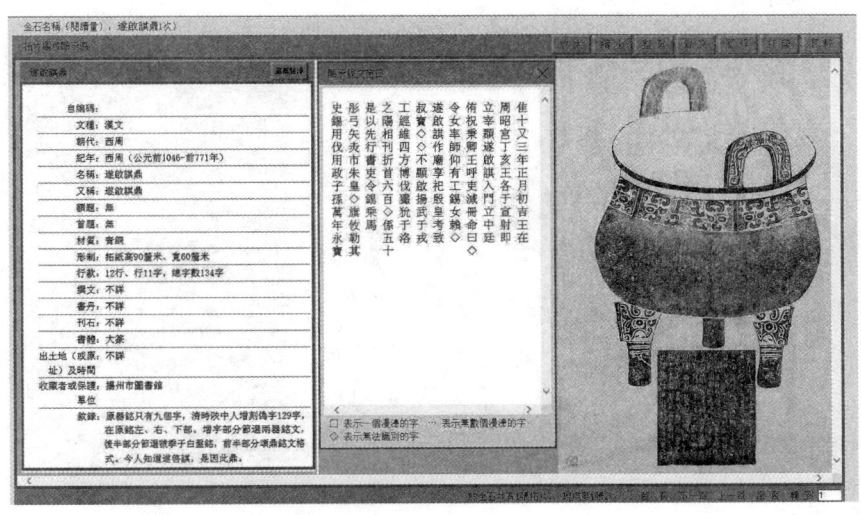

图1《中国金石总录》页面一

名为公厨左官鼎，又称为公朱左官鼎、冶意鼎。1940年2月陕西扶风县法门镇任家村窖藏青铜器，其定名为大师虘簋甲，又称为太师虘簋。

其次是石刻拓本文献定名。石刻拓本文献定名形式包括主称和又称两种。

主称定名是依据拓本文献的基本信息、具体内容进行综合定名，采取关键词组合定名方式进行确定。主称定名关键词及顺序为朝代、纪年、地名、姓名、内容、形式6项。其中关键词有则取，无则舍。关键词的确定原则：

1."朝代"划分为夏、商、西周、春秋、战国、秦、西汉、东汉、三国、西晋、东晋、十六国、南朝、北朝、隋、唐、五代、十国、宋、辽、西夏、金、元、明、清、民国，计26项。

2."纪年"，汉武帝建元元年（前140年）以前以帝王在位顺序纪年方式；公元前140年至公元1911年采取年号纪年方式；1912至1949年采取民国纪年方式。

3."地名"以拓本文献记载原刻地名为准。

4."姓名"由姓、名两项组成，字、号、官衔、爵位等不录。无名氏女在男子姓名后追加著录其亲属关系，即某某妻、某某女、某某母等。

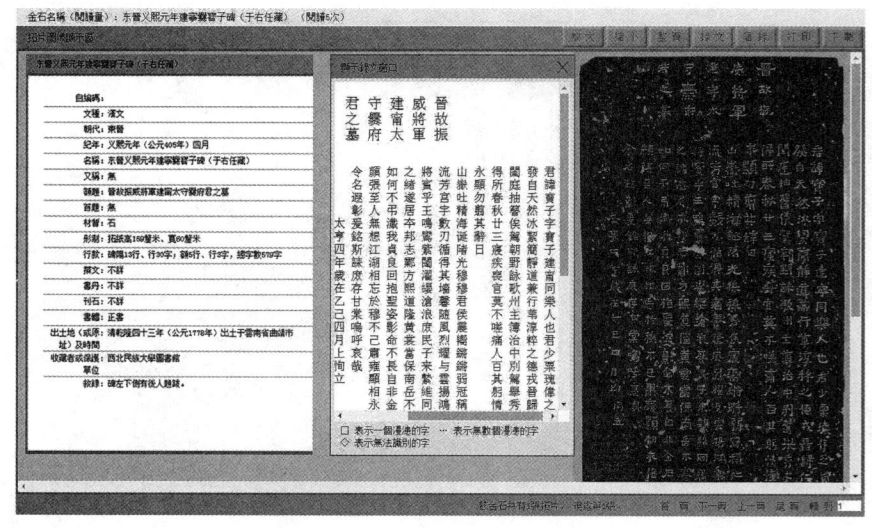

图2《中国金石总录》页面二

5. "内容"依据原刻内容和分类性质确定。

6. "形式"指石刻形式,依据原刻题名确定。无题名按原刻形式和内容分别记录为石刻、碑、志铭3项。诗词、绘画和图表等特定形式分别记录为诗刻、图刻和表刻等。

又称定名是根据传世文献中的著录名称以及约定俗成的名称全部著录,可多称。例如:名称为隋大业七年武威姚辩墓志铭,又称为姚辩墓志。名称为唐会昌元年崔定等人投龙简石刻,又称为崔定等人投龙简刻石。名称为宋建中靖国元年戏赠米元章诗刻,又称为戏赠米元章诗。

最后是通用定名原则。对于基本信息不够完整的拓本文献,其主称主要有以下几种方式。

1. 关键词部分缺失或漫漶不清的定名原则。关键词中朝代、纪年、地名、姓名4项缺失3项视为部分缺失,可依据原刻剩余信息缺失组合定名。

2. 首字定名原则。关键词中朝代、纪年、地名、姓名4项完全缺失,取石刻内容首次出现完整词组作关键词内容项;石刻文字在5字以内,取全文作关键词内容项;石刻内容在5字以上且无法归纳内容名称,取前3至5字作关键词内容项。首字著录均在引号内表示。

3. 单一非汉文文种定名原则。单一非汉文文种主称定名须汉译,汉译定名原则同汉文主称定名;单一非汉文文种在主称定名关键词后于括号内表示;汉译者姓名于叙录中著录。

4. 多文种定名原则。多文种主称定名须汉译,汉译定名原则同汉文主称定名。多文种在主称定名关键词后,于括号内按原刻文种顺序逐一表示。汉译者姓名于叙录中著录。

5. 纪年定名原则。以原刻立石时间为准,无立石时间按撰文时间为准。相同名称石刻在关键词纪年项后于括号内标注月日时间,无月日者略。例如:"万劫良缘绝"石刻、"信不得"残碑、"文官不爱钱"石刻、"讳祎故里"碑等。

在厘定规范金石拓本文献定名原则的基础上，总结借鉴前人实践经验和研究成果，《中国金石总录》以拓本文献和原文物基本信息为著录基础，著录范围包括基础著录和辅助著录。金文拓本文献和石刻拓本文献著录略有差异。

首先是金文拓本文献的著录原则。基础著录项有朝代、纪年、名称、又称、材质、形制、行款及字数、书体、出土地及时间、收藏者或保护单位10项。辅助著录为叙录1项。各著录项的著录原则："朝代""纪年"两项按已有研究定论成果著录（无纪年略）。"名称""又称"按主称、又称定名标准著录。"材质"根据原器材质分别著录为青铜、铁。金"形制"根据原器形制选择著录通高、口径（或长宽）、腹径、足、耳、壁厚、质量等重要信息；石"形制"著录拓纸高、宽和拓芯高、宽尺寸，著录尺寸、质量均按公制（米、厘米、毫米，千克、克）。"行款""字数"著录铭文行数、行字数和总字数3项。"书体"著录铭文书体按大篆、小篆、隶书3项甄别著录，特殊字体另行说明。"出土地及时间"著录按原器首次出土地和时间著录，不详者著录"不详"。出土地名按当时行政区划名称著录。元代以前著录郡县；元代著录行省、县两级；明清著录府（州）、县两级；民国（1912—1949）著录省、县两级；当代按省（直辖市、自治区）、市（州）、县（市、区）三级分别著录。原名称与今名不符者，在原名称后于括号内标注现行政区划名称。所有地名均按全称著录。"收藏者或保护单位"按现收藏者或保护单位著录，收藏者或保护单位均著录全称，如有必要须标明其所在地。辅助著录——叙录，著录范围包括原器形态、铸刻图案以及拓本题记、参考文献等相关基础信息。辅助著录不作学术评价。例如：县改簋，见下。

朝代：西周

纪年：西周中期（前976—前878年）

名称：县改簋

又称：县妃簋、𥎦伯彝、县伯彝、县妃彝

材质：青铜

形制：原器通高13.6厘米、腹深11.3厘米、口径21.7厘米，重3.45千克

行款：8行、行11字，总字数88字

书体：大篆

出土地（或原址）及时间：不详

收藏者或保护单位：原藏清宫，后归刘体智，现藏台北故宫博物院

叙录：侈口束颈，鼓腹，圈足沿外侈，兽首双耳下有方形垂珥。颈饰浮雕牺首和云雷纹填底的分尾长鸟纹。内底铸铭文88字（其中合文1，重文2）。著录文献有：

《三代吉金文存》二十卷，罗振玉编，1937年。

《西清续鉴甲编》二十卷，乾隆五十八年敕编，宣统二年涵芬楼依宁寿宫写本影印本。

《积古斋钟鼎彝器款识》十卷，阮元编录，嘉庆九年（1804）阮氏刻本。

《善斋彝器图录》三册，容庚编，燕京大学哈佛燕京学社，1936年。

《殷周时代青铜器の研究·殷周青铜器综览》二册，[日本]林巳奈夫编撰，1984年出版，簋290。

图3 县改簋

其次是石刻拓本文献著录原则。基础著录项有文种、朝代、纪年、名称、又称、额题、首题、材质、形制、行款、撰文、书丹、刊石、书体、出土地（或原址）及时间、收藏者或保护单位16项。辅助著录叙录1项。

一、基础著录原则："文种"，单一汉文不录，单一非汉文文种按文种著录，多文种按原刻文种顺序逐一著录。

1．"朝代""纪年"按主称定名关键词朝代项标准著录，年号纪年或民国纪年后在括号内标注公元纪年。著录以原刻立石时间为准，无立石时间按撰文时间为准。

2．"名称""又称"按主称定名标准著录。

3．"额题"，汉文额题全文著录；非汉文额题著录汉译文字，并于译文后在括号内注明"某某文汉译"；多文种额题按原刻文种顺序依次著录汉译文字。

4．"首题"按原刻首题全文著录，仅限汉文，非汉文不著录。

5．"材质"根据原刻材质分别著录为石、砖、陶、泥、木等。

6．"形制"，原刻形制按摩崖（含建筑）、碑碣、墓志、器物4种方式著录。摩崖著录高、宽尺寸；碑碣著录通高、宽、侧、额、基尺寸；墓志著录高、宽尺寸以及盖形制和尺寸（无盖不著录）；器物根据形态著录基础形制信息。拓片形制著录拓纸高、宽。

7．"行款"著录原刻行数、行字数和总字数3项。

8．"撰文""书丹""刊石"按原刻署名著录，信息不详者著录"不详"。

9．"书体"按篆、隶、正、行、草5项甄别著录。

10．"出土地（或原址）及时间""收藏者或保护单位"著录原则与金文相同。二、辅助著录——叙录，著录范围包括原碑补刻、拓本题记、参考文献等相关信息以及校勘说明和汉译者等。例如：西岳华山庙碑，见下。

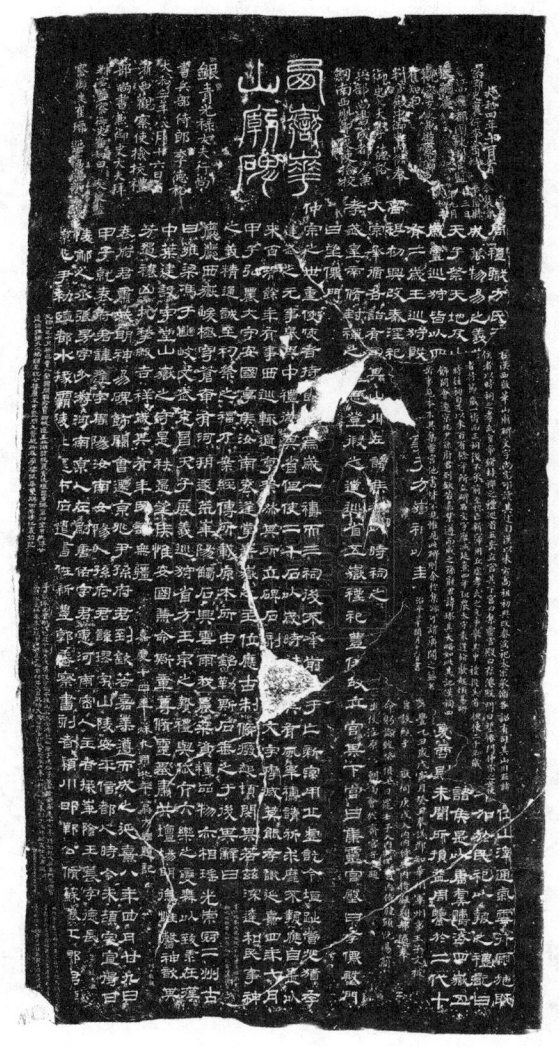

图 4 西岳华山庙碑

文种：汉文

朝代：东汉

纪年：延熹八年（165）四月二十九日

名称：东汉延熹八年西岳华山庙碑并额

又称：西岳华山庙碑并题记

额题：西岳华山庙碑

首题：无

材质：石

形制：拓纸高179厘米、宽95厘米

行款：额2行、行3字；碑61行、满行37字；总字数1457字

撰文：不详

书丹：郭香察

刊石：不详

书体：额篆书；碑隶书；正书

出土地（或原址）及时间：不详

收藏者或保护单位：不详

叙录：刻有唐李德裕等题名，清阮易简、震钧、阮元、吴公谨、翁方纲等人题记。

《中国金石总录》的整理出版及其首创的定名和著录体系，定名科学，著录详实，在金石文献的综合整理研究上具有一定的代表性和广泛的适用性。不仅为金石文献的抢救、保护、利用、传承提供了新思路、新方法、新渠道，而且对古文字学、历史学、考古学、古代历法、古代汉语、古文献学、民族学、宗教学、冶金史等学科的研究和发展也具有重要的学术意义。

使命担当与绝学传承
——大型西夏文物图典《西夏文物》陆续出版

于光建　吴雪梅

由中国社会科学院学部委员，著名西夏学专家史金波教授担任首席专家，联合宁夏大学西夏学研究院、甘肃省古籍文献整理编译中心以及宁夏博物馆、甘肃博物馆、内蒙古博物院、敦煌研究院等国内西夏文物收藏与管理单位承担的国家社科基金特别委托项目"西夏文献文物整理研究"重大子课题《西夏文物》历时6年，多方协作，攻坚克难，陆续由中华书局、天津古籍出版社联合付梓，先后出版了内蒙古编（4册）、甘肃编（6册）、宁夏编（12册）。《西夏文物》石窟编（8册）和综合编（4册）也即将面世。多卷本《西夏文物》的出版是西夏学史上又一项具有里程碑意义的文化工程，必将为今后西夏学的研究带来极大的便利，对于开创新时代西夏学研究新局面，传承绝学，具有重要学术价值和使命意义。

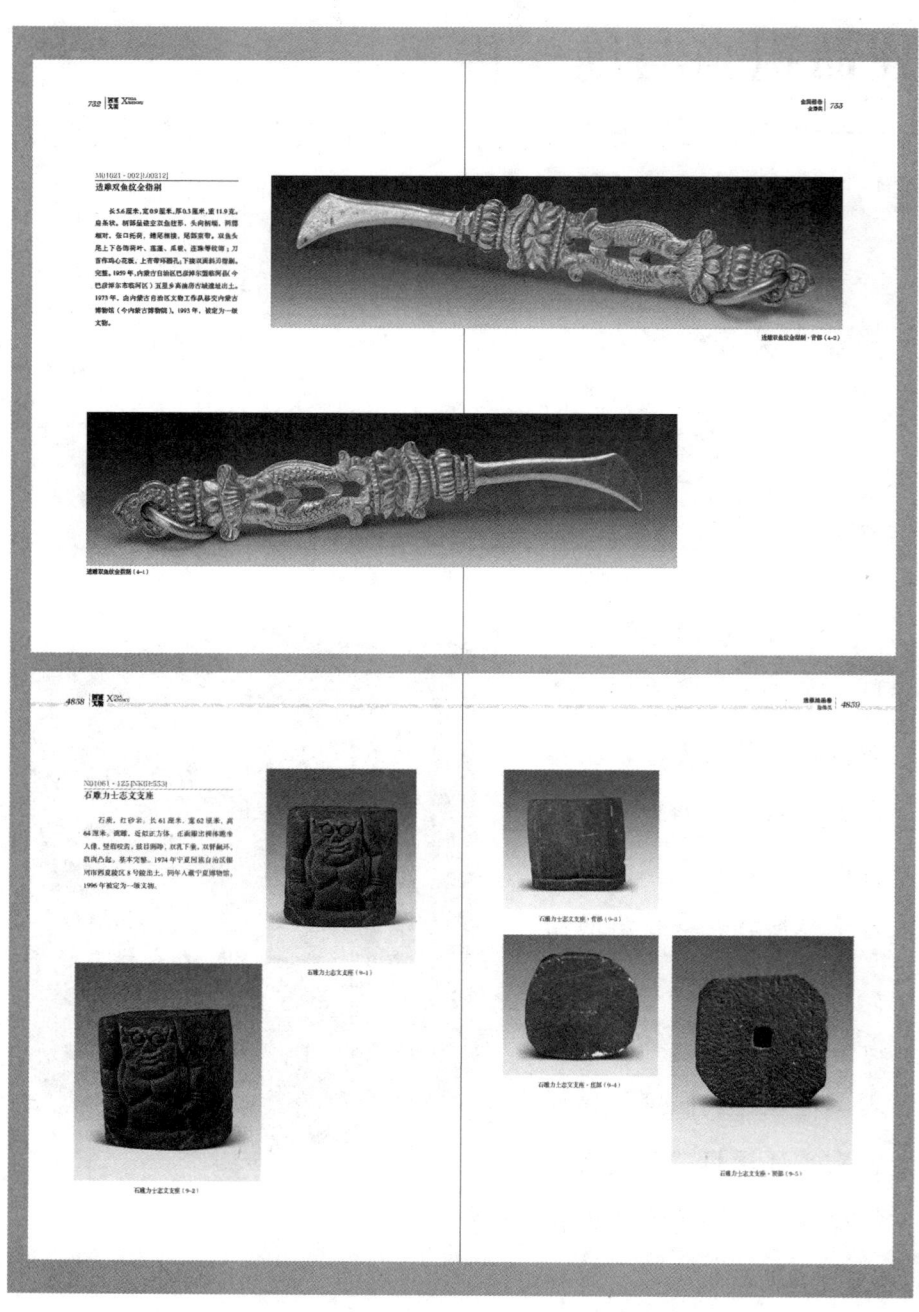

一、时代使命与学术担当

西夏是公元 11 至 13 世纪初由党项族为主体在我国西北地区建立的一个政权,自称"大夏国""大白高国"。先后与宋、辽、金鼎立,享国近 2 个世纪。1227 年亡于蒙古,历经明清,建立西夏的主体民族党项族也逐渐融入其他民族而消亡。西夏建立后，仿照中原唐宋设官建制，创立西夏文，番汉并重，以儒治国，开科取士，尊崇佛教，创造了独具特色的西夏文明。西夏的兴起结束了唐末以来西北地区藩镇割据、政权林立的局面，促进了西北地区民族融合，实现了我国西北地区的局部统一，为元代统一中国，多民族统一国家的建立奠定了基础。元朝在为前朝修史时，仅仅将西夏史附于宋、辽、金三朝正史之后，记载简略，难以反映西夏社会历史全貌，使得西夏历史被蒙上了神秘的面纱。

西夏学在一定程度上是一门因西夏文物考古发现而兴起的学问。1804年，随着著名学者张澍在甘肃武威发现凉州碑，西夏王朝在灭亡600多年后再次走入世人眼中。特别是1909年，俄国人科兹洛夫在内蒙古黑水城盗掘走大批西夏文献和文物，轰动了国际学术界，至今仍分藏于俄罗斯科学院东方文献研究所和冬宫博物馆。之后英国人斯坦因步科兹洛夫之后尘，也在黑水城盗掘走了不少文献文物，收藏于英国国家图书馆。黑水城文献的发现是20世纪继甲骨文、汉简、敦煌遗书以后又一次重大发现，由此诞生了一门国际性学问——西夏学。1917年宁夏灵武发现一批西夏文献，除国家图书馆收藏大部分外，还有一部分也流散于日本、美国、法国等国家。尽管王国维、陈寅恪、罗振玉、王静如等国内学者在20世纪20—30年代开始也已关注研究西夏文献文物，但俄罗斯、日本等国外学者借助西夏文献收藏之便利，掀起研究西夏学的热潮，形成了"西夏在中国，西夏学在国外"的学术伤心史。

直到20世纪90年代以来，在国家的大力支持下，俄藏、日藏、法藏等流散海外的西夏文献陆续出版，国内学者才得以见到这批珍贵的西夏文献。加之2005年以来，由宁夏大学西夏学研究院牵头，联合国内西夏文献收藏单位，进行了国内藏西夏文献调查整理工作，先后出版了《中国藏西夏文献》《中国藏黑水城汉文文献》等大型国内藏西夏文献资料丛书。国内外西夏文献的刊布，极大地推动了西夏学向纵深的领域发展，国内学界利用这些材料，从文献、语言文字、社会历史、政治军事、法律制度、宗教艺术等领域开展广泛的研究，产出了一大批具有影响力的成果，引领了国际西夏学研究，掌握了"西夏在中国，西夏学也在中国"的国际学术话语权。

中华人民共和国成立以来，西夏故地不断有新的西夏遗址文物发现。特别是20世纪70年代以后，宁夏、甘肃、内蒙古等西夏故地的考古工作逐步发展起来。宁夏西夏陵、贺兰县宏佛塔、拜寺口双塔、青铜峡一百零八塔、灵武西夏瓷窑、山嘴沟西夏石窟、闽宁村西夏墓；甘肃省莫高窟、榆林窟、东千佛洞、武威张义小西沟岘、新华乡亥母洞、武威西夏墓；内蒙古黑水城遗址、绿城遗址、高油房遗址等西夏遗址考古发掘调查工作的开展，先后发现了一大批西夏文献文物，对西夏学的发展提供了大量新材料。与此同时，学术界也出版了一批综合性西夏文物考古论著，主要有陈炳应《西夏文物研究》（1985），史金波、白滨等主编《西夏文物》（1988），陈育宁、汤晓芳主编《西夏艺术》（2003），陈炳应《西夏探古》（2002），宁夏博物馆《大夏寻踪——西夏文物辑萃》（2004）、牛达生《西夏遗迹》（2007）等。此外，也有《宁夏灵武窑》《西夏6号陵》《西夏3号陵地面遗址发掘》《宁夏拜寺沟方塔》《山嘴沟西夏石窟》《闽宁村西夏墓地》等部分发掘报告出版。

尽管西夏文物的整理出版有很大进展，但相对于国内藏西夏文献的整理出版，西夏文物的整理刊布显得较为滞后。正如史金波先生所言"西夏文物至今缺乏系统、全面、科学、细致的整理和刊布。西夏文物整理、刊布的现状，难以满足学界和社会了解西夏文化的需求，在一定程度上制约了西夏学的发展。"迄今出版的西夏文物著作大多数都是对重点文物的刊布和研究，对有些文物的介绍信息也不全面，缺少科学的考古发掘信息，难以形成对文物的整体、全面的理解。因此，在全国文物普查的基础上，整合国内高校和文博单位的力量，对我国所藏西夏文物进行系统普查，整理出版多卷本《西夏文物》，其价值和意义将丝毫不逊于《俄藏黑水城文献》《俄藏黑水城艺术品》《英藏黑水城文献》等海外藏西夏文献资料的刊布。该项目的出版也首次摸清了国内西夏文物的种类、数量和家底,向学术界刊布了目前最为全面的西夏文物资料,是嘉惠学林的皇皇巨著。同时,多卷本《西夏文物》的出版与先前出版《中国藏西夏文献》《中国藏黑水城汉文文献》《中国藏黑水城民族文字文献》共同构筑起了国内藏西夏学资料体系,对于向国际学术界展示中国西夏文化遗产全貌,了解中国藏西夏文物的珍贵价值,扭转我国在国际西夏文献文物收藏中的格局也具有重要意义。可以说,《西夏文物》项目实施和集结出版是功在当代,利在千秋的时代使命和学术担当。

二、内容详赡,资料丰富,学术视野开阔

《西夏文物》的出版是中华人民共和国成立以来中国大陆收藏的西夏文物的集大成之作,也是我国西夏文物的首次摸底和展示。可移动西夏文物分散于宁夏、内蒙古、甘肃、陕西、北京、上海、天津、河北、新疆、青海等全国各地,分藏于百余家文博单位,深藏于文物库房,绝大部分西夏文物还是"藏于深闺人不识",研究者查阅极为不便,严重制约了西夏学研究的深入发展。为了保证项目的顺利实施和资料的全面性、学术性,《西夏文物》项目由中国社会科学院西夏文化研究中心、国家文物局、宁夏大学西夏学研究院、甘肃省古籍文献整理编译中心会同内蒙古博物院、甘肃省博物馆、宁夏博物馆、敦煌研究院,涉及中国大陆20余个省市自治区、全国百余家文博单位和高校科研院所。全书分宁夏、甘肃、内蒙古、石窟和综合(包括除宁夏、甘肃、内蒙古以外的其他各地区)五编。

《西夏文物·内蒙古编》共4册,分为8卷,收录遗址120处、西夏可移动文物315件(组)件,其中金属器92件(组)、陶瓷器113件(组)、石刻石器类1件(组)、木漆器4件(组)、塑像绘画类70件(组)、织物3件(组)、文献10件(组)、建筑构件22件(组)。《西夏文物·甘肃编》共6册,分为10卷,收录遗址66处,西夏可移动文物464件(组)

其中，金属器物 87 件（组），陶瓷器 257 件（组），石刻石器 6 件（组），木器 27 件（组），造像绘画 54 件（组），纺织品 5 件（组），文献 16 件（组），建筑构件 11 件（组），其他 1 件（组）。《西夏文物·宁夏编》共 12 册，分为 9 卷，收录遗址共 5 册，器物 7 册。收录遗址共 148 处，西夏可移动文物共计 1608 件（组）。其中金属器 154 件（组），陶瓷器 766 件（组），石刻石器 277 件（组），木漆器 7 件（组），造塑像绘画 176 件（组），织物 12 件（组），文献 48 件（组），建筑构件 168 件（组）。《西夏文物·石窟编》计划出版 8 册，其中莫高窟卷 3 册，莫高窟北区卷 1 册，榆林窟卷 1 册，东千佛洞卷 1 册，中小石窟卷 1 册，宁夏山嘴沟石窟 1 册。《西夏文物·综合编》计划出版 4 册，主要收录除宁夏、甘肃、内蒙古三省区以外，分散于陕西、青海、新疆、北京、天津、上海、辽宁、吉林、河北、河南、福建、浙江、安徽、四川、云南等中国大陆的党项西夏文物遗址以及西夏灭亡后西夏遗民文物遗址。可以说，多卷本《西夏文物》结集出版，其范围之广泛、资料之新颖、内容之丰富，涵盖了全国范围内西夏时期遗址、文物。为了全面反映党项西夏兴起、发展、消亡的历史过程，《西夏文物》项目组在确定收录遗址和文物范围时，以"大历史观"的开阔学术视野，不仅收录了西夏立国时期的遗址文物，还特别收录了西夏王朝建立前有关唐五代宋初夏州党项时期遗址、文物以及西夏灭亡后西夏后裔的遗址、文物。所以说，《西夏文物》的出版对于研究西夏历史具有重要的资料价值，同时也是研究唐宋辽金元历史文化不可或缺的重要资料。

三、新材料、新发现，开辟新的学术增长点

《西夏文物》是一项规模宏大、艰巨复杂的工程。西夏遗址主要分布在宁夏、甘肃、内蒙古、陕西、青海等西夏故地的西部省区，许多遗址都位于荒漠戈壁、高山峡谷等荒郊野外。各分编课题组在吸收先前西夏文物考古成果基础上，结合第三次全国文物普查资料和可移动文

物普查信息，实地调查和甄别研究，不仅纠正了许多先前判定有误的遗存，同时新发现了许多具有重要价值的西夏城址、聚落、墓葬、寺庙、西夏遗民等遗址，丰富了西夏文化遗存的数量和类型。

部分可移动西夏文物也属首次公布，而且不乏内容稀见，价值巨大的独特文物。如宁夏编金属器卷中收录的西夏陵6号陵出土的3件金帽钉、1件金笄，灵武石坝出土的银钗，石刻石器卷中收录的灵武回民巷沙漠采集到的夏桓宗天庆九年西夏文摩崖石刻碑等都是首次向学术界刊布资料。20世纪90年代，甘肃省文物考古研究所曾经两次对武威塔儿湾西夏瓷窑遗址进行发掘，出土西夏文物百余件，但本次考古发掘报告一直没有发布。在本次编纂《西夏文物·甘肃编》时，经课题组多方协商，收录了甘肃省文物考古研究所收藏的武威塔儿湾出土部分西夏瓷器。甘肃编收录的瓜州博物馆藏西夏文文献、甘肃省临洮县博物馆藏西夏文文献也是项目组在实地调查时的新发现。《综合编》收录青海省湟中县博物馆藏西夏瓷器，新疆自治区各文博单位收藏的西夏钱币和官印，内蒙古乌审旗十里梁夏州党项墓地出土玉腰带、鎏金银饰牌、石雕武官立人像，吉林大学博物馆藏西夏文官印等都是深藏于文物库房，先前不为学界所知的珍贵党项西夏文物。

西夏石窟艺术向来是西夏学研究较为薄弱的领域。20世纪60年代，由中国社会科学院王静如先生和敦煌研究院常书鸿院长牵头，组成西夏石窟调查组，首次对莫高窟、榆林窟等主要敦煌石窟中的西夏石窟艺术进行了系统的调查，之后相当长的时间内学术界基本沿用这次调查的成果。同时也没有全面、专门的西夏石窟图录出版。近10多年来，随着敦煌石窟艺术研究的不断深入，西夏石窟的数量在不断的调整变化中。为此，项目组联合敦煌研究院，专门成立了由樊锦诗先生负责的西夏石窟课题组，不仅重新对莫高窟、榆林窟、东千佛洞等主要西夏石窟进行调查，还对肃北五个庙、肃南文殊山石窟、武威天梯山石窟、张掖马蹄寺、宁夏山嘴沟石窟、内蒙古阿尔寨石窟等中小石窟进行调查，全面刊布西夏石窟艺术的图像资料。刊布的图像资料，不仅有每一个西夏洞窟整体全景图和详细的绪录,而且每面窟壁和主要的壁画都有高清照片和对应的内容绪录。《西夏文物·石窟编》的出版是西夏石窟壁画艺术最为科学、最为详细的集中刊布,必将推进西夏石窟艺术研究的深入发展,填补许多西夏石窟艺术研究的空白。

总之,无论是遗址,还是可移动文物,抑或是石窟艺术,此次出版的多卷本《西夏文物》各编中刊布的新发现、新材料,可谓是不胜枚举,都将成为今后西夏学发展的新的学术增长点。

四、纲目清晰、编排科学,开创文物图典新典范

在编排体例上,《西夏文物》在五编之下设遗址、金属器、陶瓷器、石刻石器、木漆器、造像绘画、织物、文献、建筑构件、其他等卷,因文物的质地不同,每一卷又下设几个不同的小类别,卷下再设若干类。同时,每编的首册加设总目,方便读者查阅、检索,对每件文物都按出土地、类别、收藏机构、自定义编号等编排由字母和数字组成代码。编纂体例条分缕析,让人一目了然。遗址和文物图版超越了以往文物考古图录一物一图的惯例,每一件文物尽量采用多维角度的多种图版。文字说明科学规范,力求将每个遗址的历史沿革、形制特征、保存现状、地理坐标,每件文物的质地、尺寸、造型、纹饰、工艺、来源、出土地点、时间、收藏单位、定级情况等多方面信息全面、准确地表达出来。对于有文字和图案造型复杂的特殊文物则附有数幅局部特写、线描图、拓片等。难能可贵的是部分遗址还编配了不同时期的老照片,这对于研究遗址及其周边环境变化和遗址保护提供了宝贵的历史资料。读者可据此从宏观上和微观上把握西夏文物遗址的整体情况,进行深入研究。此外,收录文物和遗址都是经专家多方甄别鉴定后入选,因此,《西夏文物》图录也为今后西夏文物的鉴定提供了可信的标准和参考。

总之,丰富多彩的西夏文物遗产是独具特色的党项西夏历史文化的载体,也是辉煌灿烂的中华文明中的一颗璀璨明珠。大型多卷本文

物图典《西夏文物》的出版首次建立了完整的西夏文物资源体系,是迄今为止中国大陆西夏遗址和文物收录最为全面、最为权威、继往开来的学术经典。"一时代之学术,必有其新材料与新问题。采用此材料以研求问题,则为此时代学术之新潮流。治学之士得预于此潮流者,谓之'预流'。其未得预者,谓之'未入流'。"它的出版必将再次掀起西夏学研究的热潮,开创新时期西夏学研究新局面。同时,《西夏文物》的出版也是弘扬中华优秀传统文化,传承绝学,树牢"西夏在中国,西夏学也在中国"国际话语权,增强民族文化自信的学术担当和时代使命,在西夏学研究史上具有里程碑意义。

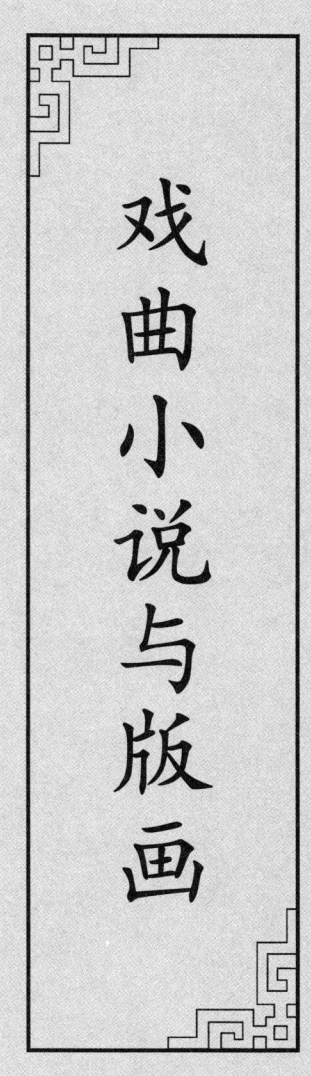

吴晓铃先生和"双楛书屋"藏曲
——《绥中吴氏抄本稿本戏曲丛刊》序

吴书荫

2003年恰值首都图书馆九十周年馆庆，准备将吴晓铃先生赠与该馆的稿本、抄本戏曲，汇辑成《绥中吴氏抄本稿本戏曲丛刊》出版，作为馆庆的一项重要活动，同时也为研究者使用以及戏曲院团"推陈出新"、排演新剧目参考。于是让我来担任主编工作，我感到在较短时间里完成这样繁重的任务，有些力不从心。但盛情难以推却，而自己作为后学，曾经受过吴先生的教导，也应当义不容辞，只好恭敬从命，勉力为之。

吴晓铃（1914—1995），辽宁绥中县人，自幼随父亲居住北京。因其父藏书绿云山馆，也自称绿云山馆小主人吴嘿斋。他自己的藏书室则为"双楛书屋"。由于自幼酷爱古典小说和戏曲，1935年，他由燕京大学医学预科转入北京大学中国语言文学系学习。1937年毕业，留校任教。1938年奔赴敌后昆明，受聘于西南联大中文系。1942年8月，他应邀赴印度国际大学中国学院执教，授课之余，学习和研究印度古典戏剧。1946年底，回到北平，1947年，供职于巴黎大学北京汉学研究中心，仍在北大、清华、辅仁等校兼课。1951年为中国社会科学院语言研究所研究员，兼学术秘书。1957年转入文学研究所，从事古代文学研究，一直到他逝世。

早在燕京大学读书时，吴晓铃就曾经受到郑振铎先生的亲炙，在小说戏曲文献、版本目录学方面，得到过郑先生的真传；转入北大后他又师从罗常培、魏建功两先生，学习音韵、训诂、校雠、考据之学，打下了坚实的传统治学基础。他兴趣广泛，博恰多闻，具有深厚的学术造诣。其学术研究始于上世纪30年代末，在极其艰难的战争环境下，撰写了许多高质量的戏曲考证文章，如发表在1941年《星岛日报·俗文学副刊》上的《〈青楼集〉作者姓名考辨》（第29期）、《杜仁杰生卒考辨》（第42、43期）等，都是这方面的力作，在当时很有影响。前一篇曾受到陈寅恪先生的赞赏："论据精确，钦服至极"（致副刊主编戴望舒函）。他还撰写了《吴兴周氏言言斋善本剧曲叙录》、编辑了《鄞马氏不登大雅文库剧曲目录》《国立中央研究院历史语研究所善本剧曲目录》，后者著录详尽，便于使用。中华人民共和国成立以后，他公务繁忙，仍利用公余空闲时间，主要从事戏曲文献校勘整理工作。1954年，他用自己所藏汲古阁《绣刻演剧》（即《六十种曲》）初印本零种及其他明刊本，对开明书店排印本《六十种曲》作了校订；这一年他还以明万历间香雪居刊王骥德校注本《西厢记》、明崇祯间凌初成刊朱墨套印本《西厢记》为底本，校以明弘治十一年（1498）北京岳氏刊本等九种重要明清版本，并加以简明扼要的注释，"搞出一个比较接近于旧本（不是原刊），而又适合于一般阅读欣赏的本子"，由作家出版社出版。1958年，为了纪念世界文化名人关汉卿戏剧创作700周年，他和语言所的李国炎、单跃海、刘坚编校了《关汉卿戏曲集》，使关氏遗作首次结集出版。吴晓铃深得郑振铎先生器重，50年代初，郑氏把编辑《古本戏曲丛刊》的设想，首先告诉他并聘请他出任编委。他执弟子礼甚恭，"有事服其劳"，倾全力予以协助，不仅为其奔走效力，而且献出自己的藏书供选用。80年代初，由于主编郑振铎和编委杜颖陶、阿英、傅惜华、赵万里、周贻白、赵景深都已先后逝世，主编《古本戏曲丛刊》五集的重担自然落在吴先生的肩上，他不负重望，率领同道，使《丛刊》五集于1985年由上海古籍出版社顺利出版。《古本戏曲丛刊》是迄今为止最大的戏曲总集，郑振铎、吴晓铃等先生及其他参与者，为它所做出的贡献，功在当代，泽惠后世，永远受到人们的敬仰。他研究的另一个重点领域是古典小说，对《西游记》《水浒传》《红楼梦》《三侠五义》等都有研究文章，考证精审，不乏新见。他撰写了关于《金瓶梅》的系列论文，特别是《〈金瓶梅词话〉和李开先的家事与交游》《〈金瓶梅词话〉与李开先的〈宝剑记〉比较研究》两篇文章，较早提出这部奇书的作者为李开先，引起同行的关注和重视。他还写过《说"夸张"——关于相声散记》《关于"影戏"与"宝卷"及"滦州影戏"的名称》等涉及曲艺的文章。

吴晓铃大学毕业后，曾一度应华粹深先生邀请，到中华戏曲专科学校兼课。从这个时候开始，他广结戏曲艺人，像与他过从较多的著名武生演员王金璐，就是该校的高才生。后来，郝寿臣、马连良、侯宝林等许多著名表演艺术家，甚至著名的电影演员王晓棠夫妇，也都是"双楯书屋"的座上客。他们彼此尊重，互相学习，切磋技艺，成为莫逆之交。他曾经担任《马连良演出剧本集》的策划和总纂，编辑过《郝寿臣脸谱集》，帮他记录整理《捉放曹的人物创造》，为侯宝林等人撰写的《相声溯源》，调查资料，并负责审稿任务。他还帮助演艺朋友整理舞台艺术经验，甚至替他们代笔，曾经开玩笑地对业师吴小如说："将来我可以出一个《捉刀集》了。"吴晓铃先生热情豪爽、乐于助人的品格，赢得了梨园行的尊敬和信赖，在当代研究戏曲史的学者中恐怕很难找出第二人。他通过观摩演出，和演艺人士的亲密交往，使他了解舞台情况，熟悉梨园掌故，对其研究工作大有裨益。他既重视文献资料，又不局限于文本，另辟蹊径，故每发为文章多能联系舞台演出实际，中其肯綮。他生前已结集的《双楯书屋剧考零札》（尚未正式出版）中，不少精辟凝炼的短文，就是这方面的力作。他还翻译过印度戏剧《小泥车》《龙喜记》《沙恭达罗》等。据云，他的家人准备将其遗著和遗稿整理出版。

吴晓铃先生不仅是著名的戏曲、小说研究专家，而且也是一个聚书极富的藏书家，其藏品之多之精早就蜚声于外。记得1958年5月，中国社会科学院文学所召开了"古本戏曲小说丛刊"出版工作会议，国务院古籍整理出版规划领导小组组长李一氓同志讲话时，希望《古本戏曲丛刊》五集的出版质量要超过前人，于是举出毛晋汲古阁《绣刻传奇》的初印本，顺便询问在座的吴先生："谁有全书？"他答曰："我有。"李老感慨地说："我真不胜羡慕之至！我才凑了两本。"（笔者与会记录）与会者也莫不对"双棔书屋"的藏书表示赞叹不已。吴先生辞世后，夫人石素真女士和女儿，遵照先生的意愿，希望能将他的藏书妥善保存，使其完整地传流于后世，故而有意赠与首都图书馆庋藏。经过多方面的努力，终于在2001年由首都图书馆历史文献中心入藏，特辟"绥中吴氏藏书"的专门藏书室，并进行系统的分类整理，正抓紧时间编出专题目录，供给专门研究者和读者查阅使用。

绥中吴氏藏书，计有各类古籍2272部，6362册，其中明刊本73种，清乾隆以前刊本70多种，多为善本珍椠；清中后期的刻印本1000多部，其余都是明清的抄本，不乏珍稀罕觏之本，还有少数稿本。另有梵文和孟加拉文图书564册。吴先生的藏书与他的兴趣爱好和学术研究的需要有关，同时也受郑振铎等藏书家的影响，以古典小说、戏曲和曲艺（包括宝卷、子弟书和鼓词）为主，构成"双棔书屋"藏书的最大特色，颇具文献价值和研究价值。像明万历40年周氏大业堂刊本《通俗演义西东晋志传》、崇祯二年（1629）己巳刊本《禅真后史》、崇祯刊本《金瓶梅》（残）、贯华堂刻本《水浒传》、乾隆二十九年（1764）刻本《绿野仙踪》、乾隆二十九年（1764）刊大字本《痴婆子传》、乾隆五十年（1711）董显宗抄本《斩鬼传》、以及程乙本《红楼梦》等，都是《双棔书屋》古典小说的精品。尤其是乾隆五十六年（1791）舒元炜精抄本《红楼梦》，是该书刻印本之前的最早传抄本，它比较接近于曹雪芹的原著，被海内外红学家所瞩目。它和《斩鬼传》一道被影印收入中华书局出版的《古本小说丛刊》第一辑。在曲艺类藏书中，有宝卷187种，已被车锡轮《中国宝卷总目》所著录，如明嘉靖二年（1523）刊本《皇极金丹九莲正信皈真还乡宝卷》（另有一种朱丝栏精抄本）、要比《中国古籍善本书录》所著录最早的嘉靖二十二年（1543）刻本《说师本愿功德宝卷一卷佛说三十五佛名经一卷》早二十年；又如康熙十年（1671）刊经折装《大藏苦功悟道宝卷》、旧抄本《东岳泰山十王宝卷》，也都是非常稀见之本；至于明初黑口金镶玉装《销释金刚科仪录说记卷》、明刊《销释准提复生宝卷》，虽然已经残缺，但无他本可替代。据傅惜华《子弟书总目》著录，公私收藏子弟书有446种（可能还不止此数），而绥中吴氏就收藏有100多种，可以和中国艺术研究院图书馆（傅惜华旧藏）、台北中央研究院傅斯年图书馆鼎足而立。其中绝大多数是百本张的抄本，有早期作者罗松窗的代表作《红拂私奔》，以及裕文斋梓行的韩小窗《得钞嗷妻》、别垫堂抄本《齐陈相骂》、三盛堂梓行的《崇祯爷分宫》等，都是不经见的珍本，至于《三皇会》《干鲜果菜名》更不见著录和收藏。

在绥中吴氏藏书中尤以戏曲古籍最为突出：（一）数量大、涵盖面广。汇集了元明清三代乃至民国时期的重要曲集和主要作家的戏曲作品，举凡杂剧、南戏、传奇、宫廷大戏、承应戏、皮黄、影戏、曲选、剧目、曲话、曲韵、宫谱、乐谱，以及散曲、诸宫调和俗曲等，靡不热心搜求；明清刊本、覆刻本、影印本、排印本、传抄本、稿本以及日本精装本近千部（这只是初步统计，实际数不止），犹如一座规模宏伟的古典戏曲文化宝库。品种繁多、内容丰富，真是琳琅满目，令人目不暇给，国内除少数藏曲丰富的大型图书馆外，一些中小型图书馆只能望其项背。（二）藏品专题性强、版本价值高。如《西厢记》是吴氏的重点收藏，搜集了不同时期各种版本约四十种，像各种金圣叹评点的第六才子书《西厢记》就有12种之多，治曲者莫不知道吴山三妇曾评注过《牡丹亭》，而他所藏《吴山三妇评笺注释第六才子书西厢记》却不为大家所知晓，至于明刊徐笔峒批点本、清抄朱璐评本《西厢记》都是流传甚少的善本。清代蒋士铨的戏曲作品也是他用力收藏的，有《蒋茗生藏园九种曲》《藏园九种曲》（吴晓铃注：与通行本异）、《红雪楼十二种填词》《清容外集》、抄本《铅山逸曲三种》等，几乎包括了重要的本子。像《琵琶记》《牡丹亭》等名剧，也都搜集有多种版本。他的主要藏曲虽然以清刊本为主，但也有不少明刊善本，尤其以汲古阁《绣刻演剧》初印本最有名，国内公私收藏也凑不齐一套完书，因此，吴先生为拥有它而感到自豪。今核查，有32种初印本，如果去掉复本，今尚存《金钗记》《鸣凤记》《八义记》《明珠记》《玉簪记》《还魂记》《紫钗记》《南柯记》《春芜记》《怀香记》《绣襦记》《投梭记》《锦笺记》《紫箫记》《白兔记》《昙花记》《龙膏记》《飞丸记》《节侠记》《双珠记》等20种，残本3种:《寻亲记》(存卷下)、《精忠记》(存卷下)、《赠书记》(存卷上)。还另有一部由实获斋刊印的《六十种曲》，吴氏藏书草目中注云："内有初印本五十二种。"而在《绣刻演剧》初印本第二套的扉页上，也标有"实获斋藏版"字样，由此可知实获斋刻本也可能是初印本。如果确实是这样，他说有"全书"也就不是夸饰之词。不过也有学者对实获斋本提出质疑："实获斋和汲古阁是什么关系？仅仅是第二帙由实获斋藏版还是全书均由实获斋藏版，这些都是待揭的谜。"(蒋星煜《汲古阁〈六十种曲〉及其〈北西厢〉》)这还有待于发掘新材料，作深入研究，才能进一步证明实获斋本是否是初印本。在清刊本中多数是各时期的原刻初印本，如清初刻本李渔的《笠翁十种曲》、徐沁的《曲波园二种曲》，康熙刊本嵇永仁的《扬州梦》《双报应》传奇，苍山子的《广寒香传奇》、□顼的《迎天榜》(已故陆萼庭先生考订作者为黄顼传)、孙楷第先生旧藏原刊本《西堂乐府》等，都应当是难得的刊本。(三)重视梨园抄本蒐集，反映舞台演出面貌。吴晓铃先生经过辛勤搜集，甚至亲手抄录，积累了大量未经刊印的珍稀抄本，是其所藏刻本的两倍。如南府、升平署和班社艺人的演出本，包括承应戏、皮簧戏及各种宫谱和乐谱，还有古吴莲勺庐和饮流斋等名贵抄本，都具有独特的文献收藏价值。(四)批注、校勘、题跋和题记本较多，具较高的研究价值。除了少数名家批校题跋外(如许之衡所批王国维本《曲录》以及对抄校本明清传奇的题跋)，绝大多数出于吴晓铃先生的手笔，如为《录鬼簿》《曲品》《今乐考证》等所写题跋或批注。他每得善本佳刻或罕见抄本时都写有题记，仅戏曲部分就有60多篇。这些题跋和批注，不是考订作者、订正著录失察、校勘文字讹误，就是叙说版刻源流、对比版本异同、评骘艺术高下，皆有独到之处。当然不少题跋也写出他的淘书经过，从中可以窥知，他每获一珍本秘籍所付出的艰辛和心血，令人肃然起敬。

综上所述，绥中吴氏藏书虽然数量不及大藏书家，但他独特的藏书品位和实用价值，可以和鄞县马氏"不登大雅堂文库"、东至周氏"几礼居"、大兴傅氏"碧蕖馆"、吴兴周氏"言言斋"相媲美，吴晓铃是继马廉、郑振铎、周明泰、傅惜华、周越然、阿英之后，研究小说、戏曲、俗曲的著名学者和藏书家。

他的藏书目的非常明确，不是为了插架缥缃、清玩鉴赏，而是供自己研究使用和服务于社会。首都图书馆本着"以人为本，读者至上"的办馆宗旨，决定开发利用吴氏藏书，使私家藏书变为社会共同的文化财富，更好地服务于广大读者和研究者。因此，他们首先将绝大多数未经刊行和名家过录的珍稀抄本或稿本，经过筛选和整理，编辑成《绥中吴氏藏抄本稿本戏曲丛刊》。学苑出版社得知后，大力扶持学术研究资料的整理出版工作，慨允将其出版，以裨助学人之所需。

《绥中吴氏藏抄本稿本戏曲丛刊》共收录戏曲、剧目、曲评与戏曲史料等共451种，分为精装48册。计有：

元代清代杂剧17种，附民国杂剧1种。元杂剧仅收朱璐《朱景昭批评西厢记》1种，吴晓铃先生在他整理的校注本《〈西厢记〉前言》中，称它是稿本，我们认为用"旧抄本"的说法比较审慎恰当。此书不分卷，16套，题"（元）王实甫撰　关汉卿续　朱璐批评"。它与雍正刻本《才子牡丹亭》版式一样（此本原为吴兴周氏言言斋旧物，后归吴氏所藏），都是上下对开两栏，上栏为批评文字，下栏乃正文。它不见于前人戏曲书簿著录，也无刻本传世，从不被海内外其他研究《西厢记》的学者提及，很可能是唯一的存世孤本，因此显得特别珍贵。

所收清人杂剧16种，如裘琏的《万寿无疆升平乐府杂剧》、半粟的《南华梦杂剧》、佚名的《恒娘传杂剧》和《杨妃春醉》等，都是不见于著录的孤本。孔昭虔的《孔荃溪二种曲》：即《荡妇思秋》和《葬花》，不见有刊本传世，据《中国古籍善本书目》『集部下』著录，山东省博物馆存有《荡妇思秋》一卷、《葬花》一卷稿本。今又多出此二种曲的抄本，可资校勘和比较之用。《杨妃春醉》仅存一折，封页题作"环影"，吴氏标为"稿本"。庄一拂《古典戏曲存目汇考》据叶德均《曲目钩沈录》著录，清人亦斋撰有《环影祠》传奇，同样也是谱唐明皇、杨贵妃故事，剧本已佚。我怀疑这孤零零的一折杂剧，又题作"环影"，有可能是《环影祠》的佚曲。

明清传奇 72 种。收录明代传奇 25 种，清代传奇 47 种，总计 72 种，主要分为两种情况，一种是名家的抄本、改订本，另一种是稀见抄本和稿本。

前者有古吴莲勺庐、饮流斋等名抄本，以饮流斋抄本最引人瞩目。饮流斋是近代著名曲学家许之衡（1877—1935）的室名。他字守白，号曲隐道人，浙江仁和（今属杭州）人。生于广东番禺，为康有为的入室弟子。清光绪二十九年（1903）贡生，后毕业于日本明治大学。1917 年 9 月，吴梅应聘为北京大学教授，许之衡与他、李释勘、刘凤叔等曲家订交，共同研讨曲律。许氏精于曲学，1922 年秋，吴梅南归，向校方荐许以自代。1923 年 10 月，许之衡担任北大曲学教授、国学门导师。著有《曲律易知》《词学研究》《守白词》《中国音乐小史》以及《玉虎坠》《锦瑟记》《霓裳艳》等传奇。1935 年 2 月病逝。他所精心抄录或改订的明清传奇名著，为治曲者所重，除《金丸记》《五福记》《潜龙佩》（朱丝栏抄本）3 种外（前两种为周明泰几礼居收藏，今归上海图书馆；后一种傅惜华旧藏，今属中国艺术研究院图书馆），其余 31 种成为"双楉书屋"的精品。计有《双忠记》《胭脂记》《投笔记》《金貂记》《祝发记》《鹦鹉洲》《灵宝刀》《紫钗记》《改本邯郸梦》《重校双鱼记》《一种情》《桃符记》《旗亭记》《双金榜》《花筵赚》《云台记》《元宵闹》《绾春园》《想当然》《凤求凤》《倒浣纱》《占花魁》《麒麟阁》《太平钱》《艳云亭》《朝阳凤》《未央天》《聚宝盆》《扬州梦》《阴阳判》《玉梅亭》等。许氏为审音订律之专家，对其中《胭脂记》《想当然》《艳云亭》和《玉梅亭》四种，因通行伶工俗本，或曲律舛谬，或句法漏略，或句读全乖，均为更订。这项工作主要完成于他在北大执教期间，大多数过录本或改订本都写有题跋。如：1926年4月所写的《朝阳凤传奇》题识云：

《朝阳凤传奇》，据《曲录》有两本，一本为朱良卿撰，一本为朱素臣撰。今细察此本乃素臣所作也。余读素臣《十五贯传奇》，《监会》一出，用〔北新水令〕、〔南步步娇〕合套，全出用车遮韵；又读其《聚宝盆传奇》，《完城》一出，又用〔北新水令〕之南北合套，全出亦有用车遮韵；今此本《救瑞》一出，又是〔北新水令〕之南北合套，亦是用车遮韵。笔墨既然相同，而车遮一韵亦屡用不厌，因此定此为素臣之作，确然无疑。

只有读书认真细致，对作家作品和曲律了然于心，才能作出如此精辟的论断。又如1927年8月撰写的《云台记》跋语：

《云台记传奇》，明薄俊卿撰。此为明文林阁10种本。按：文林阁十种，海内藏书家，久不闻有其书。今虽未能10种并获，然获其一脔，亦可翘异于词坛矣。其中关目结构，亦有稍可议者，如分为四十四出，未免颇嫌其多；过场短剧，可剪裁删节者，正自不乏。然细审之，其关目之欠灵动，排场之欠紧凑，确是明中叶作者之派。以视晚明灵巧机括，虽似稍逊，然论时代则益可宝贵矣。

一针见血指出明中叶戏曲篇幅冗长、关目散漫、缺乏灵巧的弊病。其他题跋也都评品得当，发人深省。这里就不一一举例。饮流斋抄本曲本的公开出版，将会引起戏曲研究者的兴趣，满足大家盼望已久的期待。

后者主要是尚未公诸于世的孤本、稀见本和稿本，如《如意缘传奇》，北大藏本仅存十出，而此为完帙，又如《禅仙逸史》，除此本外，另有1种道光残本（存卷下），为饮流斋所得，后归傅惜华；他如《双义缘》《如梦缘》《平蛮图》《玉狮记》《鸳鸯楼》《本草记》等都不见于著录；勺园（即金绶熙，庄一拂《古典戏曲传奇汇考》则误作铁宝）的《青楼烈》（又名《黑海莲》），均系未刊印的稿本。《南楼记》写冯婉贞与严耕事，与另本写刁南楼事的《南楼记》（又称《南楼传》）迥然有别，虽然仅存三出，也收入《绥中吴氏抄本稿本戏曲丛刊》中。《古本戏曲丛刊》五、六、七、八诸集，主要收清人传奇，吴晓铃先生亲自拟订了入选目录，他准备选用自藏的清抄本、稿本传奇就有14种之多。如"五集"已收清初智达《增广归元镜》、黄钺《四友堂里言》、佚名《葫芦幻》《金兰谊》《玉蜻蜓》等五种，为避免重复，就不再收入这个丛刊了。本丛刊所选作品除珍稀者外，还以有吴氏题跋者居多，如，他1976年4月22日题《逍遥亭》的跋语，云："一九三八年，见旧抄本《红雨绿雪楼三种曲》于隆福寺三友堂，即此本及《敬寿碑》《三缘报》是。当时曾以钢笔录此剧二出及《敬寿碑》全帙。一九五一年誊真《敬福碑》，今又抄出此本，先后凡四十载，余亦垂垂老矣。……作者传系罗梅江，未遑考索，仅记。"传此书后为路工所得，不知尚在人间否？今存此二本，已收入本丛刊中，可不负先生数十年搜求的苦心。有人曾问：孙埏《锡六环》（一名《弥勒记》），既有雍正十年（1732）刊本，为何《古本戏曲丛刊》五集不收，反而据抄本影印？吴先生为抄本所写的题记，可以回答这个问题。一则曰：此吴兴周氏言言斋旧藏也。所谓雍正刊本者盖据自序而云然，非是，一望可知其为光绪间刻本。顷在虎坊桥中国书店，承孔里千兄见示抄本，末题："光绪戊寅皋月六世孙学素拜录。"则刻本当自光绪四年（1878）出也。颇欲得之，不知能如愿否？买书亦须后门走走，为之一叹！此则跋语作于1975年2月5日，过了10天，又一跋云：又十日，得孙锵手抄本，文字与刻本易，盖上木时有所移易。略校之，则抄本为胜，可宝也。他凭藉对版本鉴赏的锐利眼光，指出仅靠作者自序断定版本不足为据。因为《锡六环》刻本后出，不如抄本，当然《古本戏曲丛刊》五集择善而从。可见吴晓铃先生确定《古本戏曲丛刊》底本的认真审慎态度。他有一部残本《昇平宝伐》，曾与首都图书馆所藏《西游传奇》作了细致比较，从而发现此两本"不完全一样，与原故事情节之取舍更有较大不同。这个残本《昇平宝伐》，其故事情节较接近《西游记》小说，而《西游传奇》删节较多"。此书规模太大，我们没有收录，但另挑了一部页数较少的残本，将吴先生关于两书的比较文字和按语附录于后，供大家参考。据他对家人说，每一篇题记或跋语，都是一篇论文的提纲。然而，先生惜墨如金，未能把它们写出来，给我们留下了许多遗憾。

宫廷承应戏和皮簧剧本301种。清宫承应戏数量庞大，品种繁多，早在南府时就流失于外，当平署迁至景山，散佚更多。辛亥革命之后，随《清平署档案》的散失，昇平署抄本戏曲也流落民间，遂为私家所收藏。今主要集中收藏于故宫博物院、中国国家图书馆、中国艺术研究院图书馆（原为傅惜华旧物）、上海图书馆（原为周明泰旧藏）等处。由于未加整理，仍尘封在书库里，究竟还存多少，谁也搞不清楚。1936年，故宫博物院文献馆将16种承应戏编为《昇平署月令承应戏》，由故宫博物院排印出版，因谱板排印不便，只得从略。就是这种非复旧观的本子也成了"孤本"，如今专门从事晚清戏曲，特别是宫廷戏研究的学者都很难以看到，一般读者当然无由问津了。

"双楷书屋"藏有南府、昇平署抄本月令承应戏180多种，虽然没有词臣恭录进呈的安殿本，但大多数是伶工的手抄本（其中《咸丰万寿午宴承应之二》等28种，系吴晓铃先生亲自过录本），内容几乎涵盖了各种节日、月令、宴享、祝寿、册封、弥月、行围以及浴佛、迎祥等方面。不少都带有提纲、鼓板和曲谱，反映了宫廷演出的盛况。词臣张照等不仅编撰宫廷大戏，也写有不少月令承应戏，极尽歌功颂德之能事。吴晓铃在《国立中央研究院历史语言研究所善本剧曲目录》的跋语中说："普通的曲目多是把它并入杂剧中的，我以为就承应戏的体制和内容讲来，似乎都不十分恰当，而且承应戏本在清代又是那样的繁多，所以就把它分列出来了。"我们同意他的看法，将承应戏单独列为一类，并按照他拟订的顺序排列先后。

除了承应戏之外，还有南府旧外二、三学的《末段犀镜圆》《闹花灯》

《盘龙岭》《玉鸳鸯》《双飞燕》，旧大班的《无暇璧》（提纲），都不见著录；至于《四段下南唐》《十段、十一段通仙枕》，不见他处所收藏；还有数量众多的旧皮簧戏的演出角本，也不易得到。它们既为研究宫廷戏曲演出和京剧的形成发展，提供了宝贵的资料，也对今天的戏曲改革、推陈出新，具有一定参考价值。

皮影戏 3 种。皮影戏主要是旧时我国北方人民喜闻乐见的民间小戏，流行于农村的广场和庙会，在清代甚至进入北京，"各王公府多好影戏，如怡王、肃王、礼王、庄王、车王等府，皆有戏箱，及吃钱粮之演员"（顾颉刚《中国影戏略史及现状》）。至光绪年间（1871—1908），滦州影戏遂占据北京影戏的天下。有的影戏没有台本，如涿州影戏，靠演员师徒传承，口传心授，而滦州影戏则照本演出，其本子称"影卷"，分为小戏和整本大戏。随着时代变迁，影戏渐渐衰落凋零，其传本几乎丧失殆尽。记得 80 年代，有一位美国学者向吴小如师学习戏曲，他专门研究皮影戏，先生曾托我寻觅剧本，我查阅戏曲研究所资料室的有关藏书目录，也没有找到这方面的资料。不久我去太原出差，邂逅吴晓铃先生，他去晋南调查影戏情况，后来也没听说有多大收获。本丛刊所收清同治十三年（1874）志成堂抄本滦州影戏总讲《五虎传》《小英杰》，以及道光年间瑞祥堂吴记抄本《镇冤塔》，都是描写历史故事的连台本大戏。《五虎传》12 卷，1567 页，系老艺人马连登 1976 年所赠，书后跋云：此西河大鼓老艺人马连登先生所贻也。马老之子增奎、女增芬、增蕙皆蜚声曲坛，后继有人矣。此本为滦州影戏总讲，『甲戌』当是清同治十三年（1874）。余童年在滦县，常于街头夜观影戏，戏班多为乐亭人。进学后，治戏曲之学，嗜书，然所收影卷至少，仅《小英杰》《镇冤塔》数种而已。今得此本当什袭藏之。

12 月 15 日，老人以胃癌逝去，19 日哭祭于八宝山。重展此卷，不禁人琴之恸。

《蒙古车王府藏曲》中只有《三疑记》《大拜寿》《收青蛇》等八种小戏影卷，而这 3 种连台本影戏，尽管吉光片羽，也弥足珍贵。

散曲11种。吴氏藏曲中集中了不少明清散曲作家的集子和选本，其中不乏善本。他曾用自己所藏残抄本《北宫词纪》外集，校补了赵景深先生点校本《北宫词纪》（明陈所闻辑刻），并将残本四、五、六卷附于其后，使之内容更为完整丰富。谢伯阳先生编辑《全清散曲》时，吴先生把自己珍藏的刘一明《会心集》慷慨地送给他。本丛刊收明清散曲集九种，像许之衡旧藏明抄本《双溪乐府》、据明嘉靖间（1522—1566）章启人刊本影抄的《楼居乐府》、丁綵的《丁綵小令》、佚名《北征集散曲抄》等，都是散曲中善本。

曲谱35种。吴晓铃对曲谱情有独钟，苦心孤诣地搜集了各种刻本、抄本宫谱和乐谱50多种，本丛刊就收有34种，让人惊叹不已。如乾隆三十年（1765）载宁堂张永昶录《仙音宗旨》、道光二十一年（1840）胡辅周抄《万花灯锣鼓谱》、光绪六年（1880）张采田《大十番笛谱》稿本、光绪十三年（1887）《浔阳谱》、民国五年（1917）至七年（1919）抄本《乞盦集曲》、别埜堂抄本《二簧月琴随唱托板》以及《响遏行云曲谱》《自怡曲谱》《工尺字传声谱》《南府旧本昆剧吹打谱》《随音雅韵十番锣鼓谱》《水斗锣鼓秘谱》等，有些是伶工手录秘籍，不轻易示人。如没有吴先生及时抢救，稍纵即逝，可能早就烟消云散，造成无可挽回的损失。

曲目、曲评和史料11种。此类所收录的《止酒停云室曲录》、松鹤斋主《戏目》《皮簧剧目》和《二簧戏目录》等，反映了清末民初上演的京剧剧目，可供研究京剧史者参考。用董康诵芬室稿笺抄录的《西厢记考释》，虽然仅存二、三、四卷，亦可宝也。这里特别要提到的是《暖红室校刻传剧资料丛辑》，它由清末词学大家况周颐致刘世珩20通未刊手札组成。辛亥革命后，况氏以遗老寄居上海，生活困窘，靠帮助刘世珩校勘戏曲剧本谋生。刘世珩《汇刻传奇杂剧自序》，曾提到参与此书的复勘者，有"临桂况舍人夔笙（周颐）"，关于校勘情况则语焉不详。而这批手札却披露了不少鲜为人知的关于暖红室编印《汇刻传奇》的最新史料；同时也是了解和研究况周颐晚年生活的重要资料。

为方便检索，本丛刊编委会在书后编有《剧曲目书名笔划索引》。本丛刊在整理编辑中，一直得到首都图书馆倪晓建馆长和周心慧副馆长热情关怀和指导。该馆马文大先生、王致军女士等长期从事古籍文献的开发工作，推出了近70种书籍，仅戏曲方面就有名闻遐尔的《清蒙古车王府藏曲本》《明清抄本孤本戏曲丛刊》《不登大雅文库珍本戏曲丛刊》《古本戏曲版画图录》等，为海内外学者和读者所重视。现在又全身心投入本丛刊的编辑和出版，他们工作热情负责、一丝不苟的敬业精神，使我非常感动。如果吴晓铃先生有在天之灵，看到自己毕生辛勤收藏的曲本能得以影印出版，服务于社会，也一定会莞尔而笑。

《不登大雅文库珍本戏曲丛刊》序

戴龙基

北京大学图书馆已经走过了百年历程，这 100 年来，广集中外要籍一直是我们遵循的宗旨。尤其是在古籍收藏方面我们入藏了许多著名藏书家的书籍。如巴陵方氏碧琳琅馆藏书，德化李氏木樨轩藏书，鄞县马氏不登大雅文库藏书。其中马廉先生的藏书是以古本小说和戏曲为特色。今年正值马廉先生 110 周年诞辰，北京大学图书馆与首都图书馆联合，隆重编辑出版《不登大雅文库珍本戏曲丛刊》，北京大学图书馆并将其作为馆庆活动的重要内容之一，以纪念这位为抢救、保存文化遗产而作出卓越贡献的著名学者和藏书家。

马廉（1893—1935）字隅卿，浙江鄞县（今宁波市）人。20 世纪前期执教于北京孔德学校，并受聘为北京大学文学院教授。少年时代喜欢明末忠臣义士的遗著，后来受到王国维和鲁迅的影响，潜心于戏曲小说的研究。在北大工作期间，继鲁迅先生之后，开设了"中国小说史"等课程。利用教学的余暇，隅卿先生孜孜不倦地搜集整理古典小说、戏曲、弹词、鼓词、俚曲等作品，经常与钱玄同、刘半农、郑振铎等学者结伴，到琉璃厂书肆访书购书，所获甚丰。1932 年，隅卿先生回故乡鄞县养病时，仍不忘抢救家乡珍贵文献，曾与郑振铎、赵万里两位先生一起，访得天一阁散出的明抄本《录鬼簿》，三人连夜影抄副本。1933 年，他在当地大酉山房书肆购得一包残书，从中发现了天一阁散出的明嘉靖刻本《六十家小说》中的《雨窗集》《欹枕集》，次年交由北平大业印书局影印出版，从而使12篇宋元话本得以传世。他还从京郊通州王氏处购置了大量稀见曲本，极大地丰富了他的收藏，成为他藏书中的珍品。特别值得一提的是，1925年暑假前，马隅卿先生任孔德学校校长时，以论斤称的价格抢救了由清代蒙古车登巴咱尔王府散出的大宗曲本。曲本分戏曲和曲艺两大类。戏曲部分据舞台演出本过录，以皮黄戏为主，其次是昆曲，还有弋腔、吹腔、高腔、秦腔、木偶戏、皮影戏等，琳琅满目，丰富多采。著名戏曲史家王季思先生给予很高的评价："从文化史的角度看，他为我们提供清代由盛而衰阶段的民情、风俗、宗教信仰、民族关系等方面的第一手资料。从戏曲史的角度看，他填补了昆腔高踞剧坛到京剧代之而起的一段过渡期间的空白。单就这两点说，他在近代的发现，将可与安阳甲骨、敦煌遗书并提。"（《车王府曲本提要小序》）这批清抄本曲本，计有152函，2154册，后来也归北京大学图书馆特藏部庋藏。

在我国封建时代，通俗文学长期受到正统文坛与学术界的轻视，马隅卿先生有感于此，将自己藏书室的堂号称为"不登大雅之堂"。因意外购得海内孤本《三遂平妖传》，因此又称藏书室为《平妖堂》，用以表示心灵深处的骄傲与欣慰。

由于积劳成疾，马隅卿先生正当43岁壮年，即在工作台边溘然长逝。他的藏书经魏建功、赵万里先生等专家整理，由北京大学图书馆收藏，作为善本特藏辟专室保存至今。在这批藏书中，有小说372种，戏曲394种，再加上讲唱文学及笑话、谜语等，共计928种，5386册（丛编尚未计算在内）。书上钤有"鄞马廉字隅卿所藏书""不登大雅文库""隅卿藏珍本小说戏曲"和"平妖堂"等印记。抄本如《钓鱼船传奇》等，在版框外右下方有"不登大雅堂抄藏曲"字样。原来破损的书籍，已经作了修补，并且新加护书函套。如今在北京大学图书馆善本特藏阅览室内，设有马氏藏书的专目，供广大读者查阅使用。隅卿先生国学根底深厚，治学严谨，所著除《录鬼簿新校注》刊行外，还留下遗稿《隅卿杂抄》112册，约200多万字，其中绝大多数是他亲手抄录或题跋批注的有关戏曲小说的研究资料，尚待整理出版。

在马隅卿先生的戏曲藏品中，保存了大量珍稀罕见的刊本，如明代金陵富春堂所刻传奇百种，今能寓目者也不过30种，而马氏几乎占有一半，像《草庐记》《白蛇记》《升仙记》《玉　记》《灌园记》等，都是罕见之本或孤本。毛晋汲古阁《绣刻演剧》（即《六十种曲》）以精善著称，其原刻初印本，传至今日已无完帙，以单本零种为图书馆或私人藏书家所珍藏，而马氏就收藏有《八义记》《三元记》《精忠记》《南柯记》《彩毫记》等14种。又如明萧腾鸿师俭堂刻本《六合同春》、明末刻清铁瓶书屋印本《墨憨斋十种传奇》、明末金陵两衡堂刻本《粲花斋新乐府》、清初南湖享书堂刻本《坦庵词曲六种》、康熙书带堂刊本《容居堂三种曲》、乾隆十八年（1753）世光堂刻本《夏惺斋新曲六种》、乾隆香雪山房刻本《研露楼三种曲》、乾隆刻本《红雪楼十二中填词》、道光十三年（1850）钱堂汪氏振绮堂刻本《瓶笙馆修箫谱杂剧四种》、道光二十七年（1847）椿树轩刊本《味蔗轩春灯新曲》、清待鹤轩刻本《庶几堂今乐》（花部剧本）等，不是初刻本就是罕见本，还有不少明清单刻零本也是难得的善本，颇具研究价值，历来为治曲者所重。马氏还特别重视梨园抄本或传抄曲本的搜求和购置，使我们得以窥见当时的舞台演出风貌，而许多散失的剧目也藉以流传于世。举凡剧目、曲选、曲话、曲谱，马隅卿先生也都热心搜寻。海内外曲学研究者莫不知北大有马氏藏书，有尚未很好利用和开发的戏曲和曲艺宝藏——《车王府藏曲》，都希望亲睹为快。影印出版《不登大雅文库珍本戏曲集》，既是保存戏曲文化遗产，为研究者提供大量的资料，也是对马隅卿先生为抢救和保存戏曲史料所作出重大贡献的纪念。

马氏所藏臧晋叔编《元曲选》（明万历刻本）、毛晋汲古阁初印《绣刻演剧》（即通称的《六十种曲》）残本，虽然也都是珍善本，但这两部总集的部头太大，其流传甚广，通行本也易见，就不打算收入本集中。在马氏所藏珍本戏曲作品中，有些已被《古本戏曲丛刊》收录，考虑该丛书编刊于20世纪50年代，距今已经半个多世纪，况且当时只影印500部，为海内外一些大图书馆及私家所收藏，现在已成为新善本，广大研究者难得一见，要想借阅使用也非常不容易。因此，这次我们编辑影印《不登大雅文库珍本戏曲集》，不仅仍予以选录，而且在版本上做了调整和更换，增添不少新的资料。如明沈　的《一种情》（即《坠钗记》），不见刊本传世，《古本戏曲丛刊初集》据清康熙二十八年抄本影印；马氏藏曲中也有这部传奇，系近人姚华据康熙抄本过录的，他不仅保留了自己的批注和跋文，并以词隐所辑《南九宫谱》对勘，订正了某些曲牌，而且对原抄本的文字脱误也作了补正，此本显然优于丛刊本。又如明孙柚的《琴心记》，《古本戏曲丛刊二集》据汲古阁原刻初印二卷本影印，后来《古本戏曲丛刊》拟补目录中，列入马氏所藏万历间富春堂刊四卷本《琴心记》。又如明王昇的《弄珠楼》（一说许自昌撰），今仅存明崇祯杭州凝瑞楼刊本，可惜此本从二十三出《赠别》至三十二出《团员》皆残缺，而马氏藏曲中则有由姚燮《复庄今乐府》散出的稿本，也是据凝瑞楼本过录并有朱笔校订圈点，虽结尾稍有缺叶，但不影响全剧内容。再如江都郑小白的《金瓶梅》，《古本戏曲丛刊三集》所收本，由于编者未能仔细鉴定，竟将《双飞石》传奇和《金压瓶》传奇拼凑为一本。然而马氏则藏有两种《金瓶梅》抄本，皆不题撰人姓氏，一为二卷二十八出本，上卷第一、二两出，下卷第十四、二十三两出佚，剧以李瓶儿为主干，结构完整，曲词典雅，不含污秽，当出自文人的手笔。另一本仅十出，与前本比勘，发现这个抄本系艺人据前者改编增饰的演出本，它与中国艺术研究院戏曲研究所收藏的一个仅存下卷十四出的残抄本比较接近，可能是属于同一个系统的本子。我们一并将这两个抄本收入集中，以引起研究者的重视。这里仅举数例，其余就不再一一说明。

马氏后人、著名戏曲家马彦祥先生曾将一批藏书捐赠给首都图书馆保存，其中既有马隅卿先生的藏品，也有马彦祥自己的藏曲，我们与倪晓建馆长协商，双方愿意合作出版，使读者藉以了解马氏不登大雅堂藏曲的全貌。

  本书的编辑出版在于保存研究资料，对所收底本不作任何删节，悉遵原样影印。考虑到编排技术等问题，虽大多按照作家作品的时代先后排序，但仍有少部分作品因册数安排而或先或后，待全书出齐后，再按时代顺序编一个总目附于书后，供读者检索查阅使用。由于时间仓促，编辑中难免会有不少疏漏之处，敬请专家和读者批评指正。

  这次整理马氏藏曲，我们特聘请小说戏曲研究专家周兆新教授、戏曲文献专家吴书荫教授为学术顾问，两位专家做了大量细致的工作，我对他们表示深深的谢意。首都图书馆倪晓建馆长的支持与密切配合、马文大先生积极热情地投入工作，这里我特表示诚挚的谢意。我馆张玉范、沈乃文先生，以及古籍部和自动化部的同仁们为编辑此书付出了辛勤劳动，在此一并致以衷心的感谢。

2003 年 4 月

《傅惜华藏古本小说珍本丛刊》前言

马文大

傅惜华先生是我国著名的文学研究专家、藏书家,其碧蕖馆收藏的中国古代小说、戏曲早就蜚声中外。已经出版的《傅惜华藏古本戏曲珍本丛刊》收录了大兴傅氏的珍贵古本戏曲,广为研究者所用。在碧蕖馆旧藏中,说部类图书占傅氏藏书总数的比例虽不是很大,但数量已不算少,据《傅惜华旧藏小说书目》统计,傅惜华藏说部类作品有750余种,不乏诸多精品,堪称一个尚未开发的小说数据宝库。

本丛刊从傅惜华先生说部类藏书中精选182种,其中明刻本23种,清刻本56种,清不明时代刻本53种,民国刻本2种,抄本10种,石印本17种,排印本8种,日本印本11种,朝鲜印本1种,中华人民共和国成立后印本1种。在这所选的180种作品中,很大一部分为《古本小说集成》《古本小说丛刊》等各类近年影印的古小说选集所未收录之本,或作品虽已被《古本小说集成》或《古本小说丛刊》收录,但所选皆为另外不同之版本,呈现出与前者不同的版本风貌;本丛刊还有一些作品是以往小说丛刊从未收录的稀见本,具有较高的版本价值和阅读、研究价值。总之,本丛刊在总体面貌上令人耳目一新,具有较高的学术价值和收藏价值。

一、所收作品涵盖范围较广,包括了文言小说(包括笔记小说、骈体小说等)、话本小说、章回小说、弹词小说等,还包括了一部分小说图像专书，如《明刊三国志像》、清康熙刻本《三国志像》、清刻《水浒图赞》、据清刻本影印《三国画像上下二册》等，对研究古代小说插图的演变具有一定价值。丛刊还收录了一些关于小说的研究性著作，如王古鲁的《稗海一勺录》和《拟摄日本所藏中国旧刻小说书影经过志略》，前者是中国学者所编域外藏中国通俗小说书目的代表之一，对中国古代小说的研究有重要参考价值。此外，如清抄本《红楼人物考》《水浒传注略》等，郑振铎《西谛书话》称此书"为章回小说作注者，于此书外，未之前闻"，"引书凡数百种"，"水浒多口语方言，作者于此亦多详加注释，不独着意于名物史实之训诂。故此书之于语言文字研究者亦一参考要籍也"。丛刊中收录的日刊《小说字汇（汉和对照）》，为"日本人读中国古代小说而编辑的一部小说词典"。词条系用古日文写成，今已难以译出。前有"援引书目"共160种，用中文排列。所引书目，有的国内失传，有的尚未发现，如《孤树哀谈》《金陵百媚》《锦带纹》《一百笑》等。据此，又可知清乾隆前中国小说在日本的流传情况。（见刘世德主编《中国古代小说百科全书》修订本）

二、本丛刊重点收录了一些重要的小说评注、评点本，如清王望如评《出像水浒传》，如清张含章著《通易西游正旨分章注释》，以《易经》解释《西游记》，形式是于正文每回卷末加大段诠释，正文中也略有注释，此书流传不广，影响也比其他清代刊本小，但独具特色。其他如清王士正评《聊斋志异》、清王希廉评《红楼梦》、清张竹坡批评《续金瓶梅后集》、清杜浚评《觉世名言》（又名《十二楼》）、清刻李卓吾评点《列国志传》、清刻蔡元放批评《东周列国全志》、民国刻王梦阮、沈瓶庵撰《红楼梦索引》等，这些评注、批点本对小说批评研究具有一定的参考价值。

三、本丛刊收录了一些稀见小说版本，补充了以往小说丛刊的缺失，免去了读者和研究者们的搜寻查找之功。其中明刊本有周诗雅撰《增订剑侠传》、李九我辑《新镌翰林考正历朝故事统宗》、干宝著《新刻出像增补搜神记》、钟伯敬批定《新刻剑啸阁批评西汉演义传》、明研石山樵订正、织里畸人校阅《新镌玉茗堂批点按鉴参补出像北宋志传》等，《增订剑侠传》《新刻出像增补搜神记》为《历代珍本经眼录·明代版本》所著录，《中国善本书提要》子部类书类著录《新镌翰林考正历朝故事统宗》云"是书诸家书目，摈而不载，每册首页，取卷内一故事，雕为版画，颇生动，当与曰校所刻小说戏曲同珍也"，"曰校"就是明代金陵刻书大家周曰校，刻印的小说、戏曲版画是明代金陵派版画的代表作。清刊本有齐省堂刻《增订儒林外史》、若骙子辑注《燕山外史注释》、三槐堂刊《新刻玉蜻蜓全传》、西泠狂者编、恒义和记抄本《龙图耳录》、问柳书屋刻《古今志异》、活字本《通商原委演义》、富文书局石印《绘图平金川》、广东第七甫五桂堂刻《半日阎王全传》等。此外，还收录了一些稀见小说抄本，如佚名的《拔乎其萃》《新刻撮空祖师全传》以及海公撰《新孽障》等。

四、本丛刊还收录了一些重要的海外小说刊本，能为研究中国小说在海外的传播和影响提供一定的帮助。其中日本印本有《增评补图石头记》（帝国印刷株式会社铅印本）、（日）大郷穆训点、酒井三治校《燕山外史》、东京书林青山堂雁金屋青山清吉刻《游仙窟》（汉和对照）、（日）冈白驹记《译准开口新语》、（日）冈白驹译《小说精言》、嵩山堂刻本《皇明大儒王阳明出身靖乱录（汉和对照）等；高丽刊本有毛宗岗评《三国志演义》。

综上可知，本丛刊集收藏、阅读、研究之优点于一身，定能成为一部具有较高学术价值的古代小说丛刊，傅惜华先生的说部藏书虽有700余部，但除却重复和近年来已经影印出版过的古本小说，可以说精华俱在此编。此编的刊行问世，必能嘉惠学林，其善莫大焉。

本丛刊的编辑，以小说的载体形式编排，分刻本、钞本、石印本、排印本等，海外日本、高丽印本附后；载体形式之下以刊刻、钞写、印制的时代先后为序，并将总目录和索引单成一册，以便检阅。

《清车王府藏曲本》略述

马文大

《清车王府藏曲本》(以下简称《曲本》)是清末民初从北京蒙古车王府流散出来的大批戏曲、曲艺文本的总称,包括戏曲曲目1600余种,约1700余册。全书分为戏曲、曲艺两大部分,戏曲部分以乱弹皮黄戏最多,次为昆曲、弋阳腔(高腔),其他还有秦腔、吹腔、影戏等;曲艺部分更具价值,包括说唱鼓词、子弟书、快书、牌子曲、岔曲、莲花落、时调小曲等曲艺形式,时调小曲中又有马头调、叹十声、湖广调、南园调、鲜花调、乐亭调等曲调。《曲本》作品取材广泛,有殷、周以来的历史故事和传说,也有经改变、敷演、润色的古典文学名著,不少曲艺作品对当时的社会生活、风土人情有大量描绘,堪称中国俗文学的渊薮。

《清车王府藏曲本》的购藏与复制

1925年,孔德学校分两批经由琉璃厂东口宏远堂赵氏之手购得了大批原清蒙古车王府旧藏曲本。第一批戏曲783种,曲艺662种,共1445种,大部分是原抄本,仅有刻本数种,署京都泰山堂、宝文堂刻本;第二批戏曲18种,曲艺216种,共234种,俱为原抄本。这两批曲本总数为1679种,是公认的车王府藏曲本的最原始的状态。

在当时，曲艺唱本尤其是俗抄曲本所受关注很少，收藏者更是寥寥无几。孔德学校第一批购入的大批俗抄曲本因此引起了世人颇多关注：《北京大学研究所国学门周刊》于1925年11月以一则名为《写本戏曲鼓儿词的收藏》的消息，率先披露之；同一时间，应时任孔德学校教务主任的马廉之邀，著名学者顾颉刚着重整理了此批曲本并编成《北京孔德学校图书馆所藏蒙古车王府曲本分类目录》，马廉亦在目后作"附识"记述购入及编目缘由。其后这批俗抄曲本逐渐以"车王府曲本"（下称《曲本》）之名为人所知。

孔德学校的车王府藏曲本，顾颉刚编目部分，于抗战时期转藏北京大学文学院，现存于北京大学图书馆；剩余部分则在1954年，孔德学校改为北京第二十七中学之际，与该校图书馆其他藏书一并转藏首都图书馆。20世纪60年代，首都图书馆复抄了北大所藏曲本的大部分，与馆藏合璧，使首图成为车王府旧藏曲本最多的藏地。

1927年，顾颉刚派人至北京孔德学校复抄《曲本》，至1930年结束。这批曲本现藏于中山大学图书馆。经比对，其中有近百种曲目未找到对应的原抄本，其是否为《曲本》复抄本尚待进一步考证。

1928年，傅惜华与长泽规矩也相携在北京访曲，购得部分与《曲本》形制一致的本子，其中长泽得48种，傅惜华得20种。这批曲本多为清百本张钞本，而《曲本》中亦有颇多百本张钞本，二者形制相近并不意外，这批曲本是否曾经入藏车王府，尚有待翔实的文献相佐证。傅惜华与长泽规矩也所购曲本，现分别藏于中国艺术研究院和京都大学双红堂文库。

1929年，中央研究院历史语言研究所成立，刘复任民间文艺组主任，主持复抄《曲本》，但因经费问题，此次复抄持续时间不长，只复抄了顾颉刚编目中的大部分子弟书，间有抄书戏曲曲本，这批曲本现藏于台湾中央研究院傅斯年图书馆。

《清车王府藏曲本》的价值

《曲本》的发现是 20 世纪中国戏曲文献的重要收获，具有十分珍贵的研究价值。《曲本》成书大约在清代道光至光绪年间，彼时中国昆曲艺术逐渐衰落，各地方戏曲卓然兴起，成为剧坛主流，直至后来京剧形成和繁盛。其间的嬗变演进轨迹以及演员、剧目、演出体制等方面的情况，因资料缺失而难以弄清。以《缀白裘》为例，清乾隆年间此剧甚为流行，剧本尚有数种，嘉庆以后的剧本没有专门结集刊印，导致流传下来的当时的剧本难得一见。《曲本》中有大量此种剧本，为研究近百年中国戏曲与说唱艺术提供了第一手的资料。

就具体剧目而言，《曲本》中收录了不少十分罕见的剧目，有的甚至从未见各类书目著录，如《奇冤报》一剧，《中国戏曲曲艺辞典》一书虽收有同名剧目，但两者内容毫无关联；有的虽有书目著录，但佚失很久，在《曲本》中却有收录，如《忠义传》一剧、庄一拂《古典戏曲存目汇考》虽加著录，但云已佚失，而在《曲本》可以看到完整的剧本。

《曲本》的价值是多方面的，除文学艺术之外，还可供历史学、社会学、民俗学、语言学等多学科角度开发，对此，著名戏剧史学家王季思先生曾有很高评价："从文化史的角度看，它为我们提供清代由盛而衰阶段的民情、风俗、宗教信仰、民族关系等方面的第一手资料。从戏曲史的角度看，它填补了昆腔高蹄剧坛到京剧代之而起的一段过渡期间的空白。单就这两点说，它在近代的发现，可与安阳甲骨、敦煌文书并提。"已故著名戏曲艺术家欧阳予倩誉之为"中国近代旧剧的结晶，于艺术上极有价值"。

《清车王府藏曲本》的整理与出版

《曲本》的整理贯穿了 1925 年以来的大半个世纪，以编目和出版为主。

在整理方面，自1925年顾颉刚着手整理，至2000年仇江《车王府曲本总目》的刊布，共编成相关目录10余种。

应马廉之邀，顾颉刚从1925年冬至1926年夏，整理编成《北京孔德学校图书馆所藏蒙古车王府取本分类目录》（以下称《顾目》），后由马廉连载于《孔德月刊》第六、七两期上。此目所收皆为俗抄曲本，共1404种。《顾目》按内容分为戏曲和歌曲两类，戏曲以题名区分为总讲与全串贯，总讲下又按册数归类；歌曲则按曲艺类别分为鼓词、杂曲等。各曲目下则含题名、所属函、册等。虽未涉及曲本内容，但已可较清晰地呈现曲本原有的形制和存放状况。此目编成后影响颇大，成为后来车王府藏曲本购买、转藏、复抄和整理的首要依据。

1928年，凌景埏受马廉委托整理车王府藏大宗小说戏曲中的弹词部分，并于1935年编成《弹词目录》刊载于《东吴学报》第3卷第3期。此目据孔德学校、郑振铎及凌氏自藏弹词编成，其中收孔德学校车王府藏弹词66种，是目前唯一关于车王府藏大宗小说戏曲的目录，著录内容含题名、作者、刊刻时间及书坊等，为发掘和研究这批弹词提供了线索。

自20世纪50年代起，中山大学陆续整理完成了《蒙古车王府手抄曲本提要》《蒙古车王府手抄戏本提要》《车王府曲本编目》《车王府曲本提要》和《车王府曲本总目》等。

20世纪80年代，首都图书馆馆长冯秉文据该馆所藏车王府曲本编成《首都图书馆珍藏·蒙古车王府曲本目录》。此目共收曲目224种2000余册，含说唱鼓词、单唱鼓词、京戏唱本、杂曲等，是首图所藏车王府曲本之首次披露。

在出版方面，规模最大的是1991年石印线装出版的《清蒙古车王府藏曲本》。它以首都图书馆藏车王府曲本为底本，共收录剧、曲1585种，分为315函、1661册。在编排上，全书以体裁分戏剧和曲艺两部分，以剧目、曲目设类，其中"乱弹""昆曲""高腔""子弟书"等类

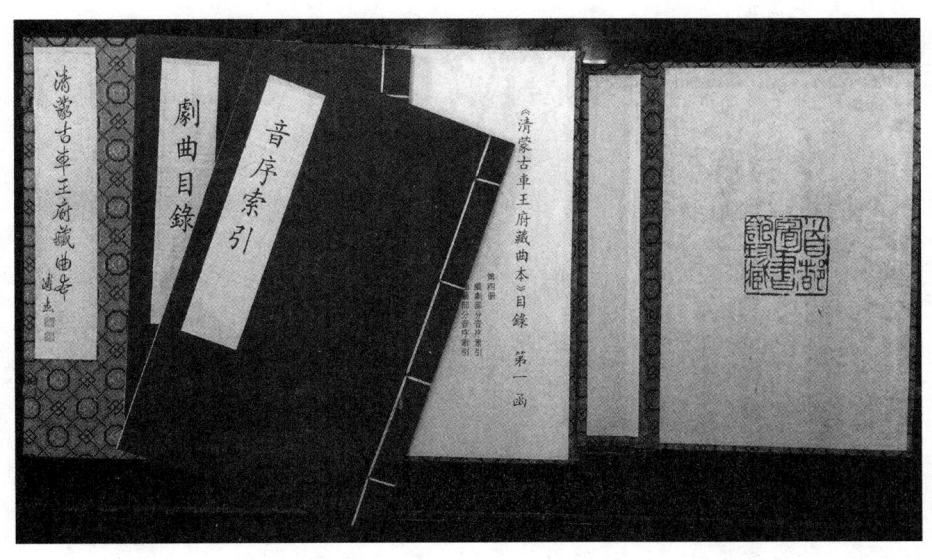

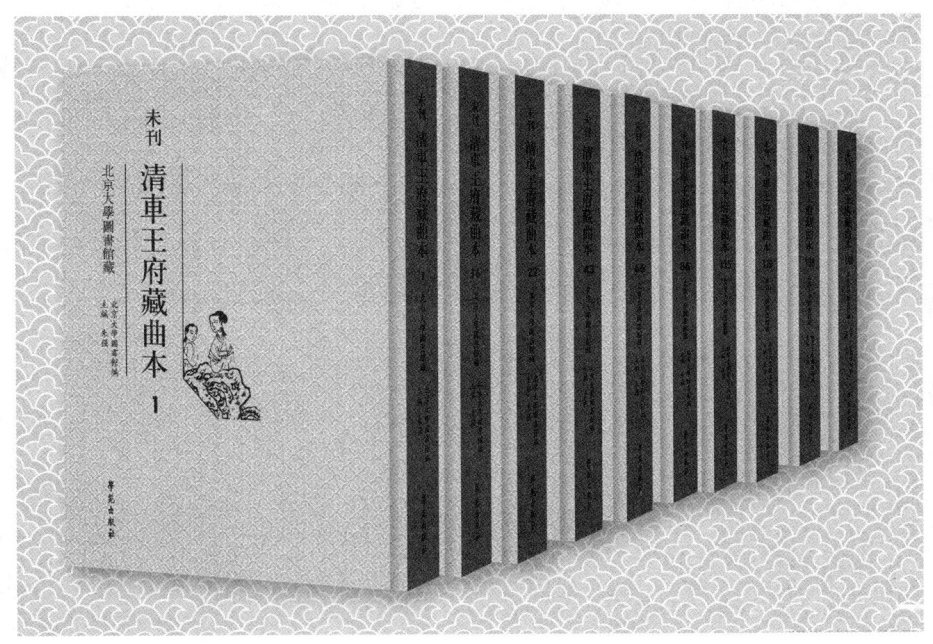

依作品内容的时代为序,同时代作品再按剧目、曲目的字顺排列,其他类皆按剧目、曲目首字笔画为序。为方便查阅,该书还编制了《剧目字顺索引》和《剧曲目音序索引》。如此规模,可谓空前,仅次于《古本戏曲丛刊》。后于2001年又出版精装缩印本,名《清车王府藏曲本》。翁偶虹、朱家溍、吴晓铃先生当年都参与并指导了首图第一次的《曲本》

整理出版工作。

2017年，学苑出版社联合北京市泮水文化服务中心、北京雨之亭书社出版了《未刊清车王府藏曲本》。此书影印了北大藏孔德学校所购第一批曲本1295种，因从未面世，故称"未刊《清车王府藏曲本》（北京大学藏本）"。其中86种《集锦书目》乃曲目简介；《施公案》等有子目者北大藏本均计算在单种，计5种；长岔《佳人夜绣花》（赶板）有目无书，实际收录剧曲唱本1203种。其中包括20世纪90年代首都图书馆编辑影印本未收的北大藏第一批孔德学校原抄本297种，这是从未面世过的；还包括元首都图书馆20世纪60年代复抄北大的部分曲本906种，原本原貌影印出版，以避免首图抄北大藏本的错讹。

这两部书的出版，使原孔德学校藏车王府曲本得以全璧示人，为广大研究者与戏曲爱好者提供了第一手的研究资料。

此外，2013年中山大学整理出版了《清车王府藏戏曲全编》，以中大所藏过录本为底本重新点校排印，虽号称全编，但一为过录，错讹在所难免，二所缺剧曲种尚多，仍为不全本。

《傅惜华藏古典戏曲珍本丛刊》前言

马文大　杨　洲　罗云鹏

傅惜华先生（1907—1970）是我国著名的古典文献和俗文学研究专家及藏书家。他原名傅宝泉，曾用名佩涵，别号碧蕖馆主，1907年农历五月初五，出生在北京的一个满族家庭。1924年，傅惜华从北京蒙藏专门学校毕业之后，因家庭生活

左一为梅兰芳先生、左三为齐如山先生、右一为傅惜华先生

困难，没有能够继续升学深造，在兄长傅芸子的影响和帮助下，他通过刻苦自学，走上了学术研究的道路。20世纪20至40年代，傅惜华在北京、上海、天津等地的报刊杂志上，发表了大量的学术研究文章，先后担任《北京画报》《南金》杂志编辑，《民言报·戏剧周刊》《大公报·剧坛》《晨报·剧学》周刊、《华北日报·俗文学》周刊等副刊的主编，陆续出版了《北平国剧学会图书馆书目》《缀玉轩藏曲志》《南北曲选》《明代版画书籍展览会目录》《中国小说史略补编》《六朝志怪小说之存逸》等著作。他还被聘为北京大学文学院讲师及中国大学国文系教授，讲授中国戏曲及中国小说史。

傅惜华曾参与发起组织了多个戏曲民间组织。1923年春，傅氏兄

弟与作家宗湝云一起，共同发起创办了业余曲社醉韶社。1929年，傅惜华又组织了昆曲研究会。1931年以后，傅惜华在余叔岩、梅兰芳、齐如山等组织的北平国剧学会中任编纂部主任，兼任北平戏曲专科学校京剧剧本审查委员会委员，国剧学会图书馆主任，国立北平图书馆戏曲音乐文献展览会筹委会委员，并在国剧学会创办的《国剧画报》《戏剧丛刊》等期刊担任主编，参与编辑《中国戏剧大辞典》。1933年底，他与刘半农、郑振铎、陆宗达、余上沅、孙楷第、马隅卿、许之衡一起，共同发起组织了昆弋学会，并被推举为学会的常务委员。1937年，北平国剧学会改组为北京国剧学会。1938年，他发起组织了昆曲研究会，任会长。之后的两年间，他又先后组织了中国音乐研究会和中国京剧研究会。傅惜华发起的这些戏曲民间组织，为弘扬我国的戏曲艺术及民族文化做出了贡献。

中华人民共和国成立以后，傅惜华经梅兰芳、阿英、马彦祥介绍，到中国戏曲研究院工作，曾担任中国戏曲研究院研究员、《戏曲研究》编委、中国戏曲学院图书馆馆长、学院学术委员会委员等。这一时期是傅惜华学术研究的鼎盛时期，他撰着、校点编选、编订编纂的著作达十几部，主要有《汉代画像全集》《宝卷总录》《曲艺论丛》《子弟书总目》《宋元话本集》《白蛇传集》《西厢记说唱集》《古典戏曲声乐论着丛编》《明清民歌选》（与路工合编）、《十五贯戏曲资料汇编》（与路工合编）、《元代杂剧全目》《明代杂剧全目》《明代传奇全目》《水浒戏曲集》（初集系与杜颖陶合编）、《中国古典戏曲论着集成》（与杜颖陶合编）、《北京传统曲艺总录》《清代杂剧全目》《中国古典文学版画选集》等。

傅惜华不仅是著名的俗文学研究专家，而且也是著名的藏书家，其碧蕖馆藏书早就蜚声中外。作为一位藏书大家，他将毕生的精力和财力均倾注到对中国古籍善本的收藏上。他数十年节衣缩食，积少成多，集腋成裘，经过不懈努力，终于使碧蕖馆藏书从初具规模到名扬四海。傅惜华搜藏图书的目的是为了学术研究的需要，郑振铎、吴晓铃先生的《古本戏曲丛刊》各集影印的剧本中，均有傅惜华提供的珍籍善本。他在文章及著作中所引用的珍贵资料，大部分均来自他的私人收藏。他不主张对自己的藏书秘不示人，经常撰文介绍自己新得到的好书，让同仁分享他的快乐。在旧中国动荡的年代，他不忍看着那些展示中华民族悠久文化历史的珍贵图书损毁流失，为抢救这批珍贵图书，他尽量倾其所有，把它们囊入馆中。从这点来说，傅惜华也是一位民间文化的保护者。

傅惜华生前曾表示要将自己的藏书服务于社会，但在"文化大革命"中，他却受到不公正的待遇，碧蕖馆藏书全部被抄，在登名造册之后，大部分图书被封存起来，但其中的极品、珍品却相继落入康生等权贵手中，傅惜华本人则含冤去世。"文化大革命"结束后，被康生巧取豪夺的珍贵图书终于回到国家手中。傅惜华的子女遵照父亲生前的遗愿，将碧蕖馆全部藏书捐献给中国艺术研究院收藏。

在碧蕖馆全部藏书中，大约有七成左右属集部曲类（包括戏曲、散曲、俗曲、曲艺等），此外，还有部分说部、版画等类书籍。这之中，有大量明清两代的官刻、家刻、坊刻图书以及稿本、抄本珍籍。在戏曲类图书中，有不少为清代宫廷演出本及民间戏班私用本，有些剧本中常附有宫谱、身段谱、锣鼓谱等。不少书籍钤有名人藏章，书有名人题记，更显书籍的弥足珍贵。如碧蕖馆所藏饮流斋手抄校订戏曲剧本就是这样。饮流斋是曲学专家许之衡（1877—1935）的室名。他曾著有《戏曲史》《曲律易知》等著作，并撰《玉虎坠》《锦瑟记》《霓裳艳》剧作3种。他平生非常喜好收集昆班艺人的演出本，然后亲自予以重抄校订，所抄校之本称为"饮流斋本"。许氏去世后，"饮流斋本"也散佚在外。据有关资料得知，周明泰几礼居曾藏有两种（现归上海图书馆），吴晓铃双棔书屋曾藏有31种（现归首都图书馆），而傅氏碧蕖馆内也收藏十几种。饮流斋本校订精良，字体娟秀，且卷首多有许之衡题识，在考证剧情源流及作者生平时，常提出精辟独到的观点。因此，饮流斋手抄剧本是戏曲界公认的珍品。

作为一名通俗文学研究专家，傅惜华对各种传统的艺术形式均十分喜爱。在傅氏碧蕖馆中，曾藏有数千种全国各地的说唱曲本。他尤对子弟书情有独钟，认为子弟书之价值，不在其歌曲音节，而在其文章。词句虽有时近于俚浅，妇孺易晓，然其写情则沁人心脾，写景则在人耳目，述事则如出其口，极其真善美之致。其意境之妙，恐元曲而外殊无能与伦者也。正基于此，傅惜华在治曲之暇，一直四方网罗，无论抄刻，并为收藏。如今，他收藏的子弟书曲本以及他撰写的《子弟书总目》《子弟书考》等著作和专文，已成为研究子弟书这种艺术形式难得的宝贵资料。

在碧蕖馆旧藏中，说部类图书占傅氏藏书总数的比例虽不是很大，但其中也不乏诸多精品。仅以《红楼梦》而论，便有各种版本以及清人诠释、研究该书或关于其人物绘画的著作共20余种。又如署名"鸳林斗山学者初编，圣水艾衲老人漫订"的话本小说集《跨天虹》，虽然只残存三、四、五卷，共三篇短篇小说，却是海内外孤本。而其订正者艾衲老人（艾衲居士）扑朔迷离的生平事迹，历来就是古典小说研究者们关注的热点，此书的学术价值可想而知。

碧蕖馆藏书展示了中华民族的文化历史，是我国优秀文化遗产的组成部分。为纪念傅惜华先生，也为了能将这批图书更好地服务于社会，供广大学者研究和使用，中国艺术研究院决定开发傅氏藏书，启动了《傅惜华戏曲、小说、曲艺丛刊》，这一工程，将碧蕖馆中的戏曲、小说、曲艺类图书，进行筛选和整理，将其中的精品分卷影印出版。拟出版的各卷分别为：《傅惜华藏古本戏曲珍本丛刊》《傅惜华藏古本小说丛刊》《傅惜华藏古本曲艺丛刊》《傅惜华藏古本戏曲曲谱、身段谱丛刊》《傅惜华藏地方戏丛刊》。此卷为《傅惜华藏古本戏曲珍本丛刊》附录零册《傅惜华藏古本戏曲珍本丛刊提要》，共收剧曲目367种，涉及曲目564种。丛刊由于傅惜华藏戏曲中常见或近年戏曲丛刊已出版者不收，共收傅惜华先生所藏古本戏曲类珍本图书343种，涉及曲目551种。丛刊各卷在影印出版的同时，还配有相应的总目，并附有索引以便读者检索查阅。

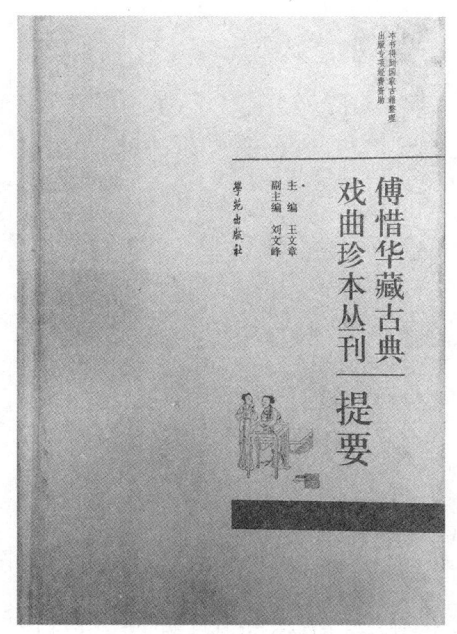

天若有情，使傅惜华先生在天之灵看到自己毕生辛勤收藏的珍籍善本能得以影印出版，服务于社会，他一定会感到高兴的。

清殿版画奇葩
——《万寿盛典图》

倪晓建

《万寿盛典图》，清王原祁、宋骏业等绘。清康熙五十六年（1717）刊本。朱圭镌刻。白绵纸，细黑口，单鱼尾，半叶9行，行19字，版框纵22.7厘米，横17.9厘米。

《万寿盛典》120卷，清马齐等奉敕纂修，是为庆贺清圣祖玄烨六旬寿辰而奉敕编制的一部大型文献汇编。其内容包括：宸藻，康熙帝撰写的诏谕及文赋颂诗；圣德，对康熙帝孝德、谦德、保泰、教化的恭奉之词；典礼，有关贺诞过程中的朝贺、銮仪、祭告、颁诏，以及敬老、庆贺；恩赉，朝廷对宗室、外藩、臣僚、耆旧的封赏，以及蠲赋、开科、赏兵、恤刑的情况；庆祝，包括记述圣典的图记、外省大臣入觐、臣下贡献、瑞应等情况；歌颂，皇子、大臣、词臣及各类人物的颂词等六大部分。其中第四十、四十一、四十二卷为《万寿盛典图》长卷。

《万寿盛典图》长卷是由王原祁、宋骏业为总纂，组织内廷善画之供奉，分别绘记朝贺礼仪及臣民庆祝活动之场面，图前后相接，展开成一连绵长卷，展现了当时皇城内外的一派盛隆风貌。

王原祁（1624—1715），一作（1646—1715），字茂京，号麓台，一号石师道人，江苏太仓人。王时敏之孙。康熙九年（1670）进士，官至户部侍郎，人称王司农。登第后，专心画学，山水能继祖法。康熙朝王原祁以画供奉内廷，鉴定古今名画，四十四年（1705）擢侍讲学士，转侍读学士，直南画房，充《佩文斋书画谱》纂辑官。王原祁画承董其昌及王时敏之学，受到清最高统治者之保爱，他肆力于山水，领袖群伦，影响后世，形成娄东派，左右清代三百年画坛，成为正统派中坚人物，与王时敏、王鉴、王　并称"四王"。

宋骏业（？—1713），字声求，号坚斋，一号坚甫，江苏常州人，一作长洲（今江苏苏州）人。官兵部左侍郎。善书画，笃好山水，因绘《南巡图》聘王　于家，而画学大进。曾为纂修《佩文斋书画谱》总裁官。画宋元人小品，清韵可挹。

万寿长图所绘景致自北京西郊畅春园至故宫神武门，所绘乃写实，沿途举凡园林城池、庙宇市廛、歌楼舞榭，无不纤毫毕具；銮驾仪仗、官员兵弁、市井百姓，个个维妙维肖。为今人考察清初的政治、经济、文化、典章、制度、民俗、风情、建筑、宗教等，提供了珍贵的形象化资料，对研究北京的城市历史地理，具有很高的文献价值。图由享誉当时的镌刻名工朱圭操剞劂，版刻十分精美，朱圭（约1644—1717），清康熙间苏州人，字上如，住专诸巷，曾任鸿胪寺序班，镌刻过《凌烟阁功臣图》《耕织图》《避暑山庄诗图》《石濂和尚行迹图》《无双谱》等多种版画名作。此本镌刻刀法细腻圆润，人物刻画虽小而不失生动，是清前期殿版画的代表作品，也是研究我国版画的重要资料之一。

此本《万寿盛典图》原为清成亲王府旧藏，卷首有成亲王手书五言律一首，曰："北阙层城峻，西宫复道悬。乘舆历万户，置酒望三川。花柳含丹日，山河入绮筵。欲知陪赏处，空外有飞烟"，钤"成亲王章"、"皇十一子成亲王诒晋斋图书印"、"皇十一子"等印；书中钤有"马二"、"马氏彦祥藏书"、"彦祥心赏"等印，知曾为马彦祥先生收藏。现藏首都图书馆。今学苑出版社特据首图藏本影印，版框尺寸悉依原大，再现清刊原貌，以飨学林艺苑。

聚沙终成塔 回首十三载
——《中国佛教版画全集》

孟进军

说起印刷术，我们都知道它是中国古代的四大发明之一，是中国对世界文明发展作出卓越贡献的一项科学技术。这种技术是在木板上雕凿文字图像，然后刷墨，再印在纸上。发明这项技术之前，人类只能用抄写、摹拓的方法来取得艺术作品的复制品，借此来传播人类文化。但是这些方法复制速度慢，数量也有限。印刷术的发明，大大地提高了效率，只要刻好了版片，在很短的时间内，先辈们的手泽就能化一成百、成千，传之广远，所以这项技术可以说是中国出版史上的一次工业革命。

佛教雕版印刷品概说

说起印刷术，很多人都不知道它与佛教的关系。现在出土和发现的早期印刷品，很多都是佛教的经像。比如，1944年在四川成都望江楼唐墓出土的唐代梵文《陀罗尼经咒》，1974年在西安西郊唐墓出土的唐代梵文《陀罗尼经咒》残片，1975年在西安西郊唐墓出土的《佛说随求即得大自在陀罗尼神咒经》，2000年在西安三桥镇出土的唐代梵文《陀罗尼经咒》，这些都是佛教咒像。20世纪初发现于敦煌石室的唐咸通九年（868）雕印的《金刚经》，是目前世界上最早的标有确切雕印日期的印刷品实物。这些早期佛教印刷品实物的大量出现，既给印刷术起源于唐代说提供了有力的证据，也说明佛教在印刷术的产生过程中有重要作用。张志清先生在《佛道教印像符咒对雕版印刷术起源的影响》一文中就认为，道教的法印和佛教的经像是雕版印刷术的源流。

上述发现的佛教印刷品都是早期的雕版印刷实物，事实上，佛教作为中国传统文化中与儒、道鼎立的一家，其印刷品从雕版印刷术产生到没落，贯穿始终。现存的佛教雕版印刷品，从时间上看，分布于整个雕版印刷史的各个阶段，在其他种类的雕版印刷品都已消亡的今天，它仍然顽强地生存于一些佛教的寺庙和印经机构里，比如四川的德格印经院，还有清末杨仁山先生创办的金陵刻经处，虽然经历过短暂的中断，但在1980年恢复以来，深受国内外佛教界的赞赏；从刻印处所在地域看，这些印刷品分布于中国的各地，包括新疆、甘肃、西藏、贵州、云南、内蒙古这些位置偏远、经济相对落后的地方；从刻印主体看，有内府、地方政府这样的官方刻书机构，还有经坊、寺院等商业机构和社会组织，以及临时组织刻印的个人；从刻经者的民族成分看，除汉族以外，主要的少数民族有党项、契丹、满族（包括女真族）、蒙古、藏族、回鹘等；从存世的数量来看，佛教雕版印刷品还是公私馆藏以及拍卖会上重要的一类。所以说，佛教雕版印刷品包含了雕版印刷术研究的所有要点，对于研究雕版印刷术的起源和历史都是非常重要的实物资料。

佛教版画的独特研究价值

前文提及的早期佛教印刷品都是附有佛像的，像《陀罗尼经咒》这样中间绘刻佛像而周边绕以方形和圆形经咒的独幅作品，还有众多的捺印佛像，这两种是雕版印刷术产生的源流之一，也是早期的佛教版画作品。可以说，当时印刷这些版画作品就是把佛像作为宣扬佛教的一个主要媒介。印刷术产生初期，尚未刻印书籍这样的大型印刷品时，这种单幅的小作品无疑是宣扬佛教最为便捷而高效的方式。这种方式在以后佛教大量刻印经籍的过程中也被保留下来，把佛像和经变图印制在经籍的首尾，或者穿插在经文中间。随着印刷术的不断发展，这些印有佛像和经变图的版画在形式上越来越多样，使佛教印刷品成为中国雕版印刷品中最为丰富多彩的一种，佛教版画也成为佛教艺术中一个主要的门类。

历代佛教版画中的一些作品，对于研究中国版画史和版印技术具有特殊的意义。在山西应县木塔发现的辽代绢地《南无释迦牟尼佛像》一式三幅，画面用镂空版套色漏印，先漏印红色，后漏印蓝色，黄色为刷染，用墨笔绘出五官、手足。这是我国发现的最早的套色佛教版画。元至正元年（1341）刻朱墨套印本《金刚般若波罗蜜经注》卷中《无闻和尚注经图》，仅上方松树及题字"无闻老和尚注经处产灵芝"用墨色，其余为朱色。它虽晚于辽代漏版套印《南无释迦牟尼佛像》，但却是我国现存最早的有明确纪年的木刻雕版彩色套印版画。北宋太宗《御制秘藏诠》卷十三中有四幅山水版画，所绘皆为高僧讲经说法情景，周围绘刻佳山胜水、郁郁丛林，颇有山水画之清远意境。它是我国山水版画的先声。

佛教版画作为美术作品的一种，对当今的美术依然具有指导和借鉴意义，同时也是中国美术史研究的重要资料。历史上许多画家的手迹今天已不复存在，或者存世罕有。但是在一些佛教版画作品中仍有遗存，虽然不是原画作，但是我们通过版画作品还有幸能够领略其高超画艺之一二。比如北宋著名画家高文进，待诏翰林，工画道释，传世作品罕见。现藏日本京都清凉寺的北宋雍熙元年（984）刻《弥勒菩萨像》，画幅右上角题"待诏高文进"，这幅版画成为研究高文进绘画艺术的主要作品。

皇皇巨著，聚沙成塔

佛教版画在多个领域的重要研究价值，引起众多专家的关注。

2014年，翁连溪与李洪波两位先生主编的82册《中国佛教版画全集》（以下简称"正编"）出版。该书在编辑过程中就受到学术界的广泛关注，出版后荣获第四届中国出版政府奖提名奖。这部全集出版后，两位先生仍不遗余力搜求各种佛教版画，于2018年推出了共26册的《中国佛教版画全集·补编》（以下简称"补编"），使整部全集达到108册之巨，成为一个相对比较完整的中国佛教版画资料库，将大大地便利和促进佛教版画的研究。

据了解，新出版的"补编"包含以下主要内容：

一是从规模上继续完善，使整部书成为一个相对全面的资料库，利于佛教版画通史的研究，研究者在开展佛教版画和其他领域的研究时能够信手拈来所需的资料。"补编"共收录佛教版画文献654种，时间上跨越整个中国佛教版画的历史，各个时期均有作品收入。其中唐至五代3种，宋3种，元7种，西夏7种，大理1种，明105种，清85种，民国9种；少数民族佛教版画专辟8册，共454种。收录文献的种类包括大藏经、单经、高僧著作、独幅画像、祭祀用品、年画、佛传图册、高僧传、天文历算、医学著作、劝善书、小说、戏曲、方志（包括地方志、山水志、寺观志）、民间佛教版画等，是对"正编"的重要补充。

二是对"正编"中著录的残缺和图片质量不佳的文献进行补正。比如"补编"第一册重新著录的元至正元年（1341）刻朱墨套印《金刚般若波罗蜜经注》，"正编"著录时只搜集到了中间的插图《无闻和尚注经图》，"补编"收录了全本。又如清光绪二十二年（1896）江北刻经处刻八十卷《大方广佛华严经》，每卷首尾都附有精美的版画，编辑"正编"时没有搜集到全本，只收录了一小部分版画，"补编"刊录了全套版画，使我们能够得窥全豹。也有一些版画，编辑"正编"时因搜集到的是二手资料，"正编"收录时图像质量不佳、信息不全，"补编"重新刊登一手资料，使图文信息尽量接近原貌。

三是着重整理了少数民族版画。一直以来，佛教版画的整理重点都放在汉文文献上，少数民族佛教版画只是作为补充的延伸产品。"正

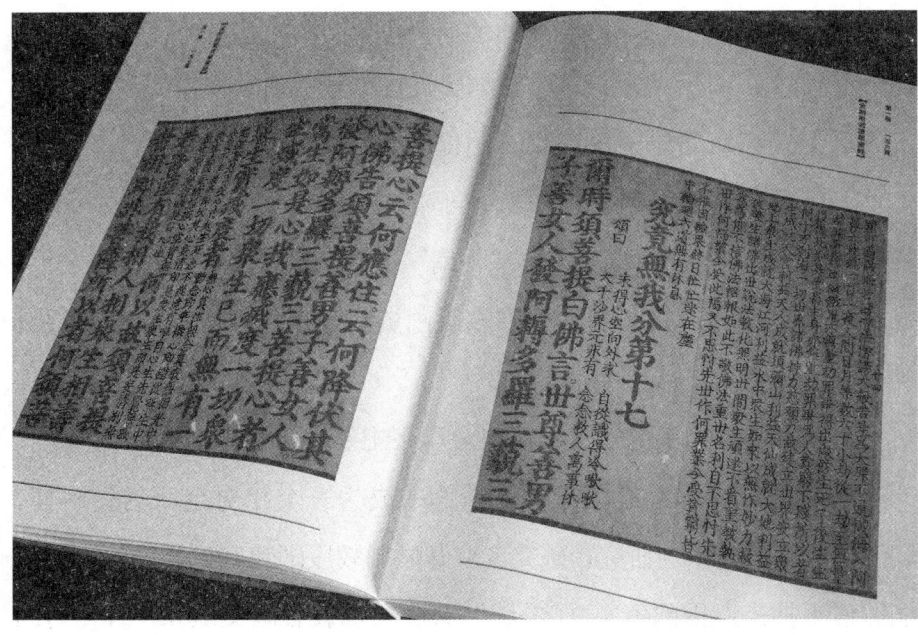

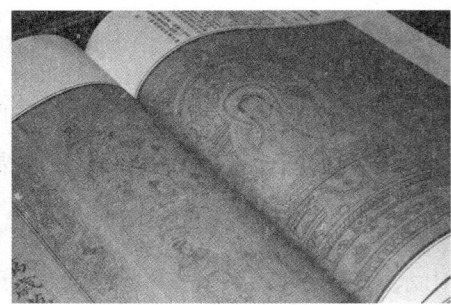

编"虽然也收录了一些，但是并不完整，收录的种类也不够丰富。"补编"则把搜集少数民族佛教版画作为重点工作，专辟8册予以著录，收录的版画文献包括大藏经、单经、唐卡、天文历算、医学著作、法器图像、祭祀用品、风马旗、高僧传记、图集等，品类极为丰富。这部分的主编是对少数民族版画素有研究的蒙古族画家乌日切夫教授。乌日切夫教授平时即注重少数民族版画的收藏，藏有大量品类丰富的版画作品，并进行了全面的研究。"补编"不但收入了其大量藏品，还收录其《蒙古佛教版画概述》一文，帮助读者深入了解蒙古佛教版画的历史。这8册专辑加上其他册收录的各个朝代的少数民族版画，使整部全集收录了包括回鹘、契丹、党项、蒙古在内的众多少数民族佛教版画作品，基本上勾勒出中国少数民族佛教版画的面貌。

  《中国佛教版画全集》从策划到全部出版，历时13个春秋，一幅幅版画作品，汇辑成皇皇巨著，真可谓聚沙成塔，终成正果。

中国古代版画：
异彩纷呈 历久弥新

杨 洲

一、中国古代版画的发生发展

唐、五代、宋、元，从萌芽到发展

中国古代版画最早大概现于隋唐之际，到了唐代印刷术成型，出现了较为成熟的图像印刷。隋唐、五代、宋、元的版画，都是以佛教版画为主。宋代是中国书史、中国雕版印刷史上全面发展壮大的一个重要阶段，版画艺术也有了兴盛发达的沃土。就宗教版画而言，宋代是第一个有道教版画遗存的时代，西夏黑水城发现的《太上洞玄灵宝天尊说救苦经》的扉画，是道教版画的早期遗存。除了宗教版画题材外，儒家经典、画谱谱录、工技农艺、史地方志等类书，都有插图本，如第一部木刻画谱《梅花喜神谱》；最早出现的彩色套印版画《蚕母》《东方朔盗桃图》；《耕织图诗》影响了自宋至清这一题材版画的创作。

元代是中国版画史上一个承先启后的时代。元代最早有小说戏曲版画刊刻，元至元三十一年（1294）建安书堂刊行的《新刊全相三分事略》，是目前所能看到的最早的三国故事的印刷本，现藏于日本天理大学图书馆。

明代，版画的全面繁荣，出现不同地域流派风格

明代是我国古代版画大发展的时代。明代版画的发展可以分为三个时期，一是明前期，实际上包括了史学分歧上的明前期和明中叶，是版画事业在经历了元末的大动乱之后，在调整和恢复中的发展、壮大阶段；二是明万历一朝，郑振铎先生称之为光芒万丈的"黄金时代"；三是明泰昌至明亡短短的71年，是万历开创的黄金时代的继续，是把这个黄金时代推进到巅峰的版画艺术大时代。

就题材上说，明代版画除了宗教版画承宋元余绪继续辉煌发展外，小说题材、版画题材版画都有着辉煌的成就，画谱类题材版画精工细作，还出现了彩色套版拱花工艺。

就地域流派上说，明代中晚期出现了建安派、金陵派、武林（杭州）派、苏州派、吴兴派、徽派以及北京地区为代表的北方版画，都有鲜明的地域特征和大量典型的版画作品。

周芜先生论建安派版画说："以古朴稚拙为特征，人物造型简略，线条粗实圆满，丰姿肥硕，不减古人。"

金陵版画的主要特色是构图简约明了，线刻粗豪劲健，大片使用阴刻墨底，强化黑白对应关系。

徽州的版画崛起比较晚，在万历十五年（1587）之后。但是徽州版画的出现对中国的版画史来说是一件革命性的大事。专业画家开始大量参与版画创作，画家和版画艺术家完美结合，出现了一个很庞大的木刻艺术家的群体，如歙县虬村黄氏刻工一族。

万历之后的泰昌、天启、崇祯版画，建安、金陵、徽州等诸派版画日益衰落，而武林、吴兴、苏州版画兴起。苏杭地区人文荟萃，经济发达，版画呈现出文人画的风韵，尤其是画谱、戏曲、小说等方面的版画十分突出，大批文人画家如丁云鹏、吴左迁、钱毂、赵璧、顾正谊、陈洪绶等参与到版画创作中来，是那个时代当之无愧的插图艺术大师。

明万历以后出现的彩色套印版画是版画门类中最为突出的成就。如明万历二十八年（1600）刊《花史》、万历三十三年（1609）刊《程氏墨苑》，是较早的明刊彩色版画，但还处于彩印版画的初级阶段，都是单板涂色，还不是套印版画；万历中叶刊行的《湖山胜概》（藏法国国家图书馆），墨、蓝、红、黄、褐五色套印，对色准确自然、清丽典雅；诗皆由作者手书上版，行、楷、草体皆备，镌刻上乘，是一部绘、镌、印俱至化境，诗中有画，画中有诗的山水画彩色套印杰作。天启、崇祯年间吴发祥刊《萝轩变古笺谱》，第一次运用了饾版和拱花技术。天启七年（1627）胡正言刊《十竹斋书画谱》；南明弘光元年刊成《十竹斋笺谱》，是中国古代彩色套印版画成就最高的作品之一。明崇祯十三年（1640）吴兴闵齐伋刻《西厢记》彩色套印版画，图21幅，是《西厢记》这部旷世奇文的唯一一套彩印插图版画，也是中国古代戏曲版画中独一无二的彩印版画。

清代，版画逐渐式微的最后时代

　　清代的版画，前期承明余绪，取得了一些突出成就。尤其清前期的版画，仍受明代的影响，产生了一些优秀的版画作品。题材上比明代还丰富，宗教版画、小说、戏曲版画、画谱、山水人物版画都具备，内府殿版版画、铜版画都应时而生，并且有相当高的艺术造诣。自金代平水刻《隋朝窈窕四美人图》等年画性质版画之后，清代桃花坞、杨柳青等木版年画、戏曲小说版画也大放异彩，清代外销姑苏版彩色套印年画和丁亮先兄弟的彩色套印木版花卉都达到了版画的最高境界。到了清代中晚期，受战乱影响书业受损，一些著名的刻书地遭到破坏，优秀的刻工难以为继，晚明至清前期精丽的版画作品逐渐衰落。现在留存下来的大量中后期版画刻画粗简，全无精致构图与流畅的刀法。但是清代的彩色套印版画成就辉煌，先后镌印了《芥子园画传》（初、二、三集），《湖山胜概》《李笠翁评本三国志演义》《西湖佳话》，清末还有《金鱼图谱》《盼云轩画传》《百花诗笺谱》等，在套印技法上也有所发明。

二、中国古代版画的艺术和文物价值

中国古代版画的艺术和文物价值是毋庸置疑的，如上所述，明代大批文人画家参与画稿、著名刻工镌刻的版画作品有着极高的艺术价值，是中国线描线刻艺术中的璀璨艺术精品。自唐五代以来至清代的版画风格流派多样、题材广泛，木刻、铜版不同材质的使用和彩色套印、拱花技术的实践都是对版画的重大贡献。

版画为后代保存了大量当时社会的直观图像资料，对于人物服饰、工艺器具、家居饰品、园林建筑等都是珍贵的图像资料，对于研究社会、民俗、文学艺术等都大有裨益。

版画的文物价值也是显而易见的，留存后世稀少的版画精品早已经是收藏家的追求，如明末刘玉明刊刻的《古本三国演义图》，图月光式，刘玉明是著名刻工刘素明的弟弟，以前只见过署名刻有《三国水浒英雄谱》的插图，此本为新发现的另一创作，虽然残存图二册，仍然在拍卖市场拍出高价。一些留存稀少的彩色套印版画、铜版战图、姑苏版年画，都是可遇而不可求的文物精品。一些小说、戏曲的版画由于不同坊肆不同流派的翻刻，也为鉴定小说戏曲的版本源流起到了重要的判断依据，尤其对一些名著如《三国》《水浒》不同版本的流传与演变有着重要的揭示作用。

三、中国古代版画的研究与版画资料的整理

在古代，版画史登不上大雅之堂，古代的画论、画史、画录一类著作不少，绝无片纸只字提及版画，在笔记、札记中有些零散语言谈到版画，也很不成系统。直到20世纪40年代，郑振铎先生编辑《中国版画史图录》，并撰写了《中国版画史·序》，揭开了古代版画研究的序幕。此后，郭味蕖先生、王伯敏先生、李桦先生、周芜先生等皆有版画通史或史纲类的著作，系统论述了中国古代版画的源流嬗变。

改革开放之后，随着民间收藏热的升温，人们对古代版画巨大的文物价值、艺术价值的认识更加明确，对古代版画的搜集整理、研究进入了一个新阶段，关于中国古版画研究的著作也颇为丰富：1984年，安徽人民出版社出版了周芜先生撰写的《徽派版画史论集》；1985年，人民美术出版社出版了郑振铎先生编辑的《中国古代木刻画选集》，附长文《中国古代木刻画史略》；2000年，学苑出版社出版了周心慧先生撰写的《中国古版画通史》；2006年，福建美术出版社出版了陈铎先生撰写的《建本与建安版画》；2007年，上海古籍出版社出版徐小蛮、王福康先生撰著的《中国古代插图史》。出版的古代版画结集亦不在少数，周芜先生先后编辑了《中国版画史图录》《日本藏中国古代版画珍本》等；周亮先生先后编辑出版了《古代戏曲版画》《苏州古版画》；周心慧先生主编了《古本小说版画》《古本戏曲版画》等；翁连溪、李洪波先生编辑了《中国佛教版画全集》。20世纪中叶陆续出版的《英藏敦煌文献》《法藏敦煌文献》《中国藏敦煌文献》，《俄藏黑水城文献》等，包含有大量收藏在海外的早期版画。

泮水文化服务中心20年来，致力于古版画资料的搜集和整理，整理编辑出十余种版画方面的资料结集和精品版画作品。对版刻史、版画史的研究和利用，对美术、服饰、装饰、园林、建筑等各个学科都有重要参考价值。

版画结集类作品有：

《吴晓铃先生珍藏古版画全编》（2003年学苑出版社）、《明清珍本版画资料丛刊》（2003年学苑出版社）、《清任渭长木刻画四种》（2000年学苑出版社）、《新编中国版画史图录》（2000年学苑出版社）、《古本戏曲版画图录（修订增补本）》（2003年学苑出版社）、《古本小说版画图录（修订增补本）》（2000年学苑出版社）、《中国古代戏曲版画集》（2000年学苑出版社）、《徽派、武林、苏州版画集》（2000年学苑出版社）、《古本小说四大名著版画全编》（1996年线装书局）、《古本戏曲十大名著版画全编》（1996年线装书局）、《中国古代佛教版画集》（1998年学苑出

版社)、《宋元版刻图释》(2000年学苑出版社)、《清殿版画汇刊》(1998年学苑出版社)等。

精品古版画影印出版有：

《丁观鹏罗汉图》(2010年学苑出版社)、《十八罗汉图》(2010年学苑出版社)、《晚笑堂画传》(2011年学苑出版社)、《秦淮八艳图咏》(2017年学苑出版社)、《铜版御制避暑山庄三十六景诗图》(2013年学苑出版社)、《万寿盛典图》(2001年学苑出版社)、《尔雅音图》(2000年学苑出版社)、《圣贤像赞》(2000年学苑出版社)、《钦定元王恽承华事略补图》(2000年学苑出版社)、《清高宗南巡名胜图(附江南名胜图说)》(2001年学苑出版社)、《费小楼百画谱》(2000年学苑出版社)、《水浒全图》(2000年学苑出版社)等。

清武英殿本《养正图解》略说

杨　洲　罗云鹏　马维佳

《养正图解》，明万历间焦　撰、丁云鹏绘。清光绪二十一年（1895）武英殿刻本。不分卷。四周单边，白口，无鱼尾。版框高 23.8 厘米，宽 16.5 厘米。半页十行，行二十一字。卷首刊"光绪岁在旃蒙协洽武英殿刊"牌记。前有明南京吏科给事中祝世禄、撰修儒林郎焦　序并题奏。

本书有万历二十一年（1593）安徽新安玩虎轩刻本（刻工为黄鏻）；万历二十二年（1594）新安吴怀让刊本以及万历年间祝世禄刊本。查继佐《罪惟录·艺文志》云："（万历）十七年，修撰焦竑辑《养正图说》，备元子讲习，为内官所指，乃已……至二十二年，皇太子出阁，焦竑为讲官，特'取故事可为劝诫者'……图文并茂，撰成此书。"焦竑出任皇长子讲官，他认为经筵讲官的责任不只限于讲解书本词句，还应对时政有所匡正。因此，他曾明确地指出："我朝经筵日讲，非徒辩析经史为观美也，谓当旁及时务，以匡不逮。"（《焦氏笔乘》卷三《经筵面奏》）。为此，专门编撰了《养正图解》一书，作为皇长子的教科书。

焦竑，字弱侯，又字从吾、叔度，号澹园，又号漪园，生于明世宗嘉靖十九年（1540），卒于明神宗万历四十七年（1619），原籍山东日照，居于江宁（今江苏南京）。万历十七年（1597）中进士一甲一名，授官翰林院修撰。所撰诸书遍及经、史、子、集，又兼涉金石、文字、音韵等诸多领域。撰有《澹园集》《易筌》《焦氏笔乘》《焦氏类林》《玉堂丛语》《国史经籍志》《国朝献征录》《皇明人物考》等近20种著作。

　　焦竑虽曾入朝为官，但仕途并不得志。他主要的活动及成就是设教讲学，著书立说。他在明代以博学见称，其著作深为当时士人所推崇。他的学生，明代学者、科学家徐光启，将文章分为三大类，即朝家之文、大儒之文、大臣之文，认为对此三者"能兼长而备美者"，唯王守仁与焦竑二人（徐光启《澹园续集序》）。以至于焦　的文章"行于世者，人皆诵习而宗之"（吴梦旸《澹园集序》）。从其著述中可以看出，焦竑对诸家经典均有深入研究，对史学的兴趣十分浓厚，对历史文献学的贡献又颇为突出，而文学方面也在明代文坛占有一席之地。

　　此书成书后，是否"进览"，说法不一。《明史·焦　传》云："拟进之，同官郭正域辈恶其不相闻，目为贾誉，竑遂至。"认为《养正图说》因为郭正域等人的阻挠未能呈神宗御览，此应为误。理由是：据焦竑同年朱国桢所言：此书出后，郭正域"闻之不平"，但焦竑对此"寝不复理"。后来，其子"刻于南中，送之寓所，而珰陈矩适至，取数部，达御览，诸老大患。"（朱国桢《涌幢小品》卷十六）沈德符在《万历野获编》卷二十五亦云："大　陈矩购得数部以呈上览，于是物议哄然。"《罪惟录·艺文志》则称："（竑）作《养正图说》，劝诫元子。上取览，褒答之。"可见《养正图说》得到神宗御览应为事实。

　　《养正图解》万历刊本不分卷，《千顷堂书目》《明史·艺文志》著录为二卷。《易经》有"蒙以养正"之句，疏曰：能以蒙昧隐取，自养正造，是为"养正"之出处。是书辑录周文王至宋代的60个明君贤相等有关忠君、孝悌、诚信的传说典故，主要人物为圣明君主如周文王、周武王、齐桓公、晋文公、汉高祖、唐太宗、宋太祖等与圣人如孔子、贤相如汉代魏相、唐代韩林、宋代赵普等。绘图60幅，每图后附解说，故名《养正图解》。书中宣讲忠君、孝悌、诚信等封建王朝治国理政的伦理道德及言论行为规范，明理析义，借古喻今，对儒家纲常观念及"仁、义、礼、智、信"五德阐释以通俗易懂的故事，劝勉皇子从细微琐事入手修身养性，以达到治国平天下的目的。全书从不同角度展示了中国古代的价值观、道德观，如何做人，如何从政处世，如何培养道德情操，如何树立君子的人格等等，它所表达的理想人格仍是修身、齐家、治国、平天下。也就是说，书的主旨是为人要正，正大光明，正直清廉，正己然后正人。这些对于今天仍有一定的积极意义。

《养正图解》不仅是一部教导封建帝王如何平治天下的教科书，书中绘刻的大量版画插图，也使其成为中国古代版画艺术史上的一部名著。此书由内廷画家丁云鹏为之配图。丁云鹏（1547—1628）明代画家。字南羽，号圣华居士，安徽休宁人。天启五年（1625）尚在，作《白马驮经图》，瓒子，詹景凤门人。书法学钟、王。画善白描人物、山水、佛像，无不精妙。白描酷似李公麟，丝发之间而眉睫意态毕具，非笔端有神通者不能也。供奉内廷十余年，其画以人物、佛道最负盛名，论者谓在明末人物画家中，丁云鹏与陈洪绶、崔子忠成鼎足之势。此本配图线条流畅、画风拙朴、古意盎然。人物关系与景致浑然一体，较好地展现了叙事故事内容。

此书入清之后备受清代统治者的赏识和推崇，清康熙八年（1669）盖公堂重刊的本子图式、字型与明本同出一版，将书分为上下两卷。清廷历朝都极为重视此书，不断翻刻，乾隆帝为其作诗，嘉庆帝为其作赞，光绪帝命将书与御制诗赞一并刊刻颁行，卷首有清光绪二十一年"特将内府旧存写本发出勅武英殿刊"牌记，此本由武英殿刊刻颁行，所刻精工隽雅、线条运用如行云流水，直如铁线银钩，丝丝入扣，实为殿本精品，细审之下，仍可看出明代刊本的遗韵，又不失殿本的端庄典雅，对考察中国古版画史、研究殿本刊刻，有着重要的历史文献价值。

此次据清武英殿本影印出版，依据首都图书馆藏本，以供读者研究、鉴赏。

民国文献与报刊

从"左图右史"到近代画报
——《中国经典画报丛刊》前言

黄显功

图像是人们认识外部世界，展现内心情感的视觉形态，从远古的岩画到当今的数码图像，它始终以特有的表意功能，记录和传播信息与知识，传递着人类的思想，它与文字相伴，是人们日常生活中不可缺少的阅读对象。

中国自古就将"图书"并称，有图文并重的传统。长期以来，文字和图像是中国古代文献媒介上的主要视觉对象。宋人郑樵在《通志略》中曾说："见书不见图，闻其声不见其形；见图不见书，见其人不闻其语。图，至约也；书，至博也，即图而求易，即书而求难。古之学者为学有要，置图于左，置书于右；索象于图，索理于书。故人亦易为学，学亦易为功，举而措之，如执左契。"（郑樵《通志略·图谱略·索象》）表达了古人将图文并举作为阅读之本，求学之道。当纸质书成为人们的阅读对象后，图像在印本中的叙事功能日益彰显，或独立为图谱，或附庸于文字，其主次地位虽有起落，但作为一种视觉存在，一直在图书史上发挥着作用，不仅吸引着读者的阅读兴趣，而且众多艺术家为之绘画插图。如明清小说，戏曲作品的"出相""绣像""全图"之谓，不仅是图书版本的标志和装帧类型，还是中国古代版画创作的载体，其中不乏精美的图与文字相得益彰的图书。"左图右史"作为我国先人对图文并重的概括，既体现了一种"图书观"，也反映了一种"阅读观"。遗憾的是，这种"镂像于木，印之素纸，以行远而及众，盖实始于中国"（鲁迅《北平笺谱》序，《鲁迅全集》第 7 卷，人民文学出版社，第 405 页）的传统并没有被发扬光大，一没有发展成为独立的绘画艺术类型，二没有演变为独立的以图像为主的阅读载体形式。所以，当中国的图书文献未完成内在的自身蜕变时，只能被动地接受外来文化的输入，以西方的出版模式再造自己的文献生产过程与表现类型。因此，对于深受大众喜闻乐见的"画报"，我们从晚清至民国时期的演变中可以看到如下一些特征。

一、画报是舶来品

自 19 世纪中期，我国文献出版出现了从单品种图书向连续出版物变革的景象。西方来华传教士在沿海城市和通商口岸开创了中国近代报刊事业，在香港、澳门、广州、上海诞生了我国最早的报刊。除了教会之外，外商在鸦片战争之后也创办了一系列中文报刊。

随着报刊的出现，图像也逐渐以广告、新闻的形式展现在人们的眼前，图像新闻的价值日益呈现。在 1872 年出版的《中西见闻录》和 1876 年出版的《格致汇编》上陆续刊出了图画和照片。《申报》在 1875 年 5 月 17 日报道美国前总统格兰特访华新闻时，还刊登了格兰特的半身像。以上报刊均是教会和外商主办。报刊作为当时的"新媒体"，延续了西方的传统，创造了一种全新的文本形式，画报正是在文化输入的过程中，从萌芽而演变为专门的画刊。

1874 年 2 月在福州创刊的《小孩月报》被认为是中国近代画报的萌芽，由传教士家属普洛姆夫人和胡巴尔夫人主编，图像采用铜雕版印刷。1875 年 5 月在上海创刊的另一种《小孩月报》由美国长老会传教士范约翰主编，一般被研究者认为是中国近代最早的画报，刊行时间达 40 多年，曾多次改名。之后，有 1877 年 6 月在英国编译的《寰瀛画报》，1880 年由《小孩月报》改名的《画图新报》，以及《申报》

出版的多种画报。总之，中国近代画报的早期创办者均有教会和外商的背景。他们作为文化的摆渡者，将西方诞生不久的画报引入了中国，使中国的画报出版与法国1829年创刊的《剪影》，1832年创刊的《喧噪》，英国1842年创刊的《伦敦新闻画报》相距并不遥远。此举不仅在中国出版史上具有开创意义，而且在形塑中国民众的阅读方式与趣味上影响深远。

二、画报是新闻创新发展的成果

英国商人美查在1872年创办的《申报》有近代中文第一报之称，其附属出版物创刊于1884年5月8日的《点石斋画报》开启了中国图像新闻的新时代。它是晚清中国画报的引领者和新闻创新的示范者，影响深远。《申报》在民国时期还办了《申报图画增刊》《申报图画周刊》《申报图画特刊》。

1920年的《图画时报》是由戈公振主编的著名画报，由上海时报馆出版。1930年的《新闻报图画附刊》由《新闻报》负责副刊的严独鹤主持。以上两份由报纸附设的画报均为独领一时风骚的摄影画报。

在新闻史上，《申报》《新闻报》《时报》是著名的三大报，它们均先后创办了附设于主报的画报。《图画时报》和《新闻报图画附刊》都曾采取过随报附赠的方式，有力地促进了主报的发展，这一成功的新闻创新发展模式被其他报纸纷纷效法，推动了画报在我国的发行，扩大了报纸和画报的受众群体。

三、画报是印刷技术发展的产物

中国近代画报的发展与印刷技术的不断进步密切相关。虽然中国传统的雕版印刷曾生产了大量图文相映的图书，但无法承担起出版画报的角色，木刻雕版的耗时费力难以参与到时效要求高的新闻报刊的出版过程中。晚清画报的流行得益于平板印刷石印技术的引进。

但石印技术作为一种图文复制手段，它仍依赖于人工的绘图制版。只有当摄影技术应用于印刷之中后，画报的印刷效率和版面的展现方式与质量才发生根本性的变化。1907年，《世界》画报首次采用照相铜锌版技术印刷，成为中国第一份摄影画报，在法国巴黎印刷，运回上海发行。1912年6月，在上海创刊了在国内实现照相铜锌版印刷的《真相画报》。这两份短暂出版的画报开创了中国近代摄影画报的先河，推动了中国近代画报从石印向照相铜锌版印刷的转变。

当摄影作品成为画报的主体后，中国近代画报进入了繁荣的发展期，新兴画报因此而琳琅满目。戈公振主编的《图画时报》完全采用了铜版印刷，成为第一份报纸摄影附刊，是画报史和摄影史上具有重要标志性的出版物。

可见，新技术促进了画报内容、观念、人才的一系列新变化。不仅是《申报图画周刊》《新闻报图画附刊》凭借优良的印刷设备保持了较好的出版品质，其他一批画报也是争先运用先进的设备，出版了影响广泛的画报，如《良友》《时代》《中华》等名刊。《良友》在创刊后不久，采用了影写版技术印制，图文质量明显提高。

四、画报是城市文化的缩影

中国近代报刊是从城市中成长起来的文化传播媒介，其中的画报正是在城市的特定场域里，孕育成为大众文化的载体之一，它既是城市文化的记录者，也是消费文化的传播者。门类不同的画报犹如社会万花筒，集中展现了城市生活的五彩缤纷。

近代开埠以来，沿海城市与通商口岸成为中国经济与文化发展的引领者，中外文化的交融使城市生活日益丰富多彩，文化消费日趋多元，人们希望借助不同的媒介和渠道认识社会，掌握新知，了解他人的交流欲促进了画报的再生产，此消彼长的画报虽然已令人无法统计确切的数量，但一些经典老画报至今仍被人津津乐道，如综合性画报的"四大名旦"：《良友》《时代》《中华》《大众》，它们以精美的印刷质量，丰富的图像资料，生动的文字述评，以名人、美文、新知、艺术、时尚、娱乐、靓女为招牌，以通俗易懂的图像语言为主体，将那个时代的市民阅读趣味集中地展现于画报中。如果离开城市的场域，不可能产生如此丰富的画报。

民国时期画报在迎合市民趣味上较强调娱乐性、审美性和功利性。编者以各种形式和内容努力构建城市的文化生活图像，如新女性形象、城市的公共空间景象、成功人士的状况等。女性形象是画报上最常见的图像，从封面照到内页，女性以外在美呈现于世人面前，虽然部分具有迎合男性的审美想象，但其公开的社会形象反映了时代的进步。如《今代妇女》既展现了女性美，也倡导了女性独立的思想，体现了女性对自身的理想期待。

城市生活光怪陆离，也必然使有些画报呈现出庸俗和低级趣味的内容。我们通过画报这面生动鲜活的镜子，可以观察到复杂的社会变迁。

如今我们将晚清民国时期出版的画报习称为老画报。这些老画报是中国近代报刊中的奇葩，其绚丽多姿的形态、丰富写实的图像已成为我们回望旧日都市的珍贵史料，是研究中国新闻出版史、文化史、社会史、视觉艺术史的资料宝库。

《民国学术丛刊》：
汇集民国稀见学术文献

林登昱

  民国时期是指民国元年（1912）至民国 38 年（1949）中华人民共和国成立前这一时期。这部《民国学术丛刊》所收之书即为成书于 1912 年至 1949 年之间者。

  《民国学术丛刊》收录之书，大抵为市面上罕见者，即大部分未再出版过的新洋装书（亦即大部分皆为民国原书），价值甚大。尤其在馆藏方面，绝大部分大学图书馆都未超过 30% 的复本，其中如小说、文集、诗集、经学等更是少之又少。

  《民国学术丛刊》共 8 种书，皆为 16 开精装本，分别为《民国时期经学丛书》《民国时期哲学思想丛书》《民国时期语言文字学丛书》《民国时期文学研究丛书》《民国文集丛刊》《民国诗集丛刊》《民国小说丛刊》《民国史学丛刊》。

  各书的主编、册数及内容略述如下（各书皆简称本丛书或本丛刊）：

  《民国时期经学丛书》已出版 6 辑，每辑 60 册，共 360 册，收书近 700 种。本丛书所谓"经学"，是指研究儒家十三种经书，包括《周易》《尚书》《诗经》《三礼》《春秋三传》《四书》《孝经》《尔雅》和石经、谶纬，及其在中国历代之发展的学问。本丛书仅收民国时期学者研究经学之专著，不收单篇论文。所收专著仅限下列范围：一、民国时期学者论述经学之专著；二、民国时期各经标点、注释及语译之书；三、历代经学家之专著，经民国时期学者整理出版者；四、非论述专著（如索引、目录）不在收录之列。一些人认为，民国时期为经学没落或边缘化之时代，此为错误观念。其一，本丛书已收之书达700种，预估本丛书可编至10辑，收书数量实可突破1000种；其二，以东北三省联合书目为例，民国时期经学总目仅600多种，但《民国时期经学总目》已达1600多种之多，这足以说明，民国时期经学并未衰落，此透过本丛书之出版，正足发人省思。本丛书主编为林庆彰教授（"中央研究院"文哲所研究员），2008年出版。

《民国时期哲学思想丛书》共1编，全120册，收书近170种，主要内容为诸子通释、先秦诸子各家、汉魏诸子、唐宋及明代哲学、清代及当代哲学等著述。本书所收儒学方面著作，内容涉及十三经经文之注疏或论说者，编入《民国时期经学丛书》，其余以孔子、孟子及儒学为论述主题者，皆编入本丛书。依据《诸子集成》（上海书店1991年版）一书，所谓"诸子"，包括儒家、道家、墨家、名家、法家、兵家及杂家，但核心者不外儒、道、墨、名、法五家，基本上本丛书所收确以此五家为夥，而其中，除了通论外，以讨论儒家者为多，而讨论道家及墨家者为次。本丛书主编亦为林庆彰教授，2010年出版。

《民国时期语言文字学丛书》共1编，全120册，收书约260种，除了对甲骨文、金文、石鼓等古文字学的研究，还有对文字学、声韵学及训诂学的钻研。在整体学风上，将重点放在考释、演绎及研究，包括探讨字源、追究语根、明辨字体及解释六书，所收各书均体现了时代特点。本丛书之分册，甲骨、金文为先，《说文》其后，中参金石、石鼓之类。另外，六书、文字及声韵、训诂专著，依序排列。本丛书主要内容有考释、批注、综述、概要、通论、讲义及研究等。民国时期的语言文字学者，名家如流。举其大要者，甲骨文方面，如罗振玉、叶玉森、郭沫若、容庚、朱芳圃、于省吾、商承祚、陈梦家等人名声响亮；金文方面，如郭沫若者成绩显著；《说文解字》方面，如叶德辉、吕思勉、马叙伦、马宗霍及黄侃等人著作甚多。而专研六书者，如史蛰夫、姜忠奎、刘彤云等人都有成果；专注于文字学者，如唐兰是古文字学名家，如胡朴安、杨树达均有大量文字学著作；此外，如李天根、顾实、吴契宁、陈训丹、华学涑等都有名作传世。至于声韵方面，徐昂、马宗霍、王力、张世禄、孙海波知名一时；《尔雅》及训诂方面，如尹桐阳、胡朴安都不应被忽视。基本上，从考释到理论，很多学者都是多方面参与。本丛书主编为许锬辉教授（东吴大学中文系教授），2011年出版。

《民国时期文学研究丛书》共1编，全120册，所选收之书全为研究类著作，含集释、注释、概论、评注、通论、论集、研究、读本及提要等。在分类上，大致依文学作品年代排列。1至10册为先秦汉魏晋南北朝，11至39册为唐宋元明清，40至43册为文学方法论，44至63册为中国文学讨论，64至66册为散文方法，67至77册为诗词讨论，78至82册为俗文学或民间文学，83至88册为小说研究，89至103册为中国文学史之撰述，112至120册为年鉴、书目。本丛书《编者序》云："从历史角度看，对于中国文学发展的结果，民国时期有它必然的阶段性，这部分吾人不必悲观。试看蒋伯潜、钱基博、支伟成、胡云翼、胡怀琛、郁达夫、郑振铎等人，他们有的偏向守旧，有的走向新潮，却不都为传统文学立下更革前进的典范！虽然，民国时期那一段新潮文艺的激情、文学革命的狂热，及其一波接一波的社会激烈演进，亦令人难掩心中对于'民国'另一种苍茫之感。"这段话颇值得吾人参考。本丛书主编为张高评教授（成功大学中文系特聘教授），2012年出版。

《民国文集丛刊》共1编，全150册，内容皆为古典文言文，收书近200种。《民国文集丛刊》所收作品的作者往往在文集前冠以书斋名，如轩、斋、簃、屋、庵、盦、庐、堂、楼、房、馆、园等；至于文集名，则有文集、文钞、文录、文稿、文存、文编、文荟、文窭、文类、文牍、文谭等名称。此外，有以遗稿、遗集、遗著为名的，如《鹤寮遗稿》《复庵遗集》《肃庵遗著》《松都遗集》《海绮楼遗稿》《汤先生遗文》《爱馀室遗集》《流霞书屋遗集》《远生遗著》《燕雪楼遗集》《惜分阴斋遗稿》

《审安斋遗稿》等,这些遗著往往经后人编辑而成,数量相当多,这些编辑者使前辈之著作得以保存,不至湮没无闻,可谓功德无量。本丛刊主编亦为林庆彰教授,2009年出版。

《民国诗集丛刊》共1编,全120册,内容皆为古典诗,收书近130种,凡著作完成于民国年间者,一概收入。其书斋名一如文集,诗集名称则包含诗集、诗钞、诗稿、诗剩、诗草、诗录等数种。其中叶昌炽、金泽荣、林纾、王树枏、张謇、陈伯陶、陈衍、陈荣昌、王德森、夏孙桐、魏元旷、江五民、康有为、潘宗鼎、盛世英、赵增瑀、李宝泩、程颂万、吴士鉴、庞友兰、夏仁虎、夏敬观、钱振锽、吴闿生、高燮、陈含光、郭则沄、陈柱、吴芳吉、缪德葇、邹永脩及南社诸君等,同时都是有诗也有文,可谓盛极一时。本丛刊主编为王伟勇教授(成功大学中文系教授),2011年出版。

《民国小说丛刊》共1编,收书近180种,全120册。1至60册为章回小说,61至120册为非章回小说。在内容上,有通俗小说、现代创作小说;在语体上,有文言小说、半文言小说、白话小说;在类别上,有历史演义、公案小说、传记小说、社会写实小说、侠义小说及言情小说。民国知名小说刊物《小说月报》自1910年7月至1931年12月出版,共出刊258期。其中1920年以前之主旨为"广说部之范围,助报余之采撷",仍蹈袭清代《月月小说》的风格,以满足读者的休闲阅读需求;至1920年文学革命以后,《小说月报》才成为由中国新文学运动到小说革新的中坚刊物,风潮所趋,遂有很多新小说产生。这是由文学运动到小说革新的一个过程。《小说月报》所刊内容除了小说之外,还包括轶闻、随笔、杂俎、文苑、琐言、撮录、说觚、笔记、杂纂等,虽以"小说"名之,其实内容五花八门;又以民国小说的总量衡之,《小说月报》仅出至1931年,遗漏了不少好作品。本丛刊收录近180种作品,恰恰避开《小说月报》期刊形态的小说复本,既是"单行本小说"的丛刊,又较完整地呈现了民国小说的罕见珍本。本丛刊主编为吴福助教授(东海大学中文系教授),2011年出版。

《民国史学丛刊》共1编，全120册，收书近140种。在选材上，本丛刊所选皆为研究、传记与通论类著作，含注释、概论、评注、通论、论集、读本、传记及通史等。要特别说明者有二：其一，本丛刊所选编者以馆藏少见的书籍为主，即入选的大部分书目皆为各大图书馆所罕见者。至于置入少数普遍馆藏者（如梁启超《中国历史研究法》、吕思勉《先秦史》、卫聚贤《古史研究》、陈恭禄《中国近代史》等），因属代表性著作，有极高学术价值，必须编入，以为重镇。其二，凡文学创作或学术研究，皆容易为适应时代而起，此于小说创作及文学研究方面尤其明显。民国的史学研究亦是如此，如提倡方法论（历史研究法），编写讲义，专注于革命史、抗日史事等，无一不与民国时代有所关联，研究民国史学者，应注意这个层次。本丛刊各分册分类情况如下：1至28册为第一类，包含研究、评注、注释、讲义、读本、教科书；29至46册为第二类，包含通论、概论、大纲、评论、论集；47至82册为第三类，包含传记、评传、日记、年谱、年表；83至120册为第四类，包含断代史、专史、通史。

民国时期的"大数据"

毛 毅

"大数据",自然离不开统计,而中国的传统史学,因缺乏统计数据,缺少"实证",历来为西方史学界所诟病。中国的传统史学,为叙述史学,古籍文献中虽不乏统计的"数字",然皆为社会统计性质,为政府纳税赋、征兵役所用,是广义上的"统计",而不是西方近代史学界所言的"数理统计"意义上的"统计",只为"数字",而非"数据"。广义上的"统计",是随着人类计数活动的实践发展而来,其缘起可追溯至久远的上古时代,此不赘述。"数理统计",是随着清末民初的"西学东渐"而传入中国。中国传统上,本没有近代意义上的"统计"可言。1913年,数学家顾澄教授翻译英国统计学家尤尔的统计学名著《统计学之理论》,可视为英美数理统计学传入中国之始。

进入中华民国时代,西方的近代科学已普及世人,不再被视为"洪水猛兽",随着大批欧美、日本留学生归国,作为应用数学分支的统计学,由于具有"验国情盈强,国势强弱,参互比较,以实施政之方",被当时社会所认识,得到了从政府到学术机构、民间研究团体的重视,各类统计,大行其道,内容涉及政治、社会、经济、交通、文化等各个方面。北京政府于1916年5月4日设立专属机构——统计局,直属国务院,规定其主要职掌为:各部院统计统一;不属于各部院的统计;刊行统计报告及交换各国统计表及各官署统计会议事项等。南京国民政

府于 1930 年 12 月筹备，翌年 4 月 1 日正式成立主计处，直隶于国民政府，掌管全国岁计、会计、统计事务。于政府机构的设置可见，民国时期，统计事务已提升至国家层面，统计事项，在此历史时期得到了蓬勃发展。一时之下，林林总总之各类统计，如喷薄旭日，遍地霞光。从地域而言，有全国性的，诸如《中国最近之主要统计》《全国行政区划及土地面积统计》《全国警政统计报告》（民国二十年下半年）、《全国中等教育统计》（民国二十年度）、《中华民国战时财政金融统计》等，有地方性的，诸如：《天津市统计年鉴》（十七年度—二十一年度）、《山西省统计年编》（民国二十九年份）、《直隶教育统计表》（民国十三年份）、《江西福建浙江皖南各县二十九年度岁入岁出统计》《兰溪实验县户口统计及分析》《台湾省主要经济统计》《彰化市政统计》《澎湖县统计概要》等。从内容而言，有宏观性的，诸如：《中华民国统计提要：廿四年辑》《北平社会概况统计图》（民国二十年）、《北平市政府统计特刊》（民国二十三年）、《河北省省政统计概要：民国十七年度》《上海市统计》（民国二十二年）等，有微观性的，诸如：《河北省通县县势及交易场概况》《济南市饭馆业调查统计报告》《济南市理发业调查统计报告》《福建省之蔗糖业》《二十年来之焦作工学院统计图表》《台湾茶业》等。这些统计资料，从时间跨度上，或数年，或一年，或半年，或数月；从规模上，或数页，或千页；从内容上，统计资料主要集中于专业性与行业性，专业性方面有：物价、人口、气象、教育、司法、农林、土地等，行业性方面几乎全面涵盖，如：建筑、金融、交通、手工业、蔗糖、桐茶油、纸、火柴、人力车夫、牲畜等。

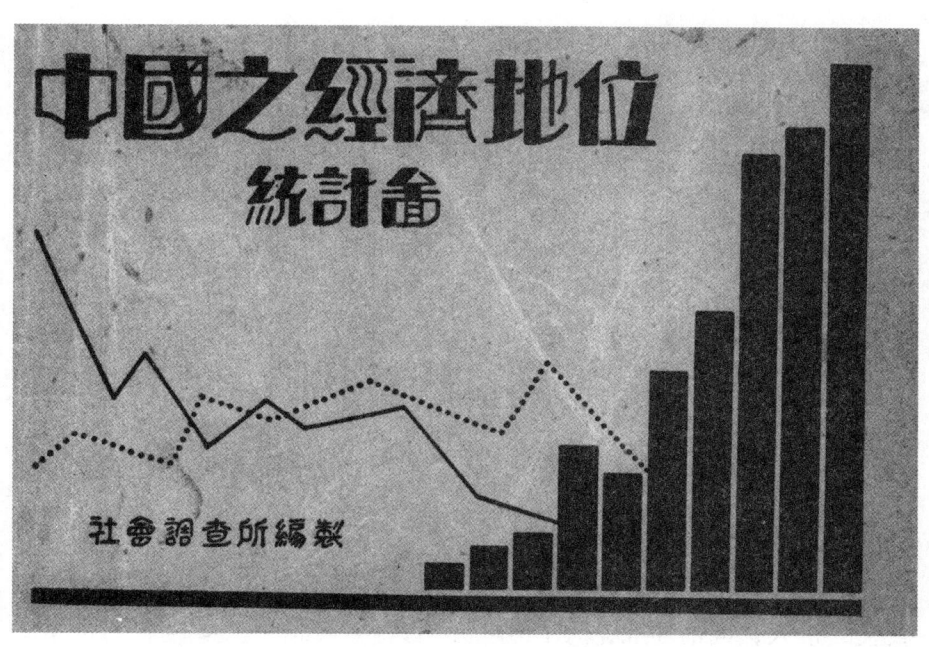

进行此项工作的主要为三类机构：政府各级部院、高等院校及研究机构、民间行业协会。他们所提供的统计数据，皆具有较高的严肃性和权威性。

民国时期的统计资料，为民国时期的各项研究提供了难得的第一手资料，由于其收藏分散，不成体系，坊间虽有部分整理出版，但相对于整个民国时期的统计资料总量，只是管中窥豹，难见全貌，不免流于琐碎。为整理、挖掘这部分珍贵史料，南京大学出版社与南京龙瑞文化公司合作，分步骤，对民国时期统计资料进行系列开发，首先于抗战胜利七十周年之际，将重庆市图书馆所藏209种关于抗战大后方调查统计资料，整理、编辑并汇为75册，出版了《重庆图书馆藏抗战大后方调查统计资料》。这部分资料揭示了在当时环境下，为坚持长期抗战，国民政府各中央机构、各学术团体、大学、大后方各地方政府等，对大后方的政治、社会、经济、文化、物产资源等各方面做了大量的调查统计，所形成的文献供作政府机构决策参考。这部分文献，是在当时极为艰苦的条件下，调查人员深入第一线，用数据精确地记录下战时中国最真实的状况。这部分珍贵的史料，其具体内容涉及社会政治、经济、文化、教育多个类别，如：农林畜牧、地质矿产、人口、土地、工业、妇女儿童、产业工人生活、教育、交通、金融、宗教、风俗娱乐、军事、公产等，包括物价、工资等各种指数。战时大后方各种物资极度匮乏，这部分文献既有铅印，又有油印和手抄本，所用纸张，质量非常低劣，基本为四川土纸。这209种文献，均为首次公开出版，对抗战史的研究具有极高的参考价值。

2017年，南京大学出版社继而与上海图书馆合作，整理、编辑并出版了《上海图书馆藏民国统计资料》，计220册，可谓鸿篇巨帙。

上海，作为中国近代第一批开埠城市之一，从开埠伊始，以其便利的交通、广袤的腹地，成为当时商贸经济的中心。随着西方商人、传教士的进入，同时也带进了西方近代的器物与思想，颠覆着三千年未变之中国，近代文化，在上海落地、发芽、生长、茁壮起来，而新闻与出版这种近代社会思想的传播方式，在这个四方汇集之地，蓬勃发展起来，如商务印书馆、中华书局、开明书店、生活书店、平明出版社、文化生活出版社、广益书局等，创于此、长于此、辉煌于此，成就了上海作为中国近代文化出版的中心。成立于1952年的上海图书馆，得天时与地利，富藏中国近代历史文献，特别是民国时期的出版物。《上海图书馆藏民国统计资料》，共收有上海图书馆藏民国统计资料894种，对于上海图书馆有藏，而坊间已整理出版者，646种，于总目中立"存目"一栏以蓄之。

以上两汇编之册，对所收文献，皆著有提要书目而总其成，以便于读者查阅。

统计资料，作为一种历史文献，其价值在于实证性，它赋予了社会科学诸多自然科学的"硬性"指标，以"数字"来呈现与诠释历史及社会，告诉我们，曾经的"他们"是如何生活、存在的，为"曾经"建立了坐标，如同当下"用数字说话"这般，GDP、人均、费效比等等，一切皆建立在"数据"之上，故而可以说，民国时期统计资料，把"曾经"牵引进了现在的"大数据"时代。

由《公报》窥民国之"治"

毛 毅

1911年，武昌首义，军政府发行《中华民国公报》，以"公报"为名，作为政府机构的出版物，首次进入人民大众视野。然而，"公报"这种体裁的政府出版物，在清末立宪声浪中，于1907年，以《政治官报》之名诞生。

《政治官报章程》载曰："一定名本报专载国家政治文牍，由考察政治馆办理，每月发行，即名曰《政治官报》。二宗旨……使绅民明悉国政预备立宪之意，凡有政治文牍，无不详慎登载。期使通国人民开通政治之意识，发达国家之思想，以成就立宪国民之资格。……四体裁分类如下：谕旨批折宫门抄第一；电报奏咨第二；奏折第三（次录次序约分外务、吏政、民政、典礼、学校、军政、法律、农工、商政、邮电航路政十门……）；咨劄第四；法制章程第五（如改定官制、军制、民法、刑法、商律、矿律及部章、省章一切规条，均归此类）；条约合同第六（如订定颁行条约及聘订东西各国教习、工师、技师等员合同文件，均归此类）；报告示谕第七（如统计报告，及各部示谕、各省督抚衙门紧要告示等件，均归此类）；外事第八（如翻译路透电报、泰晤士报，及东西各国紧要新闻，及在外使臣领事报告等件，均归此类）；广告第九（如官办银行、钱局、工艺陈列所、铁路矿务各公司，及经农工商部注册各实业，均准送报代登广告，酌照东西各国官报办法办理);杂录第十(如各学堂公所训词、演说及已经采录之各条陈,或见于各官报之紧要调查记事民件,均归此类)。以上十类,每日有则登录,不必具备。凡私家论说及风闻不实之事,一概不录。"由《章程》所列各条,可管窥《官报》的基本概况,1911年,新官制内阁成立,改《政治官报》为《内阁官报》。其实,在《政治官报》之前,各地新政刊发《官报》,已风景云从,如天津于光绪二十九年(1903)首办《北洋官报》,后有《南洋官报》《安徽官报》《湖北官报》等,刊期或两日、或五日、或旬刊。一部之有《官报》,自光绪三十二年(1906)的《商务官报》始,《学务官报》次之。至1912年,中华民国南京临时政府成立,遂发行《临时政府公报》。1912年3月10日,袁世凯于北京就任临时大总统,由印铸局仿照《内阁官报》体例,拟订《政府公报》条例,5月,《政府公报》第一期公开发行。

由清末而民国,革帝制而拥共和,改《官报》为《公报》,其体例一以因之。

近代以来,研究"报学",或"报刊学史"者,将《公报》归入"报"的范畴,视《邸报》《塘报》《京报》《邸抄》《宫门抄》为《公报》之滥觞、源流,有此论断者,当首推戈公振公,然则二者之间,实有相当差别,前者为政府与官员,特别是地方官员间的文牍往来,属内部文件;而后者,为公开刊发,目的为使国民大众通晓政府行为,使"上下一体,气脉相通"。自《北洋官报》《政府官报》始,中国的《官报》《公报》在新政、变革的语境中,已欣然走出"与官阅"的定位,以近代西方的"民本"思维来立意,特别是进入中华民国时代,《公报》的刊行机制与编辑体例渐趋成熟、完善,由国务院下辖印铸局专司其职,所载内容大体为:法律法规;政府命令;公牍;专载及相关统计表册等。其内容置于今日看来,所公布、发表者,为"政府文牍",当属"档案"范畴。《公报》,为政府公牍的编辑印刷品,功能为发布而告知民众,反映的皆为政府决策结果,相较于原始的"档案",不能再现政府决策的完整过程,虽为缺憾,但对于流失散佚的原始档案,亦为无奈的补充,

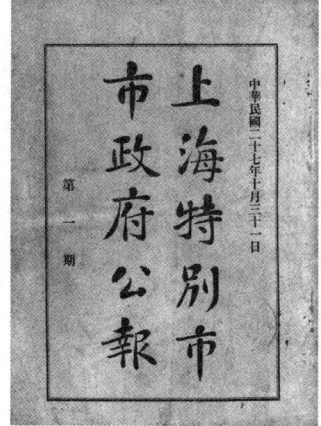

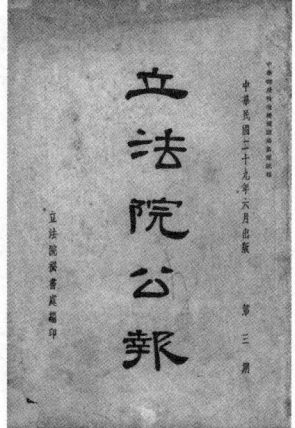
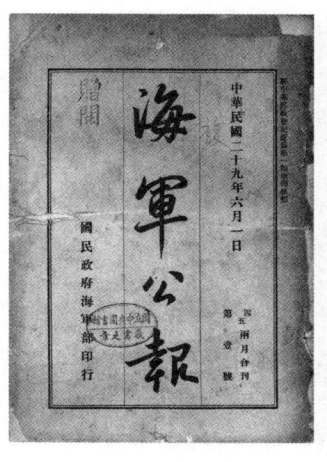

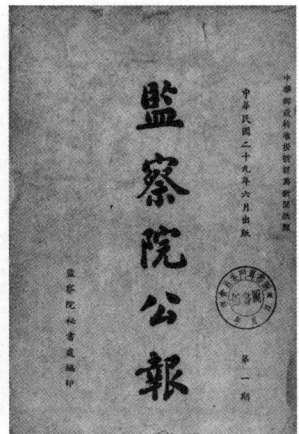

可视为"次档案",其史料价值,自不言而喻。

为补充和丰富民国史的研究,为专家、学人提供原始文献资料,为探究中国百年转型的真实历程,南京大学出版社推出大型影印历史文献——民国公报系列:《国民政府司法公报》(60册,精装16开)、《汪伪政府公报·中央卷》(100册,精装16开)、《汪伪政府公报·地方卷》(100册,精装16开),全面揭示该历史时期的政府执政、社会、经济等各状况。

《国民政府司法公报》 南京国民政府自1927年6月成立司法部,便于同年12月15日,由司法院秘书处编辑,在南京创刊发行《司法公报》,一直至1948年3月止,创刊时为周刊,自1934年11月起改为5日刊,历时近22年,共发行1142期。主要的内容包含以下三类:

一、公文类

(一)命令:指国民政府令、司法部令。"令"包括委任令、训令、指令,为上级机关对下级部门工作的强制性指示。

(二)公牍:指机构间往来的各类文书。文书类型有呈、咨、函、电。

二、法规类

章制:主要是各级政府机构颁布的法律、条例、办法、规则、细则等,还包括了对法律条文的解释,各类公文、表格样式。颁布有《中华民国国民政府组织法》《商标法》《预算法》《国民大会组织法》《农会法》《出版法》《专利法》《律师法》等500余部。

三、案例类

包括最高法院关于刑事、民事案件的判决、裁定;中央公务员惩戒委员会与行政法院关于行政诉讼判决、裁决的案例。

此为南京国民政府时期极其难得的司法文献,至今国内未见有此相关史料文献出版,案例包括各类最高法院刑事、民事判决、裁决和行政判决、裁决3200余例。

《国民政府司法公报》在刊发法律法规、政府部门间往来文牍外,尤可一提的是,其中还登载有数量不菲的各类统计表,诸如:《湖北高等法院筹设湖北各级法院管辖一览表》（1928年6月）、《最高法院民事、刑事各庭案件收结总表》（各年度）等，其大量的数据为民国时期司法制度研究提供了实证性的史料。

综上可见《国民政府司法公报》为该历史时期最为全面、系统、权威的司法文献史料。

《汪伪国民政府公报·中央卷》汪精卫自1940年3月30日于南京成立傀儡政府，为了更好地研究这段历史，揭开汪精卫伪政权虚假的外衣，暴露其汉奸傀儡的真实面目，我们将其中央政府机构所编辑出版的24种政府公报全部搜集齐全，整理编辑出版。对汪伪政权成立伊始，便全盘接受的"中华民国维新政府"，因两者的统治地域基本相同，行政治权上有着诸多的延续，缘于此，我们将"维新政府"所编辑出版的九种中央政府公报搜集齐全，作为"附录"一并结集影印。其子目如下：

一、国民政府公报

二、行政院公报

三、立法院公报

四、司法院公报

五、监察院公报

六、考试院公报

七、财政公报

八、铁道公报

九、工商公报

十、外交公报

十一、内政公报

十二、警政公报

十三、实业公报

十四、铨叙公报

十五、农矿公报

十六、税务公报

十七、教育公报

十八、振务公报

十九、海军公报

二十、军政公报

二十一、社运会公报

二十二、社会部公报

二十三、交通公报

二十四、司法行政公报

附录："维新政府"部分

一、司法公报

二、政府公报

三、教育公报

四、财政公报

五、交通公报

六、实业公报

七、绥靖公报

八、内政公报

九、税务公报

《汪伪政府公报·地方卷》在收集、整理、编辑《汪伪政府公报·中央卷》过程中，有感于历史文献因各种缘由，散失、损毁严重，为还原历史，让现在的我们去感知曾经中华民族的真实经历，我们继续征集汪伪各地方政府公报，对每一地区、每一种公报，做严格的甄别。在我们历时三年，遍访全国各大图书馆后，仍不能齐全，实为极大缺憾。为挖掘、抢救这部分历史文献，将《地方卷》作为《中央卷》的姊妹编结集出版。汪精卫伪政权的直接统治政区主要包括江苏、浙江、安徽、湖北、江西、广东、上海等地。地方卷所收录内容，有：江苏省政府公报、上海市政府公报、安徽省政府公报、浙江省政府公报、杭州市政府公报、湖北省政府公报、汉口市政府公报、江西省政府公报、广东省政府公报、广州市政府公报、厦门市政府公报、浙东行政公报、苏淮特别区行政公署公报，计13个省市和地区的政府公报，717期（含合刊、特刊）。作为抗日战争研究的一部分，日伪占领区的研究显得比较单薄，尤其是对日伪占领时期各地方的研究，少有涉猎，缺乏史料是造成此种局面的一个重要原因。历史研究，追求第一手的资料，档案自不待言，而"公报"这种历史文献类型，属于政府档案编辑后的公开出版物，在历史原文件不完整、不充分的状况下，它的史料价值可视同为原文件，远高于其他类型的历史文献。

以上两书，为目前国内汪伪中央与地方政府机构公报唯一、且收集最齐全并出版的文献资料。

中华民国历时38年，其间，历17年之北京政府，自袁世凯后，军阀纷争割据，兵燹、灾害连连，政权替换如戏台上的龙套；再历21年之南京国民政府，经抗战国难、全民迁移，由中央至地方，原始档案的散佚、损毁，当不计其数，文献的完整，已不可言。中华民国时期，为中国由帝制转而为共和的过渡期，其间的转承起合、为政之道、社会结构、世俗风尚、民众心理，经历着数千年未有之大变化，今日之中国，必由昨日之中国而来；今日中华之奋起，必由昨日百年之求索。

北洋：档案视野下的缝隙

毛 毅

7月2日，于《藏书报》载文，言民国"公报"之价值为"次档案"，今日，则延续前篇，略言"档案"。

"档案"，充满着神秘感，而高高在上，究其缘由，盖其形成于官方或非官方机构、个人的或家族的原始文献。历史的发展，文明的创造，赖以文字的发明，使我们得以依托于巨人的肩膀。于是，结绳、书契形成了最早的文献雏形，虽极为粗糙，那却是文明升起的曙光。中华民族，是一个崇尚史学的民族，上古三代。甲骨卜辞可视为最早的"档案"，《尚书》，则被视作中国最早的公文汇编。时代发展至今日，或实物档案，或文献档案，或影像档案，或数字档案，各种载体纷呈。不过，言历史档案，必先置于历史的语境，厝集民国时期档案，当要知晓民国时期，人们关于"档案"的认知。

民国初年，档案即文书，还需有编录过程，编档即摘录文件，大体相仿如后世的文件汇编。直至30年代，文书改革运动兴起，档案的定义始渐明晰，档案与公文、案牍等的区别，亦被人们认同。湖州吴兴徐望之公，在其所著《公牍通论》（上海商务印书馆1931年出版）中，将当时所制官方文书称为"公文"，而古代官书或言"公牍"或言"文牍"。"公文者，国家或地方机关相互间及与人民或团体相互间，为意思表示于一定程式之文书也。"1937年，何鲁成《档案管理与整理》出版，将档案的概念综述性总结为"档案者，乃已办理完毕归档后汇案编制留待参考之文书"。至此，关于档案的界定，得到了当时业界和学界的普遍认同，而民国时期档案的收存与汇编，因此可以确认为有价值、留待参考的公文文书，亦即"狭义"的档案，那么，我们这里且仅就"档案"中之"公文"一部，简略言之。

自中华纪元进入民国，近代意义上的档案管理体制开始在中国出现，中央各机关及各地方均设置了掌管档案的专门机构，民国北京政府时期，一般置于负责总务、庶务的机构之下。公文程式受政治变迁影响，几经更改，明令常用的程式有，令、布告（或示）、状（任命状）、咨、函、呈、批、详、饬、禀等，各种程式的使用，界定严格、明晰。于《公文程式条例》之外，徐公文曰："实际上已与公文效力，毫无二致者，如各官署之电令、电呈、电函、代电；各级法院之判决书、决定书、宣示、公告等；人民对法院所递各种诉状、申请书等；以及外交上之国书、、信任状、宣言书、议定书、条约书、照会、通牒之类、皆不得不认为公文。又如各种委员会之提案、决议案、报告书；各机关之榜示、牌示；各团体之请愿书、意见书；以及长官之传谕、通告、条示；属吏呈递之签呈、签复、说贴、节略等……自亦得与公文同视。"综上所举，此类各种文书，皆为政府行政机构在施政之时，所留下的文字记录，是还原历史的第一手文献。曾几何时，在一个特定的历史时期，民国档案被冠以"敌伪"二字，神秘之外，更增添了一丝冷峻。20世纪80年代，民国档案渐渐撩开了面纱，历史不再简单，曾经的众生也和我们一样，拥有喜怒哀乐，而非青面獠牙。民国，特别是传统社会向近代化社会转变过渡的北京政府时期，则显现出更大的多样性和活泼，无论从政治体制、思想变化、内政外交，还是法律制度、教育卫生等各方面来考察，都具有其特色，在民国历史上占有极重要地位，这是当时的历史大环境所决定的，值得重视与研究。

中华民国时期的中央政府档案，以历史时期划分，可分为南京临时政府、民国北京政府、南京国民政府及汪伪政府时期档案四个部分。

就现存档案的数量而言，据初步估计，残存于世界各地（中国大陆、台湾地区及海外）的民国北京政府时期档案不足25万卷，南京国民政府时期的档案则超过1000万卷，两相比较，前者不及后者的四十分之一。北京政府时期档案如此之少，除其执政时期较国民政府稍短且距今时间相对较远外，与当时的档案观念淡漠、档案工作不规范亦有极大关系。作为一个过渡性的军阀政府，北京政府执政时期政局极度不稳定。袁世凯死后，各派系、各利益集团互相倾轧、争斗，权力的更替异常频繁，国家政权机构增撤不定，虽订立制度，但各地自成一系，难以执行，造成了这一历史时期的政府档案文件零乱且散失严重，再加上连年不断的战争、兵燹，使得原本已很不完整的档案更加残缺不全。

中国第二历史档案馆是收藏中华民国时期中央政府档案的国家级档案馆，对北洋政府执政17年间所形成的政府档案，收藏较为系统、完整。为全方位重现这段历史的原貌，北京雨之亭书社于2003年与中国第二历史档案馆合作，依照档案按机构、团体建立全宗的原则，将全部64个全宗档案，如下：国务院、内务部、财政部、外交部、交通部、司法部、教育部、农商部、陆军部、军事部、平政院、肃政厅、审计处、审计院、税务处、蒙藏院、总检察厅、大理院、大总统府军事处、临时执政府军务厅、文官高等惩戒委员会、国会、筹备国会事务局、国民代表会议筹备处、办理国民会议暨筹备立法院事务局、国史馆（国史编纂处）、礼制馆、币制局、中央防疫处、全国防灾委员会、全国经界局、护军管理处、统率办事处、参陆办公处、将军府、善后会议、步军统领衙门、禁卫军司令处、督办赈务处、办理附加赈款票处、办理义赈奖券处、督办参战（边防）事务处、督理参战（边防）军训练事宜处、参战（边防）军所属机构、京畿卫戍总司令部、顺天府尹（京兆尹）、京兆财政厅、京师高等审判厅、直隶司法筹备处、京师高等检察厅、京师警察厅、热河都统署、江苏督军公署、直鲁豫巡阅使署、多伦边防镇守使署、热察绥巡阅使署、参战（边防）军第三师、陆军暂编第二十师、晋军李培基部、津浦全路商货统捐局、中华汇业银行、北洋零散军事档案、民国北京政府地方政权，由中国第二历史档案馆长期从事民国档案工作的专家学者通卷浏览、选材，历时8年，于2010年终成196册巨帙之《北洋政府档案》，其中原稿188册，文件级目录8册。

《北洋政府档案》在编辑过程中，参考了学界研究的新动向，于相关档案的选材上，不仅重视选录民国北京政府时期大事要政档案，且更加专注于未公布的档案及反映地方行政、数据统计等方面的档案。诸如"京兆财政厅"全宗下收有：京直火车货捐局的薪津表、公食表、火车价目表等，京直火车货捐局1919年11月下旬征收报告表，京兆尹公署1914年度收入各项细数清册；"平政院"全宗下收有：1914年平政院职员薪俸单；"军事部"全宗下收有：京苑轻便铁路局人员名额薪饷表、京苑轻便铁路局办公费定额表等，这些史料虽较琐碎，但从中可窥当时的社会经济生活状况，为民国经济、社会等实证性的史学研究提供了直接的数据文献资料。

在司法方面，中国历来被西方解读为专治而无法治的国家。在"大理院""总检察厅""京师高等检察厅""京师高等审判厅""直隶司法筹备处""平政院""文官高等惩戒委员会""肃政厅"等全宗中，我们共选录了1000余件案例，涉及刑事案、民事案、弹劾惩戒案，由起诉、审判、上诉至大理院终审，全流程展示北洋时期的司法审判过程。特别在"司法部"全宗下，所选文件对判案有较多眉批，其内容是对判案的见解、评论、所用法律条款的勘误及心得，如第二册中云南司法筹备处呈报司法部昆明县初级检察厅1912年8月至12月刑事判决案清册中有眉批：无资力完纳易以监禁不得称拘役。凡此种种易为忽略的枝节我们采用影印档案原件形式予以保留，以便于读者对民初的法律含义及司法制度运作细节的甄别和考证。

财政方面，民国北京政府财税收入一直处于窘迫状态，外籍税务司把持下的各地各级海关控制了关税收入，盐税、田赋、厘金及烟酒税等赋税收入亦为各地军阀大部截留，难以完全纳入中央财库，中央政府总是在筹措借债与经费支绌中度日。加之各地银行滥发纸币，如：东北小银票、四川军票等，致使币制混乱，贬值惊人。在"财政部"及"币制局"全宗下，收录有众多各地官银钱号的相关文件，以此反映并揭示出民国北京政府时期的财政及货币状况，诸如：四川省财政司为川省反正以来发行各种货币及现议收换军用钞票各情形致财政部呈（1912年11月），四川省财政司为川省反正后整顿银行及现议恢复濬川源银行扩充改办各情形致财政部呈（1912年11月），财政部整顿广东纸币意见书，财政部调查会关于福建省视察员调查该省银号各种情形报告（1912年12月），广东都督胡汉民送财政部关于各银行银号及官钱局调查表（1913年2月），广东都督民政长为粤省纸币低落拟将薪饷折减搭放银毫致财政部等电（1914年4月），成都财政厅关于整顿川省纸币说帖（1914年6月），吉林官银钱号监理官送币制局调查该省私立银钱行号发行纸币数目表（1914年8月），察哈尔都统张怀芝为请交通部取消购买火车客货票必须搭收现洋致大总统电（1916年5月），新疆省长杨增新关于新疆省旧官票流通情形致财政部咨（1925年4月）等等。在此两全宗下，还收有各银行钱庄的营业报告表、货币流通统计调查表、各厂铸币相关情形等，以及外国人在中国开设银行的相关文牍，为这特殊时期中国的财政金融，做一比较全面的展示。

在"外交部"全宗下，收录了外交部各次一览统计表；民国自开商埠年月表；"郑家屯案"中日交涉相关文件；外交部为西南关余相关文件；巴黎和会、华盛顿会议；收回威海卫案；中日、中德山东问题；四川万县案。另有大量民国初年各地禁烟相关档案文件及各年外交总长与各国使领就各项事件交涉会晤问答簿。在各"问答簿"中，主要有：英、日为辽河修浚案的相互争夺；上海、汉口、天津租界推广案；日本在南满设立领事及在东北与山东开埠案等，此为首次公开之外交文件，反映当时各列强在中国的利益争夺，凸显一个积贫积弱的中国在国际事务中的尴尬与无奈。

"内务部"全宗选录档案，计汇编成15册，加"京师警察厅"全

宗 2 册，凡 20 册，内容涉及社会治安、警政警务、报刊舆论控制、群众社团、城市行政管理等，是当时社会状况的一轴"清明上河图"。

档案，其作为"公文"或"文件"的集合体，所体现的是事件的整体，是流动的、活的场景再现，而非一页页冰冷、霉黄的纸，通过上、下行公文，诸如：呈、批、咨、令等的往来，一个动态的事件、拟文者的心理，昭昭然临面而立，历史的拼图，轮廓渐显，让历史不再为"断烂朝报"。

《新中华》与中华书局

毛 毅

《新中华》之为何物？目前的中国大众恐怕对它知之甚少，但提及中华书局，只要是稍事关爱、稍事阅读中国传统文化的人，几乎无人不晓。

中华书局，由陆费逵在1912年元旦创立，局址设于上海福州路东头。

陆费逵（1886—1941），复姓陆费，名逵，字伯鸿，号少沧，祖籍浙江桐乡，为我国近现代著名的教育家和出版家。他早年接受革新思想，加入日知会，创办《楚报》，1908年秋，受聘于商务印书馆，任国文部编辑，第二年出任出版部长、交通部长和师范讲义社主任，同时，商务印书馆请其主持创刊于1909年2月的《教育杂志》。1911年武昌首义，陆费伯鸿见清廷大厦于风雨飘摇中已难支撑，共和必将诞生，为适应新态势，教科书的重新编写已成必然。见商务印书馆没有任何重修教科书举措的陆费伯鸿，约请商务的戴克敦（懋哉）、文明书局的陈寅（协恭）等，利用业余时间，私下秘密编写，民国成立后的第一套全新中小学共和教科书——《中华教科书》诞生，中华书局也随着这套教科书一并诞生。

中华书局成立之始，于《申报》等报刊发表《中华书局宣言书》，言："立国根本在乎教育，教育根本，实在教科书。教育不革命，国基终无由巩固；教科书不革命，教育目的终不能达也。……民国成立，即在目前。非有适宜之教科书，则革命最后之胜利仍不可得。"并于最后，申言其建立中华书局之义旨："兹将本局宗旨四大纲列下。一、养成中华共和国国民；二、并采人道主义、政治主义、军国民主义；三、注重实际教育；四、融和国粹欧化。"兴教育、开民智是陆费伯鸿创立中华书局的初衷，于《宣言书》中所言甚明。中华书局在出版《中华教科书》的同时，于1912年3月25日创刊《中华教育界》，在1914年至1915年的一年间，约请专家先后编辑刊行《大中华》《中华小说界》《中华实业界》《中华妇女界》《中华童子界》《中华儿童画报》《中华学生界》，与前者并称中华书局"八大杂志"。

说到《新中华》，必先略言《大中华》杂志。1915年1月，由梁启超主编的《大中华》创刊，梁氏在题为"中国之前途、国民之自决心、本报之天职"的发刊词中说："本报同人不敏，窃愿尽其力所能逮，日有所贡献，以赞助我国民从事个人事业、社会事业者于万一，此则本报发行之职志也。"陆费伯鸿于创刊号上发表《宣言书》，更进言："《大中华》杂志之目的有三：一曰养成世界知识，二曰增进国民人格，三曰研究事理真相，以为朝野上下之南针。欲达第一项目的，故多论述各国大势，绍介最新之学说；欲达第二项目的，故多叙述个人修养之方法及关于道德之学说；欲达第三项目的，故研究国家政策及社会事业之方针，不拘乎成见，不限于一家之言，一以研究为宗，即有牛牴触冲突之言论，亦并存之。"1915年8月，袁世凯欲称帝，梁氏于第8期上发表"异哉！所谓国体问题者"一文，对袁氏称帝企图进行抨击，袁氏愿以重金收买此文，遭梁启超拒绝。其以独立精神办刊的作风深得当时知识界、舆论界的好评。遗憾的是，1916年底，中华书局因经营问题，发生危机，被迫将《大中华》停刊。

1932年"一·二八"中日淞沪之战，商务印书馆在战火中被毁，《东方杂志》亦随之停刊。久有雄心的中华书局，于此时创刊《新中华》杂志。

《新中华》(半月刊),创刊于1933年1月10日,1937年8月,因抗日战端已起,至5卷15期后停刊,1943年在重庆复刊,改刊期为月刊,1946年出至6卷11期后,迁回上海,仍恢复为半月刊,至1951年12月停刊,共出版14卷,每年一卷。《新中华》,为存世时间较长,具有相当影响面,以时事政治为主的综合性刊物。该刊于创办之时,陆费伯鸿已然认识到中日两国的全面战争迫在眉睫,但在他看来,"目前许许多多问题的发生,都因为有些人忘记了中国,忘记了自己是中国人"。在与周宪文商量创办该刊物时,曾提议用"中国和中国人"为刊名,后在周宪文认为中华书局过去曾出版过《大中华》,现在的刊物不妨叫做"新中华",包含同样寓意,于是,以《新中华》为正式刊名。在它的发刊词中开宗明义强调说:"本志定名为《新中华》,冀其对于'现代的中国'有所贡献,故敢揭橥'灌输时代知识,发扬民族精神'之两义,以为主旨"。

《新中华》初由周宪文、钱歌川、倪文宙主持,设论著、文艺、谈薮、新刊介绍、讽刺漫画、时论摘粹、半月要闻、通讯等栏目。其撰

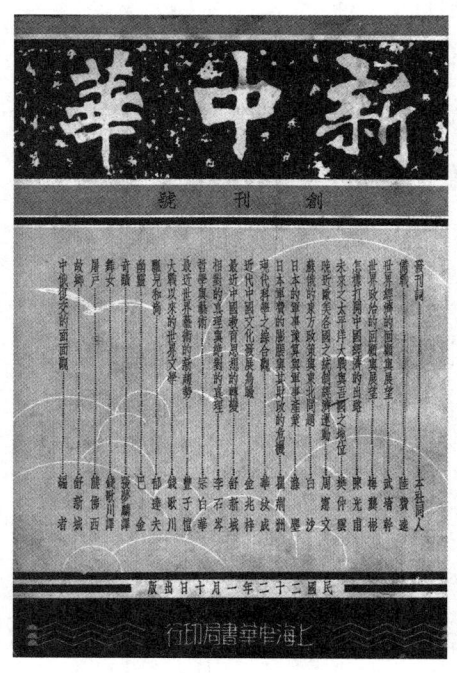

稿人均为社会名流，主要有陈望道、李石岑、钱亦石、章伯钧、梅龚彬、王亚南、何思敬、胡乔木、钱俊瑞、薛暮桥、沈志远、千家驹等。在创刊号上，巴金、郁达夫、丰子恺、宗白华、熊佛西、舒新城、李石岑等都纷纷登场，奉上了他们的精心之作，而更多的篇幅是对于当前世界局势和中国经济、文化、教育、外交的综合分析与前瞻性的把握。作为时事政治性刊物，文学只不过是一种点缀，而更多的则是对国际风云、时事政治、金融财政、科学文化等方面的综合分析。《新中华》还出过很多专号，如淞沪抗战专号、教育专号等，最有趣的是它还出过一个"摩托救国专号"，吴稚晖等名人也撰文鼓吹，无奈救国是一个大工程，片面依赖人心与依赖物质，从如今的视角看，都显得幼稚可笑。这类文章都带有很强的时代烙印，充斥于文中的，皆为那个时代的话语和情绪，走过了那个时代，凸显的则是它的文献史料意义了。跨越时代，进入30年代的中国，文献中的话题，从一个侧面显现的，是那个时代文化知识人群对国家、民族的认知、关注以及焦虑，在那个时代的语境下，你不会觉得幼稚、肤浅，能感觉到的是那个时代的脉动。

有鉴于此，南京大学出版社与南京图书馆合作，将1933年至1949年国民政府迁台，共12卷《新中华》杂志进行整理，以原貌16开，12卷共231期，编辑为精装60册，影印出版，以满足广大的民国历史、社会研究者与爱好者。

历史的研究，不仅仅是事实的挖掘、发现，更应该关注历史时期人群的思想、情绪、关注、焦虑，因为历史是由人来创造与书写的，所谓的"新史学"，应该从历史文献的积累与把控中表现。

中国近代小报漫话

孟兆臣

中国近代小报是指 1897 年至 1949 年间出版的，开张比大报小，多为八开大小，内容以社会性、大众性、知识性、休闲性为主的小型报纸。中国近代报人曾创办过大量小报，发行量巨大，受众群体甚广。但限于当时历史条件和原因，此类报纸没有受到足够的重视，长期有计划和成规模收藏的机构和图书馆很少，更由于材质差、易破损，在大多数的图书馆能找到近代小报的报样都很难，能完整留存至今的更是凤毛麟角，极为珍贵。经查访，现存较为完好的近代小报在全国总数量超不过三百种，具有学术价值、成体系且能影印出版的不过百种。现从中遴选出近百种在报刊史上较著名的小报，按照现存报纸出版日期的先后为序，分辑出版。此大型近代文献的整理出版，又填补了学术界史料的一项空白，可谓图书馆的基本馆藏，是研究近代史不可或缺的稀见原始资料。

一

（一）小报概念的界定

小报是相对大报而言的。首先，在开张上小报比大报小，更重要的是在内容上小报与大报相比有很大不同。大报以国际、国内的重要新闻为主，而小报则以大众所关心的内容为主，有小说、小品、杂文、漫画、闻人轶事、花伶艳闻、影舞动态、地方掌故、名流秘辛、社会趣闻、生活常识等等。总之，都是些容易引起人们兴趣的人和事。小报的笔调也与大报不同，大报严肃、古板，小报则诙谐风趣、机智灵活、通俗轻松。1934年，国民党中央宣传委员会发布过《解释取缔小报标准》，文中说："所称小报，系指内容简陋，篇幅短少，专载琐闻碎事（如时人轶事、游戏小品之类），而无国内外重要电讯记载之类报纸。"[1]还有人把大报比作"太太"，小报比作"姨太太"或"小老婆"，"看大报，像是和太太谈天，她老是板着脸，不是告诉你家里钱不够用，就是告诉你家里兄弟吵架，使你听得腻而且烦。偏偏是翻翻小报看看，她会嬉皮笑脸地逗着你玩，姨太太逗着你玩，使你笑眯眯地开心"。[2]总之，小报是一种与城市市民生活密切相关的报纸。

近代小报是指1897年至1949年间出现的小报[3]。这52年间，在当今学术界，被分为两个不同的历史时期，或以近代、现代称之，或以晚清、民国称之。对小报而言，虽经清朝覆亡、民国建立、五四运动等时期，但小报并未因此而发生根本性的改变，仍保持一个未曾停顿、持续发展的历史过程，因而小报不宜以现行的分期惯例为近代小报、现代小报或晚清小报、民国小报。52年尚嫌其命短，如若还按近代、现代、晚清、民国分之，无异于五马分尸，使其完整的历史文化现象成了碎片，破坏了其应有的完整性和连续性，人为地造成利用本史料的各学科的研究者如盲人摸象，看不清历史原貌。因此，我们把1897年至1949年间出版的小报视为一个整体，以近代小报称之。

（二）小报的种类

小报可谓分类细、品种多。以刊期分，有日刊、三日刊、周报之

---

[1]《解释取缔小报标准》，《申报》1934年1月16日。
[2] 梁实秋：《小报》，秋郎《骂人的艺术》，新月书店，1927年。
[3] 目前学术界认为1897年6月24日李伯元创办的《游戏报》为中国近代第一份小报。

别;《上海日报》《社会日报》《东方日报》《小说日报》都是著名的日刊;《晶报》《金刚钻》《福尔摩斯》《罗宾汉》是三日刊的代表;《吉普》《海光》《七日谈》《快活林》都是有名的周报。还有一种"横报"。与《晶报》一类的普通直式三日刊不同,"横报"是一种横式的四开小报,故人们称之为"横报","横报"专载男女饮食、吃穿住行一类内容。以《荒唐世界》最为有名,还有《牵丝板藤》《噜哩噜苏》《瞎三话四》《五花八门》《阴阳怪气》《叽哩咕噜》《阿要开心》《阿要窝心》等"横报",名字大多稀奇古怪。

以内容分,有花报、戏报、电影报、小说报、生活常识报、医药小报。花报以花、伶两界内容为主,如《游戏报》《消闲报》《世界繁华报》《春江花月报》;戏报是以戏曲为内容的小报,创刊于1926年12月的《罗宾汉》被称为"戏报鼻祖",而《三·四剧日日刊》《梨园公报》《大报》《戏报》都是有名的戏报。有的戏报是剧场小报,如《新舞台日报》《大舞台》《笑舞台》《共舞台》《新丹桂舞台日报》。有的是剧种小报,如《越剧日报》《绍兴戏报》《申曲日报》《沪剧周刊》。有的是票房小报,如《雅歌》《律和》《正谊》。电影小报有《电影周报》《影戏日报》《电影世界》《影报》等。生活常识小报有1927年11月9日问世的《常识》,它专刊吃穿住行等生活常识,很受欢迎,接踵开办的有《上海常识》《过年常识》《美的常识》等。医药小报有陈存仁办的《健康报》,陈范我办的《骊珠》,著名中医丁济万办的《卫生报》等。其他内容的小报还有《体育周刊》《运动》《星期歌曲小报》等。

以承办单位分,有企业和公司办的小报,各种社会团体办的小报。企业和公司办的小报如《新新日报》,它是新新公司开办的游戏场报。《联益之友》是联益贸易公司出版部的半月刊,商店办报纸,它为首创。《世界小报》是小世界游戏场的日刊;《天韵》是永安公司的游戏场报;《新世界日报》是新世界游戏场报。各种社会团体办的小报数量很多,由青年学生办的文艺社团小报有《兰麝香》(青年学艺社)、《素心兰》(心社)、《晨光》(晨光社)等;由旧派文艺团体办的小报有《灿烂》(文

蔚社)、《啸社》(啸声)、《馨》(馨社)、《兰片》(励社)等；党派团体小报有改组派李焰生创办的《硬报》。《硬报》之后，此类报纸纷纷涌现，较有影响的有《铁报》《上海小报》《革命日报》等。

(三) 南北小报之不同

小报按地域和风格之别可分为南方小报和北方小报，两者间存在

着较大的差异。南方小报出版发行集中在上海,北方小报以北京为中心,出版发行于京津地区。自元朝起,北京即为中国的政治中心,民国后为废都,它处在军阀和各种政治势力控制之下。上海是世界大都会,为租界当局所控制,政治、法律迥异于内地。由于地域、政治体制、法律制度、风俗习惯的不同,南方小报和北方小报呈现出各自不同的特点。

1. 南方小报的新闻内容丰富多彩,作风大胆,言人之所不敢言,载人之所不敢载。民国前《世界繁华报》《游戏报》等小报直接批评朝政,其冷嘲热讽的笔调和风格孕育出了"谴责小说"这一流派。如三日刊《福尔摩斯》专门刺探社会秘辛和政海内幕。而北方小报的笔调则多锋芒内敛,其小报内容,文艺作品占有很大比重,比如《实事白话报》《群强报》等小报,文艺作品占了大量版面,这类小报完全可以称为文艺小报或小说小报。

2．北方小报正派稳重，文字纯净，没有情色内容。南方小报则言词激越，情色文字时见报端，经常因为文字淫秽而受到当局的处罚。

3．南北小报的语言风格迥异，这也是把小报分成南北两派的一个重要依据。北京方言的通俗易懂、生动有趣很适合小报的风格，北京小报上的小说，乃至一些谈话类栏目，均大量采用了很多北京的方言俗语。而南方小报的书写语言，民国前多用吴语，民国后多用上海俗语。尤其是在20世纪40年代后出版的日刊，大量采用上海俗语更是风行一时，小品文因用上海方言俗语写身边琐事而自立文坛。上海俗语成了海派作家广泛使用的文学语言，产生了许多著名的"海派作家"，创作出许多"海派小说"和"海派小品"。较著名的作家有周天籁、王小逸、金小春、冯蘅等，小说如《亭子间嫂嫂》，小品如秋翁的《秋斋笔谈》、云裳的《小休散记》、婴宁的《低眉新记》、高唐的《高唐散记》等等。

4．南方小报大量登载照片，尤以娱乐明星为多，如影星、歌星、交际花、舞女、伶人、令媛、妓女的照片。而北派小报则刊登照片较少。

5．近代上海聚集了一大批画家和漫画家，这时几乎所有的上海小报均配有插图和漫画，有讽刺漫画、连环漫画、小说插图，天天见诸报端，北方小报则较少用插图和漫画。

（四）小报使用的语言

各地小报内容和语言的一大特点就是具有浓厚的地方色彩，描写的是当地的事，读它的是当地的人，文字用的是当地的方言。如北京小报用北京方言，上海小报用海派俗语，苏州小报用吴语。小报中，小说、小品多使用方言，而在新闻报道中方言俗语亦随处可见。如张智兰、庄耀亭、尹箴明用北京方言写的白话《聊斋》，在《北京新报》《群强报》《实事白话报》等京城小报上连载了23年。《实事白话报》曾用三个多月连载陈小山的《北京通俗谚语》。

再如上海俗语，所谓上海俗语是指产生于20世纪20至40年代，当时老上海使用的流行语。浅草在《新语林》中说："上海人讲闲话，都喜欢当中夹上一二句切口,以为时髦。由于切口的演变,于是就产生了许多新语言。其中有切口,也有缩脚韵,亦有土白、成语、洋泾浜话,五颜六色,种类之多,非在上海经过长时期的人,不能明白它的用处。人家同你说话,夹上一句紧要关头的话,你更加莫名其妙,这就叫门坎里面的话。"[1] 后来洋场才子们把这种门坎里的话用在自己的作品中,上海俗语又成了文学语言。这里需要说明的是,大报并不用这种语言,把上海俗语锻造成文学语言,完全是小报的功劳。这里摘录一篇上海小报上的小品文。民国三十六年三月十八日出版的《天报》上,有凤三(冯蘅)的一个小品栏目叫《拾穗集》,有名为《八字》的一篇短文,其全文云:"拿工钿男人须要八字,则滑头、卵硬、皮厚、心凶是。滑头、卵硬以博莺燕青睐,皮厚、心凶便系挨血之手段矣,单获得前四字,仅偿白斩鸡之愿,兼有后四字始克视此为职业矣。"仅这七十几个字,就有拿工钿、滑头、挨血、白斩鸡四个上海俗语。

上海小报作家们还创造了一种叫做"俗语图说"的文体。这种文体包括三部分:一条俗语,一段解说文字,一幅漫画。收录的俗语为市民常用、有典故可寻、有一定故事情节者;配以文字解释典故,阐释内容,笔调诙谐幽默,写文者为著名的洋场作家,如汪仲贤、李阿毛等;而漫画夸张生动,形象地展示了俗语的精辟内涵。还有一句俗语配两幅图的,一大一小,套在一起,小者画俗语字面意思,叫形声,大者画俗语的本义。绘图者也多为上海有名的漫画家,如许晓霞等。"俗语图说"的创造者是汪仲贤和许晓霞,1932年11月28日至1935年6月18日间,二人在"社会新史"的标题下,在《社会日报》上连载《沪语新词典图说》,后又改名为《上海俗语图解》,共载240则。汪、许二位之后,效颦者颇多,如李阿毛写了《洋泾浜图说》,共250则,先后在上海小报上连载的此类作品共有十余种之多。

---

[1] 浅草:《新语林》,《晶报》民国28年12月1日。

（五）小报发展的三个历史时期

第一个时期是从 1897 年到 20 世纪 20 年代（晚清至民初）。以李伯元的《游戏报》和《世界繁华报》为代表，内容以花、伶两界为主，常附送名妓照片，制以铜板，印以磅纸，粘在报中。民国前小报，据阿英《晚清小报录》统计，计有 32 种[1]，笔者所知不见阿英目录者有九种，二者合计 41 种。41 种中，唯《游戏》《笑林》《世界繁华报》三家出版时间最长，现今保存下来的报纸较多，其他则旋起旋仆，为日无多，多数已难觅其踪，存世之原报，已属凤毛麟角。这一时期的著名报人有李伯元、高太痴、邹弢、孙家振等。

第二个时期是从 20 世纪 20 年代至 1937 年（民初至"八一三"抗战时期）的"三日刊时代"。三日刊以"四大金刚"（《晶报》《金刚钻》《福尔摩斯》《罗宾汉》）为代表，内容多为军政新闻和社会秘辛，刊登事实多为大报所不敢载者。这一时期的著名报人有余大熊、严独鹤、朱瘦竹、蔡钓徒、陆澹安、朱大可、吴微雨、吴农花、谢豹、胡憨珠、周世勋、冯梦云、范烟桥、骆大荒等。三日刊时代的著名作家有：海上漱石生、张春帆、平江不肖生、顾明道、程小青、徐卓呆、包天笑、毕倚虹、平襟亚、江红蕉、张秋虫、张恂子、张恨水、李涵秋、袁寒云、漱六山房、张丹翁、施济群、陆士谔、步林屋、庄耀亭、尹箴明、剑胆、时感生、辽隐等。

三日刊时代的小报极容易开办，许多报人都称这一时期是小报的"黄金时代"，如谢啼红、巴八、陈灵犀都在他们的文章中感叹生不逢时，没有赶上那时小报的好时光。他们对那个时代进行了总结，认为三日刊小报之所以繁荣有以下这样几个原因：

---

[1] 32 种是：《世界繁华报》《笑林报》《游戏报》《消闲报》《寓言报》《采风报》《新上海》《花世界》《花天报》《春江花月报》《艺林报》《奇闻报》《笑笑报》《便览报》《飞报》《春江花月报》《趣报》《支那小报》《文社日报》《娱闲日报》《演义白话报》《方言报》《苏州白话报》《通俗报》《捷影报》《花世界》《鹤立报》《上海白话报》《阳秋报》《国魂报》《嫏嬛杂志》。九种是《畅言》《趣闻》《时闻》《花月》《戏剧日报》（郑正秋）、《电光报》（吴书箴）、《戏世界》（刘东轩、詹雨门）、《戏报》《飞艇》。

1. 从大环境讲，上海租界为小报提供了一个良好的环境。租界在中国政治和军事势力的控制之外，相对而言社会安定、经济繁荣。更重要的是在当时的上海租界内出版自由。谢啼红是位老报人，他回忆说："反正那时候出版界相当自由，政府既未实行新闻统制，也不必向租界当局呈请登记（民国二十年后，中宣部内政部始厉行出版法登记报纸杂志），说出版就可出版。"[1]

2. 小报售价低、销路好。那时的小报售价低廉，"一张报纸，售价不过二枚铜板，又因是三天一出版，一月中不过十期，每期两枚，计之一月的报费，仅需二百文。"因报纸的售价低廉，促进了人们的购买欲望。"那时还不曾闹着失业的恐慌，社会的经济力量，要比现在强得多，破费在小报上面，实在不算什么事，所以那时候小报的销路方面就不愁不发达了。又因一些人买小报时，总是一选一买，换言之，就是有一张买一张，所以内容差的，也会跟着有相当的销数。"[2]

3. 广告好拉。巴八《报余话报》说："（小报）既有相当的销数，换句话说，一张报纸，常在市面上与人相见，人们的脑海中，当然也有这张报纸，于是向商店兜起广告来，也较容易说话。而商店为了营业计，自然也不惜花些广告费登在销数不差的报上，何况那时的商店，正是黄金时代，不像现在的清淡没落，所以一笔广告费，他们是不会吝惜的。同时他们又有一种心理，在大报上几百元一天的广告既登了，何必还吝惜到小报上登一些广告呢！所以那时几张有声誉有地位的报纸，固然广告拥挤，即是那些不很著名的报纸，也可得到相当的零碎广告。这样在报纸的销售方面，既可偿本，而那些广告收入，用来当作印刷费和其他开支等，这一份报纸，不是就很足以维持了吗？"[3]

4. 稿源充足。"从前的精悍刺激有吸引力的稿件，不但易于征求，在稿费方面也都不成问题。一个特约撰述，每月报酬了一二十元的稿

---

[1] 啼红：《小型报痛言》，《力报》民国29年11月16日至29日。
[2] 巴八：《报余话报》，《福尔摩斯》民国25年8月5日至23日。
[3] 巴八：《报余话报》，《福尔摩斯》民国25年8月5日至23日。

费，他便把全部精力贡献你的报上，而在外来的不寄稿费的投稿中，又得尽你选择。"[1] "写稿的人，大都有基本的职业、基本的生活，抽一些空暇出来写些稿子，目的不是在助助兴、帮帮忙，便是出出风头，决不打算到稿费上面去的。莫说是写稿的，就是那些担任编辑的人也大都是尽义务的，即使报纸主人致送些车马费，至多也不过二三十元，因是一张报纸，全部的稿子很是精彩，实际上却一文不名。"[2]

5．把小报当玩意儿。三日刊时代许多人把小报当作消遣品、玩意儿，随便玩玩而已。谢啼红说："在从前，办小报既轻而易举，便有些人把它当作玩意儿，花上几百块钱，玩一张小报，骂骂人、出出风头，玩得好，就此玩下去，玩得不好，便牺牲了也没有什么大不了。公子哥们逗一时高兴，便会玩起小报来……玩腻了，兴头过了，随时可以关门大吉，像当年著名的'海上三小'之一的'小抖乱'叶仲芳，即是把办小报当作玩意儿的一个。"[3]

6．发稿容易。那时发稿很容易，没有那么多的限制，"写稿的按着事实写，发稿的照着稿子发，所谓珍闻秘史一点也不打折扣。"[4]

7．大报和小报内容不同。《报余话报》说："从前看小报的朋友一半是消遣，一半是刺激，又一半是要知道政海珍闻、名人轶事、社会秘密，而这三者，在从前的大报上，都是看得平淡，而且多数还摈斥不登的。"[5]

如此这般地考察下来，三日刊时代办一张小报花费并不多，大概在一二百元之间。谢啼红在《小型报痛言》中是这样算的："每期的排印工不过四五元，一令报纸不过三元左右，外稿是不支稿费的，报纸出版，到了望平街，无论内容如何，每期至少可销四千份以上，内容精彩，销万份以上并非难事。广告亦容易兜揽，有一二百元当然可以办小报

---

1 巴八:《报余话报》，《福尔摩斯》民国25年8月5日至23日。
2 巴八:《报余话报》，《福尔摩斯》民国25年8月5日至23日。
3 啼红:《小型报痛言》，《力报》民国29年11月16日至29日。
4 巴八:《报余话报》，《福尔摩斯》民国25年8月5日至23日。
5 巴八:《报余话报》，《福尔摩斯》民国25年8月5日至23日。

了。"比如"《福尔摩斯》的创刊，额定资本不过二百元，四个朋友每人各出五十元，其中一人还是干股，实际上只有一百五十元，居然办得很发达，不久便跻于《晶报》《金刚钻》等'四大金刚'之列。"[1]

第三个时期是从 1937 年到 1949 年（"八一三"抗战至全国解放）的"日刊时代"。以《上海日报》《社会日报》《东方日报》《小说日报》为代表。日刊时代的小报，仍注意社会新闻，但身边文学和小说成了小报的主要内容。许多小报大量登载小说和小品，一张四开报纸，长篇小说有时多至十数篇，小品专栏更是随处可见。这一时期的小报都是日刊，留存至今的较多。这一时期的著名报人有：胡雄飞、陈灵犀、冯若梅、易立人、胡力更、王雪尘、秦瘦鸥、干兰荪、卢溢芳等。日刊时代的著名作家有：王小逸、汪仲贤、周天籁、冯蘅、陈亮、金小春、苏广成、桑旦华、桃花郎、钟吉宇、蓝白黑、曹聚仁、唐大郎、老凤、灵犀、一方、横云阁主、潘勤孟、梯公、秋翁、婴宁、蔡夷白、苏青、潘柳黛、周炼霞、白玉薇、丁芝等。

日刊时代办小报比三日刊时代艰难得多。20 世纪 30 年代末至 40 年代，报价高涨，原来购买小报仅需两枚铜板，而这时已涨至四枚铜板，十张报就要比三日刊时代多花二百文。日刊时代，因为经济的不景气，拉广告也遇到困难，"眼前的市面是那么萧条，一切的商店都在实行紧缩，他们虽也明知在这时代的商店，非例重于广告不可，无如社会购买力既这样薄弱，而有的报纸的广告，却又不肯低减，往往登了广告后，在广告上所得的营业，还不足以抵广告之费，这样他们对于广告自然要视为畏途了。就是那些号称老牌的大报，也都在抱起广告缺乏的恐慌，更遑论及于小报了。所以内容平凡的报纸，固不必说，即是内容精美的报纸，也都不能因此而引起商店的广告欲。"[2]

三日刊时代稿源充足，到了日刊时代，情况不同了。"一个合于小型报条件的写稿者，至少要担任三四家的长期撰述，而所致送的稿

---

[1] 啼红：《小型报痛言》，《力报》民国 29 年 11 月 16 日至 29 日。
[2] 巴八：《报余话报》，《福尔摩斯》民国 25 年 8 月 5 日至 23 日。

费，反要比从前要贵些。一个人的精力，平分到三四家的报纸上，自然谈不到精彩了。至于外界投稿者，较以前不知要多上几倍，而且不乏好笔墨者。但现在的投稿者，大都已视投稿为一种副业，或者专业，所以投稿的目的，都在稿费，没有稿费规定的，自然不肯给白绞脑汁，不像从前的当作消遣了。""再者，现在投稿的数量虽多，并不缺乏好手，但关于报纸最需要的珍闻秘史，反不及从前多。原因是现在的投稿者，多数是舞文弄墨之士，只擅写些小品文章，不能从事刺探新闻（近来多数小报，专以小品作为争胜的骨干，也就是为了此故）。"[1]

与三日刊时代相比，日刊时代小报的内容也发生了变化。"所谓黄色新闻的社会上奸淫一类的事，大报尤其特别注意，而登得详细，写得活动。而关于当日的新闻，又都给晚报搜罗去了，至于小报向称独擅胜场的政海秘闻、名人轶事之类，也不容许你像从前毫无顾忌地有闻必录。这一来，小型报的最足自夸的精华，已完全损失，所余一些糟粕，自然味同嚼蜡。这样，还有人肯花较贵的代价，而去看那些无滋味的报吗？小型报销路比前逊色，这是个最大的原因。"[2]

三日刊时代，一二百元就办张报，而到了40年代，则非有三四千元玩不动小报了。"报纸比从前昂十倍，排印工约高三四倍，现在还要涨价"。[3]"登一二张大报的全幅或半幅的封面广告，而单登一期二期，还不会发生大的效力，那这笔广告费就可观了。此外又须要特约几个有名的写稿者，再和经常的稿费在内，每月至少又需六七百元。再请两三个编辑，又要二三百元。"[4]而在销售方面，"普通小型报，销数不过一二千，起码的，只销几百份，销到五千份以上，就算最多的了。因为销售的范围，只限于租界一部分，再说报馆方面其他一切开支，也大非昔比。""用三千元资本来创办一张小型报，办得不得法，只能支

---

[1] 巴八：《报余话报》，《福尔摩斯》民国25年8月5日至23日。
[2] 啼红：《小型报痛言》，《力报》民国29年11月16日至29日。
[3] 啼红：《小型报痛言》，《力报》民国29年11月16日至29日。
[4] 巴八：《报余话报》，《福尔摩斯》民国25年8月5日至23日。

持一个月,第二个月只得关门大吉。"[1] 谢啼红感叹说:"现在这玩意儿非二三千块钱玩不起来,并可以在一个月中间玩个精光,而玩起来又十分吃力,更兼要说不能说,要骂不能骂,那不是出风头,简直是寻烦恼,好端端地,那一样不好玩,又不发痴,谁高兴玩这劳什子的东西。所以,在小型报办大不易的今日,把它当作玩意儿的就没有了,要办报的话,无论型之大小,总须郑重其事,一本正经地当作一桩事业做去,这倒是办报困难中的一个好处。"[2]

二

小报是一座近代历史和文化的数据宝库,它的价值是多方面的,这里仅以史学和文学价值两方面说明之。

(一)小报的史学价值

中国近代的许多大城市和江南的一些中小城市都有在当地出版,且以本市为发行中心的小报,这些小报十分贴近城市市民生活,记载了城市每一天的变化,尤以休闲娱乐内容为多,这些是很好的城市市民生活资料。比如,根据小报的内容,可以看出近代上海的城市社会风俗和时尚经历了如下三个阶段的演变:第一个时期是晚清至民初的红倌人时代;第二个时期是民初至"八一三"抗战的跳舞时代;第三个时期是"八一三"抗战至全国解放的"吉普女郎""玻璃制品""美式配备"时代。

1. 红倌人时代

第一个时期的上海洋场小报几乎都是写长三堂子的,倌人是小报的主角,红倌人是色艺俱佳的交际明星、时尚领袖,身价甚高,"林黛

---

[1] 啼红:《小型报痛言》,《力报》民国 29 年 11 月 16 日至 29 日。
[2] 啼红:《小型报痛言》,《力报》民国 29 年 11 月 16 日至 29 日。

玉"等红倌人的名字经常出现在小报上。当时的社会风气,以娶红倌人为荣耀,上海许多名人富户的姨太太,甚至太太都是堂子出身。小报上刊登她们的玉照,她们的装束被社会模仿,她们的行为被社会关注,新闻报道、文艺作品多以她们为中心。比如小报常举办"花榜",小报主笔们评章风月,月旦烟花,一时颇有权威。经他们的品题,而提倡起来的名号很是响亮,如"前四金刚""中四金刚""后四金刚"。"前四金刚"是陆兰芬、金小宝等四人,"中四金刚"是左翠玉、秦薇云等四人,"后四金刚"是张扬、王宝宝等四人,又有什么"蕊珠仙榜""十二花神"等种种名目。

"花榜"之开,始于李伯元的《游戏报》。《上海轶事大观》说:"光绪丙申,李伯元创办《游戏报》,为报界别开蹊径。伯元才思敏捷,人亦潇洒出尘,自出版后争相传诵,风行一时,沪人皆想望其风采。逾年遂有四金刚之选,又逾年而有花榜、艺榜之选,上海花界之有状元,自此始也。"[1]"花榜之外,兼开武榜、叶榜,尤别开生面。同时诸小报闻风踵举,盛极一时,然慎重将事,舆论翕然,允推李君各榜为首,此亦申江一大掌故也。"[2]光绪戊戌年(1898),《游戏报》的花榜,为上海第一次举行的花榜,取小林绛雪为花榜状元,小林宝珠为艺榜状元。之后据《上海轶事大观》的记载,有光绪己亥年(1899)、庚子年(1900)《游戏报》开的花榜,光绪壬寅年(1902)、癸卯年(1903)《花天日报》花选,光绪甲辰年(1904)《花世界报》的花选,光绪丙午(1906)《娱言报》的花选,光绪末年(1907)《闲情报》的花选,宣统己酉年(1909)《采风报》的花选。又据《上海轶事大观》中载:"《采风报》之花榜为上海各花榜之末日,盖是时清廷废止科举已久,举行花榜已觉不伦,乃不逾年而民军起,清祚云亡。"[3]

---

[1] 陈伯熙编著:《上海轶事大观·娼优》,上海书店出版社,2000年,第407页。
[2] 陈无我:《老上海三十年见闻录·十九艳榜三科》,上海书店出版社,1997年,第194页。
[3] 陈伯熙编著:《上海轶事大观·娼优》,上海书店出版社,2000年,第410页。

2．跳舞时代

到了20世纪30年代，一种新的娱乐形式风行上海，这种新的娱乐形式就是跳舞。舞女成了风流班首、时尚先锋。小报把舞业和舞女作为报导和描写的中心，各种娱乐小报开辟舞版，一大批舞稿作家，天天盯着舞女，报导她们的一举一动。上海俗语称舞女为"跳壳""弹性女儿"，每个红星都有外号，如"洋囡囡"李珍、"小北京"衣雪艳、"香港舞后"陈玲玲、"野玫瑰"罗绮、"凤仙花"严洁萍、"煤球西施"李珍珍、"小皇帝"邬敏等等。《舞国春秋》《舞国点将录》《火山选胜录》《火山报导线》《火山百话》等各种名目的跳舞专栏出现在小报上。写舞女的小说也广受欢迎，仅1947年到1949年间的《风报》，就有冯蘅的《圆舞曲》、一号小郎的《小郎记小》、冯蘅的《舞海潮》、婆娑生的舞场风趣长篇《舞苑春色》四部连载小说发表。

关于舞场的典故、方言、俗语流行于市民中。如尤金撰稿、佩卿绘图的《舞场术语图解》发表于《吉报》；又如发表于《力报》，由亚凯文、徐润绘图的《舞场俗语图解》对舞场的典故、习俗、用语都有详尽的解说。如，舞场不叫舞场，叫"火山"。为什么叫"火山"呢？《舞场术语图解》解释说："跳舞场称为火山，单是听其音已颇有些噱头势了。盖火山者，热地也。舞场为两性搂舞之场合，不是热地是什么？故千脱万脱，此间脱不了热辣辣这三个字的，因此以火山名之舞场，对极！对极！"[1] 舞女不叫舞女，叫"跳壳""货腰女""弹性女儿"。"弹性女儿"乃英文 dancing 的译音，上海从前曾有部写舞女生活的影片叫《弹性女儿》，还有支弹性女儿歌。舞女们亦生涯不一，有的走红，称"红舞女""红壳""红星"，上海小报《风报》的《舞国点将录》《奋报》的《舞国三十六宝》《风报》的《舞国一百零八将》《吉报》的《舞国百美图》《天报》的《新舞国三十六宝》都是红星们的传记。

舞女和舞客，上海俗语称"龙头"和"拖车"。"龙头"指舞女，凡是与舞女有关系的男人都叫"拖车"，他们之间就像车头与车厢密不

---
[1] 尤金撰稿，佩卿绘图：《舞场术语图解》，《吉报》民国30年4月1日。

可分。过去海派小报中有很多作品写此类舞场鸳鸯，称为"龙拖鸳鸯"，如阿凯的《龙拖鸳鸯谱》、老牌拖车用吴语写的《拖车日记》、逍遥生的《龙头日记》、民国邬贵的《拖车日记》、佩卿的《龙头拖车》。"拖车"最初指那些学艺不精的舞客，被舞女们拖来拖去，后来才指与舞女有关系的舞客。"拖车之厕身舞场者，不入正席，其所处之地位，犹在舞女之后，凡舞女之斗篷、皮夹等物，均由各个拖车尽保管之责。若舞女无人过问时，则拖车得权充舞男，聊绷绷场面，此拖车应尽义务也。拖车之入舞场，并不受场中执事之欢迎，但因舞女关系，亦不能加以拒绝，遇售门券时，拖车可免费入场，入席后，仆役则倒以白开水一杯，亦不取费，惟每晚则限定六杯，六杯而外，须酌量取费，以示节制，此拖车在舞场中应享之权利也。至于舞场外则拖车所得之权利，远非开香槟者所能及其万一矣。"[1]"拖车"种类不一，有"坦克车"，体格魁梧者；"装甲车"，牌头扎硬者；"花车"，行头挺刮者；"氍毹拖车"，戏台上戏子也。此外还有"火车""电车""卡车"等名目。"龙头"和"拖车"发生纠纷，以至分道扬镳，过去叫拆姘头，舞场俚语则称"龙拖脱轨"。"龙拖脱轨"时，居间调停者，称"扳道夫"。

舞场管理员叫"舞女大班"，《辛报》曾发表过《风流大班沧桑史》，《力报》曾发表过《大班私记》。舞女大班的工作是跑牌头，"舞女大班每天早晨到舞女家里去跑跑，因为这时候舞女们大都没有出去，甚至还在拥衾高卧，那是请求舞女帮忙最好的时候，舞场俗语就称之为跑牌头。如像几位红星家里每天总有无数大班作不速之客，因为不这样，难免为人捷足请去也。"[2]

乐师叫"洋琴鬼"，《迅报》民国27年12月7日有唐乔司的《洋琴鬼点将录》。舞场男服务员叫小郎，《风报》上有民国36年11月4日一号小郎的小说《小郎记小》。进舞场坐在那里光看不花钱叫"摆拆字摊"，舞女生意不好，无人光顾者叫"阿桂姐"，舞女没人找跳舞叫"吃

---

1 《带拖车》，《罗宾汉》民国17年3月6日。
2 亚凯文，徐润图：《舞场俗语图解》，《力报》民国36年4月23日。

汤团",舞客私下给舞女钱叫"雨夹雪",或叫"夹心饼干"。生意清淡时,舞女与舞女跳舞,叫"广告舞",舞女与舞客发生性关系,叫"跳席梦思"。

3. "吉普女郎""玻璃制品""美式配备"时代

抗战胜利后,由于国际、国内形势的变化,社会风气也随之转移。读一读1945年和1946年的小报,就会真切地感受到一个史书中没有记载的,在百姓生活中确实存在的,社会风气迥异的"吉普女郎""玻璃制品""美式配备"时代。

"二战"胜利后,随着美国大兵在中国登陆,他们带来了吉普车、玻璃丝袜、美制香烟、美式服装,这些美国制品通过"烂水手"们在黑市上泛滥,在社会上形成了崇美的风气,因此也产生了一代时髦女郎——"吉普女郎"。美国大兵常常驾着吉普车,车上带着中国女郎在街道上横冲直撞,这些美国士兵被称为"烂水手",中国女郎被称为"吉普女郎"或"吉普嫂嫂",她们接待上岸的水手,并与他们结合,他们的后代被称为"吉普儿郎"。各种周报对这方面均有大量报道,最早的一份周报就以"吉普"为刊名。方型周报《海风》民国三十五年四月十三日《胜利狂欢下的结晶——中美混血儿充斥重庆》一文专门报道"吉普儿郎"之现象。

在20世纪40年代,有一个崇尚进口"玻璃制品"的时尚风潮。所谓"玻璃制品"就是塑料制品,当时人见塑料制品透明与玻璃相似,因而称之为"玻璃制品"。"玻璃制品"是从外国进口的新型产品,受到时髦人士的宠爱,一时形成时尚。《舞场俗语图解》云:"浑圆大腿裹'尼隆',一段春光暗泄中。两档玻璃穷起舞,麻衣债崩火山融。自胜利以来,上海最时髦、最出风头就是什么都用玻璃来号召,玻璃皮包、玻璃木梳、玻璃雨衣,以至于玻璃棺材,名目之多枚不胜举。"[1]

20世纪40年代的人把穿戴美国进口产品称为"美式配备"。《海

---

[1] 亚凯文,徐润图:《舞场俗语图解》,《力报》民国三十六年四月二十二日。

晶·美式配备的上海女人》说:"今年夏天的上海女人,同去年夏天的上海女人,大体上看,没有什么不同,就是多了一种美式配备的点缀。这倒不限于什么阶级的女人,几乎各层阶级的女人,都在以美式配备为极光荣的一件事。记者本身先从上海的新闻圈写起,现在的近二十多位女记者中,中央社的陈香梅、《正言报》的李青来、《大英夜报》的池廷熹,她们差不多都是美式配备。其中以池小姐最豪华,黑玻璃皮鞋之外,又是奶白色的玻璃雨衣。昆曲明星中,有美式配备的,以卫鸣岐的太太石筱英的风头最健,现在解洪元太太顾月珍也在渐渐地美式配备了。唱绍兴戏的姚水娟和筱丹桂也都买起皮包来。话剧圈子里,孙景路也有美式配备,狄梵也跟进,连怀锦这小姑娘,也是美式配备。""至于公馆的姨太太,在生意浪的小姐、女歌手,甚至八仙桥咸肉庄上的那些花,无一不是美式配备。这说明了今年夏天的上海女人的确进步多了,大家提倡服用美国货,上海的女人是居于领导和提倡舶来品的地位。"[1]

当时美国货充斥中国市场,有"无货不美,有美皆备"的说法。大量的美国产品通过合法的和非法的途径进入中国,给中国市场造成极大的冲击,商人见有利可图,便纷纷开始经营美国产品,到处都是兜售美国产品的小摊贩,他们一般都是夫妻档,本钱大都是借的高利贷,推着一个四方形的玻璃柜台,在街道上兜售,生意相当不错。由江栋良做画,王孙做文,发表在《力报》上的系列漫画《大上海小人物志·美国货摊头》说:"在上海最近摆摊头的非常之多,如果要组织同业公会的话,至少有上万的会员。他们都靠美国货生存,同时他们也是犹太货的推销集中地,一个摊头摆出来,每天就能养活一家数口。美国货摊头,过去是无所不有的,上至名牌钟表,下至玻璃皮带,以及外国货香烟,法国小雨衣之类,他们应有尽有,目不暇接,真是洋洋乎大观。"[2]《海晶·小弟弟的雨衣》说:"马路上的美国货摊头,近来

---

[1] 新声:《美式配备的上海女人》,《海晶》民国35年6月27日。
[2] 江栋良图,王孙文:《大上海小人物志·美国货摊头》,《力报》民国37年9月1日。

确是愈禁愈多,黄昏时节,如去街头溜达,可说是星罗棋布,触目皆是。摊头陈列的货品,也越来越新奇,一般爱好美化配备的时髦男女,东张张,西望望,真是五光十色,样样喜欢。昨晚路过跑马厅一个摊头,围着许多顾客,大家正注视着柜内最近新到的一种货物,像袁世凯银币那样大小的红色小纸盒。突然走来一个艳装少妇,以为这东西装潢得怪可玩,意想成交一只,'喂,这东西多少钱一只,做什么用的?''这是小弟弟的雨衣,你是用不着的,因为这是舶来的男用如意袋。'据说摊头上,还有一种叫做'没牙齿的牙膏',销路最畅,它的用途,亦费思索,经人道破,才恍然明白这是桑间濮上不可省的避孕膏。"[1]美国产品多到连避孕套、避孕膏都包括了,社会风气因之有所改变便不足为奇了。

(二)小报研究的文学价值

单行本、杂志、报纸是中国近、现代文学的三种传播媒介,同时也是近代文学的三种文献形式。作为三种传播媒介和文献形式之一的小报,始终是主要的文艺园地,在中国近、现代文学发展中扮演了重要角色,小报中保存了大量文学资料。

这里以小说为例。根据笔者的统计,保存较好的 236 种小报共登载小说 5081 种。其中长篇 4459 种、短篇 622 种、文言 58 种、翻译 204 种。连载 10 天以上的小说 3697 种、40 天以上 1629 种、100 天以上 758 种、200 天以上 299 种;登载 100 篇以上的小报有 9 种,分别是:《大世界》269 种、《实事白话报》198 种、《社会日报》193 种、《群强报》170 种、《东方日报》166 种、《北京白话报》143 种、《力报》134 种、《小小》109 种、《新世界》101 种;在小报上发表 10 种以上小说的作家有 47 位,40 种以上者 8 位,他们是尹箴明 157 种、剑胆 132 种、王小逸 96 种、耀亭 79 种、冯蘅 67 种、周天籁 54 种、陈亮 44 种、辽隐 40 种;在小报上发表过小说的名家有:张恨水 26 种、徐卓呆 26 种、包天笑

---

[1] 识途:《小弟弟的雨衣》,《上海特写》民国三十五年五月二十八日。

21种、程小青20种、顾明道19种、漱六山房13种、还珠楼主12种、汪仲贤12种、海上漱石生8种、张秋虫7种、陆士谔7种、孙了红6种、杨尘因5种、刘云若2种、王度庐1种、宫白羽1种、向恺然1种、苏曼殊1种、穆时英1种、张爱玲1种、苏青9种。

1．小报大量登载小说的原因

从小报本身来看，小报较单行本和杂志便宜，小报"每两份售铜圆五枚，有长篇小说四种，每种每期刊五百字（普通不止此数），共得两千字，即费铜圆五百枚，可得二十万字，较之普通所售小说（指单行本——作者按），二十万字须二三元者，亦较为合算（普通二十万字，往往号称五六十万字或百万）"。[1] 此外，小报报人对小说的成功经营更是值得探讨的话题。

小说不仅仅是文艺作品，还是小报家手中的商品，小报家们对小说进行了精心的筹划和经营。

第一，小报为小说提供了大量版面。小说是北方小报的主要内容，有的时候小说占去一半的版面。上海早期的报纸，并不以登载小说为主，到民初时情况有所改变，小说有所增加，一张四开或八开小报上一般要有一至两篇小说连载。到抗战时期，特别是战后，上海小报仿效北方小报的做法，大量登载小说，每日一般都有五到七篇小说同时连载。冯梦云联合毛子佩、陈蝶衣开办了专载小说的《小说日报》。"以小说标榜，罗致南北第一流作家，所载说部，锦心绣口，都一时之选。"[2] 查《小说日报》1939年8月15日至1941年12月31日，两年多的时间内，共登载小说41篇，仅8月15日就登小说12篇。汇集了冯玉奇、捉刀人、孙了红、程小青、赵焕亭等许多名家，既有南派作家，也有像陈慎言这样的北派作家，可谓集南北之大成。

第二，小报重视版权的保护。《福尔摩斯》民国十七年六月二日登

---

[1] 转陶：《小说谭》，《社会日报》民国二十年一月四日。
[2] 玖君：《报人外史·冯大少爷——冯梦云》，《奋报》民国二十九年七月十九日。

载的《香海春潮》编者附识说:"本报自即期起,按期续刊社会长篇《香海春潮》,此后他报如有类似同名之稿件发现,本报当援引著作条例严重交涉,希同业及出版界注意为荷。"小报上的许多小说或在文尾,或在开头,印有版权声明,如《新夜报》民国二十一年九月一日登载的张恨水小说《欢喜怨家》,在文后注明"版权所有,不准转载"。有的小说的版权声明更为具体和明确,如《罗宾汉》民国十六年七月十二日登载的张个农《奇男侠女传》注明:"此书版权为著者所有,严禁转载和翻译。"电影兴起后,许多电影剧本由小说改编而成,有的作者为了主张这方面的权利,便标明"作者保留剧本、剧本改编及电影摄制权"。[1] 有些小说版权为出版机构所拥有,凡这类小说都有出版机构的版权声明。如《上海日报》登载的兰陵谢豹的《海角秘辛》、百花同日生的《海上红楼》,版权归新纪录书店所有。除了出版机构外,有的版权还为非出版机构所购买,如《社会日报》民国十九年十月廿七日至民国二十年九月廿二日登载的张恨水社会小说《春明新史》,"版权归天发祥皮货局所专有"。

第三,小报有多种灵活巧妙的经营手法。读小报小说常有这样现象,往往一篇较好的小说登了几回,就告停刊,后加一声明称:"本篇即日起改排单行本,明日起停止刊载,请读者注意。"这是小报家们经营的手法之一,就是一部已由出版机构购得版权的小说,先在小报上刊登几回,然后出版单行本。出版商和小报老板有约定,小报从书局借刊小说一部分,到单行本出版,小报即刻停止刊登。如《社会日报》民国十八年十二月廿二日《本报为娥眉剑启事》说:"蒙华生书店,愿将该店出版权所有之《娥眉剑》说部,暂行借刊,以饷阅者。现该书业已出版,于今日开始发行,本报亦自即期起,停止登载。"《力报》民国二十八年十月廿一日《桃李争春》篇末附有作者金小春的启事云:"《桃李争春》刊至今日为止,后面尚有急剧发展的极曲折之哀艳故事,见于春光书店发行之单行本,至未能在本报刊登之原因,盖以本篇脱

---

[1] 沙骆:《乌夜啼》,《新夜报》民国三十五年九月五日。

稿之初，既由春光书店购得版权，而订有不能全部在报上刊登之合约。本报读者未能得窥全豹，作者无任歉仄，但情非得已，尚希鉴原是幸。小春附启。"

这是一举双得的经营手法，一方面，小报得到了稿源，另一方面出版商作了免费广告。《上海日报》是一份有名的小报，创办者是著名小报报人干兰荪，他办《上海日报》，同时还开了一家出版社，叫新纪录书店，"该报尚有一便宜的地方，就是报上所刊的几篇长篇小说，其版权差不多已归新纪录书店买下，现在注销，也是一种宣传作用，以备将来一律出单行本。你想出了一次稿费，既派登报之用，又可以发行单行本，不是一举两得吗？至于该报馆馆址，也不必另外设立，就附设在书店内，所以该报虽则蚀本，假使连书店通盘筹算起来，也有许多便宜处。"[1] 另外一种情况是小说先在小报上登载，如被出版商看中，则由出版商买断版权，出版单行本，小报同时停止刊登。《上海日报》所载红薇《陋巷一枝花》篇末启事云："本篇即日起改排单行本，明日起停止刊载"[2]。《罗宾汉》所载《花落红尘》紧急启事云："《花落红尘》版权，顷已由本市某书局购去，发行单行本，故自明日起，续稿不再刊载。"[3]

第四，小报为小说配有精美的插图。据笔者的统计，230种上海小报共登载插图小说260种，出现了很多专为小报作插图的名画家，如董天野、江栋良、徐润、石佩卿、秋野等。其中董天野共为35部小说做过插图，江栋良为41部小说做过插图。还出现了小说和插图的图文搭档，如桑旦华文与石佩卿图、冯蘅文与秋野图。桑旦华、石佩卿共合作13部小说，冯蘅、秋野共合作19部小说。小报上还涌现了一批插图佳作，如发表在《社会日报》上的张恨水原著、许晓霞绘画、余斯人说明《啼笑因缘连环画》，发表在《风报》上的周天籁原著、董天

---

[1] 林华：《小报概说·四种日日刊》，《福报》民国二十年五月九日。
[2] 红薇：《陋巷一枝花》，《上海日报》民国三十年六月三十日。
[3] 金小春：《花落红尘》，《罗宾汉》民国三十六年二月十日。

野绘图艳情长篇连载《亭子间嫂嫂画传》等。

第五，小报馆发行小说，代售小说。《世界繁华报》1906年3月9日广告《本馆出售最新小说书籍》，代售的小说有：《官场现形记》二三编、《庚子国变弹词》《海天鸿雪记》《繁华梦初二集》《绣像小说》等。《上海滩》民国二十年二月三日广告说：《云雨潮》《云雨潮续集》《神秘之窟》《色界魔》等小说的总发行是"上海山东路（《时事新报》对门）却而斯登报馆"。上海望平街《晶报》馆曾寄售包天笑的《非小说》、毕倚虹的《黑暗上海》（见《上海夜报》民国十三年十二月一日广告）。

第六，小报还是小说广告的集中发布地。大报一般较少发布小说广告，小报则随处可见，经常有张恨水、王小逸等名家的大幅广告。当时有一家曼丽书局，大登广告，以廉价和赠品为诱饵推销小说。其广告云："本局为出清存货起见，所有本版、外版各书均一律廉售。各种书籍只售出原价一折、两折、三折、四折不等，非常便宜，有书券及美术钞票皮夹赠送，诚空前之好机会。"[1]

第七，小报还是文人俱乐部。比如孙玉声创办《笑林报》目的之一就是会友和促进小说创作。他在《报海前尘录·笑林报馆之回忆》中说："余创《笑林报》，为克期促成小说及晚间会友起见，故于数年之中，先后成《五花剑》三十回、《海上繁华梦》百回、《优孟衣冠》三十回（后改名《如此官场》）。盖苟无日报以督促之，则此各小说必致有头无尾，今日工作，可至来日。今则日报中每需用，不得不逐日下笔，以底于成也。至于晚间会友，则九十点钟后，吴趼人、周病鸳、高太痴、李伯元、沈习之、俞达夫、刘子仪、夏兰生君等诸友，无不飘然而来。每夕高朋满座，兴至则酌酒赋诗，弹丝品竹（馆中备有乐器），各随所好，不啻一同文俱乐部，惟不叉麻雀，以免赌博，恐伤友谊。而尤热闹者，为夏历新年，锣鼓管弦之声，恒达于户外，环而听者如堵。"[2] 从海上漱石生的回忆看，《笑林报》成就了他好几部小说的创作，《笑林报》

---

[1]《曼丽书局空前大廉价大赠品》，《东方日报》增刊民国二十一年五月三十一日。
[2] 海上漱石生：《报海前尘录·笑林报馆之回忆》，《新夜报》民国二十三年六月二十五日。

馆也成了报人俱乐部。

总之，小报参与了小说从创作到销售的全过程，在每个环节均起了重要作用。由于小报家们的悉心经营，为作家们营造了一个良好的施展空间，从而吸引了一大批小说家，同时小说家们的作品，也为小报带来了效益。《东方日报》创刊于1932年，1938年复刊，复刊时每天只印3000份，但自周天籁的《亭子间嫂嫂》连载后，销量增至两万多份。连载了一年后，周天籁准备结束，但老板邓荫先向周天籁求情，坦言报纸有赖这篇小说生存下去。于是这篇小说从50万字，增到80万字，还是结束不下来，最后增至100万字，才结束。一篇连载小说竟救活了一份小报。

2．小报小说家

小报造就了一批优秀的小报小说家，这些小说家为小报供稿，和那些为大报或专为书局写稿的小说家不同。如上海文坛有名的通俗小说家冯玉奇在书局出版小说，据《鸳鸯蝴蝶派研究资料·鸳鸯蝴蝶派小说书目索引》的统计，他共出版过165部小说，而笔者在现存小报上只检到四篇。

著名的小报小说家有王小逸、周天籁、田舍郎（陈亮）、冯蘅、金小春、桑旦华等人。王小逸是当时有名的畅销书作家，笔名"捉刀人""爱去先生"。据笔者的统计，他共为35家小报，写了近一百篇连载小说，当时有"有报皆'捉'，无刊不'爱'"的说法，稿约多的时候，他担任十五六家小报的长篇，有时一份小报上同时刊载他两部作品。周天籁为15种小报写了53篇小说，田舍郎为16种小报写了43篇，冯蘅为22种小报写了49篇，金小春为11种小报写了31篇，桑旦华为18种小报写了37篇。王小逸从1934年至1949年为小报写了16年，周天籁从1938年至1949年为小报写了12年，田舍郎从1938年至1949年为小报写了12年，冯蘅从1939年至1949年写了11年，金小春从1938年至1948年写了11年，桑旦华从1930年至1949年写了20年。

3．小报小说对中国近、现代文学研究的意义

首先，现有的几种小说书目，如《中国通俗小说总目提要》、樽本照雄的《清末民国小说目》都没有登录小报小说。作为小说传播形式之一的小报，是近、现代文学的文献宝库，里面蕴藏着丰富的文献资料，加强小报小说的研究对建立完备的近、现代文学文献体系有重要意义。

其次，小报小说会大大地扩大中国近、现代文学的研究视野。中国近、现代文学研究中，大部分小报小说家都无人研究，有的甚至没有被现在的研究者提及过。如路得曼这位小说家，他说："我写小说已有十多年了，不成样的作品，单是发行单行本的就有六七十种之多。"[1]《铁报》民国三七年十月四日登载华丹霜的《金钗斗艳》，编辑介绍这位作家说："华丹霜先生其实是少壮派小说家中的前辈，他的另一种笔名所写的长篇说部已出版单行本的已有十种以上。"[2] 但我们对他们几乎是一无所知。再如，在北京小报中有一种用白话演述《聊斋》的作品，称"评讲《聊斋》"，这种作品在报上连载了23年，仅就其连载的时间长度而论，在中国近、现代小说史上已足惊人，是已知的规模最大、时间最长的《聊斋》白话传播活动。其中写得最多的是一个叫尹箴明的小说家，他共写了157种"评讲《聊斋》"，对这样一位小说作家，至今还没有人论述过。

查尹箴明，又名湛引铭，皆为笔名。据《实事白话报》兰生的文章讲："湛引铭者，暂隐名也，乃清季之贵族，胜朝之遗老也。入民国后，改署尹箴明，在《群强报》上编辑白话《聊斋》，标题加用评讲二字，署款改用尹箴明，取隐真名之意。前之所用，湛者，尚有暂时之意，后之所以用尹者，则绝对不谈真名，而实行隐去也。故白话报界中，提起编辑白话《聊斋》，人皆知有耀亭与尹箴明。"[3] 这位隐姓埋名的旗人

---

[1] 路得曼：《名件连环套》，《真报》民国三十六年三月十二日。
[2] 华丹霜：《金钗斗艳》，《铁报》民国三十七年十月四日。
[3] 兰生：《纪白话报刊登聊斋原委》，《实事白话报》民国二十一年十二亿日。

是谁呢？据笔者的考证，他姓勋名荩臣。管翼贤《北京报纸小史》说："勋荩臣，著白话《聊斋》，刊《群强报》"，查《群强报》只尹箴明一人写"评讲《聊斋》"，无第二人，所以尹箴明就是勋荩臣。[1]

尹箴明为北京小报报人，据他自己讲："在下在报界混了十几年，担任的笔墨，并不一样，初手儿是学做演说，后来在《京都日报》《北京新报》当了两任编辑员，自从接办《群强报》，专任这门《聊斋》。"[2] 后尹箴明入《群强报》，该报更重视"评讲《聊斋》"这一栏目，让尹箴明专门从事，不兼其他杂务，所以《群强报》皆是尹箴明一人之作。

---

[1] 管翼贤：《北京报纸小史·第六节北京报纸之小说、戏剧与社会事业》，《中国近代报刊发展概况》，新华出版社，1986年，第428页。

[2] 湛引铭：《申氏》，《群强报》第2136号。

这份笔说《聊斋》，尹箴明先生说得最长，大约有15年的时间，我们现在能见到的尹箴明最晚的作品是民国十四年八月十二日《群强报》上的讲演夜谈《修鳞》，题湛引铭初编。至于他的其他生平活动和著作现在还不得而知。

从以上所举诸例可以看出，小报可以为近代新闻史、城市史、风俗史、文化史、文学史、漫画史等诸多学科的研究提供资料。总之，小报是中国近代社会全面、详尽的巨型日志，是一座尚待开发的近代文献宝库。

小报散藏于全国各地图书馆，其中上海和北京地区的图书馆收藏较多。由于小报分散收藏于各地，且大量品种均存在不连续和不完整的现状，故读者查阅十分不便，往往为看一份小报，要跑上海、京津等地，颇费周折，不堪其舟车劳顿。小报与单行本、杂志不同，报纸每天出版，没有装订，逐日积攒起来十分不易。另外，小报历来不受重视，少有人收藏，散失严重，加之纸质粗劣，极易破损，时至今日，原件大多已不再借阅和无法借阅，存世之小报已成为珍贵的历史文献。因此，整理出版近代小报是一项抢救珍贵历史文献的重要工程，又是嘉惠读者之善举。

"陌生"的民国小报

刘　辉　孟兆臣

一批填补基本馆藏的珍贵历史文献
一部详录近代社会的巨型风物日志

在中国近代史上，现代意义上的"报"也是舶来品之一。报人们曾出版过大量的小报，其数目之巨远远多于大报，至今无法统计。所谓"小报"是相对大报而言的"小型报纸"的简称，开张比大报小、内容与大报相比较，其办报宗旨更贴近大众，内容包括新闻、评论、政府命令、文艺、知识、常识、娱乐、地方掌故等。小报的另一大特点是针砭时弊，笔锋犀利，向以载大报所不敢载者而闻名，社会黑幕、政界秘闻、官场黑暗常为其揭载报端。它最大的贡献是开白话文报纸之先河，成就了白话小说。

小报若按时间沿革可分为三个时期：

第一个时期是从1897年至20世纪20年代，以李伯元的《游戏报》为首创，内容多以花、伶两界为主，广告亦占据很重要的版面；

第二个时期是从20世纪20年代至1937年，以被誉为小报界"四大金刚"的《晶报》《金刚钻》《福尔摩斯》《罗宾汉》为代表，内容多军政新闻、社会秘辛，所载多为大报不敢载者；

第三个时期是从1937年至1949年，以《上海日报》《社会日报》《东方日报》为代表，这一时期的小报均为日刊，流传下来的最多，较前内容更全面、更丰富。

小报若按流派可分为两派，一为京派，一为海派。京派集于北京、天津、青岛等地，海派汇于上海、无锡、苏州等附之。

小报初创时，以游戏之笔，闲适之度，国家大事，概不与闻，消息出平康北里堪称迅捷，文章撰为风花雪月独擅胜场，此为晚清民初之大略。

后为三日刊时代，记实抉隐、揭露私弊，以新闻侦探自任，专事揭发各界黑幕，探求社会秘辛，补大报所不敢及。

北伐军兴，革命铁血，军政消息，不胫而走，《硬报》《铁报》应运而生，专载党政要讯、军事秘闻，评讥大员、月旦时局。此后《社会日报》新闻与文艺双茂，《世界晨报》新闻与知识并重，《时代日报》冶新闻、知识、趣味于一炉，《立报》捐弃成见，兼收二家，既网罗旧派文人，亦载新文学力作。

就内容而言，新闻报道外，海派小报以小说、小品为主。北京小报源出白话报，1904年，彭翼仲创刊《京话日报》，每日出版一小张，八开四版，单面印刷，首冠演说，次则要紧新闻、本京新闻、各省新闻，及小说谐著等，始可称北京第一份小报，此后《北京新报》《正宗爱国报》《群强报》《爱国白话报》《实事白话报》相继问世，始定北京小报之局。

北京白话小报以开通民智，维持风化为宗旨，关注民生疾苦，而上海小报素尚消闲娱乐，京海小报风趣迥异。北京小报之白话非仅语体，且杂北京方言俗语，称京话小报，或京白小报最为贴切。

中国近代小报是珍贵的历史文献，这些小报多为近代著名文化名人所创办，文化品位高，文字高雅，无论在当时，还是现在都获得很高的评价。它逐日记载了中国近代社会的变迁，是中国近代社会生活全方位的大型史志，其内容涉及中国近代社会生活的方方面面，涵盖了与中国近代有关的所有研究领域，如近代政治史、经济史、城市发展史、戏剧史、艺术史、电影史、文学史、新闻史、广告史、军事史

（包括抗战史），对于诸多研究课题，如近代城市风俗、时尚、新闻评论、名人轶事、影评、戏评、剧场、明星、伶人、漫画、名人书画、通俗小说、诗词、俗曲、小品文、俗语掌故、跳舞、娼妓等。内容范围重点是反映全国各地之事，同时也涵盖部分国际要闻、趣闻和科技动向。而当时办报的社会文化名人所撰写的大量专题文章、白话小说和杂文此后再没能结集成册出版，所以当今只能通过查阅此种载体才能找到，更显弥足珍贵。

小报一直受到歧视，被称为"黄色小报"，后来更被视为学术禁区，有关小报的研究几乎是一片空白，珍贵的近代史料成了图书馆里一堆堆日渐黄脆的旧纸，实为学术资源的巨大损失和浪费。

小报在全国各机构和单位鲜有收藏，散失十分严重，再加之纸质粗劣，极易破损，时至今日，存世之小报几乎每种小报都是海内外孤本，可称之为新善本。

值得欣喜的是现今以《中国近代各地小报汇刊》为书名，选取在中国近代报刊史上占据重要地位，且保存较为完善的近百种小报，共合编为六辑已陆续影印出齐，续编三辑也在加紧汇编。该套丛书可将存世、学术性高、且连续性强的小报一网打尽。这是有关近代小报有史以来的第一部大型原报汇辑、整理、影印丛书。

小报是一座尚待开发的近代文献宝库，它内容广泛、资料珍贵、信息活性强、利用率高、潜在价值大，是各图书馆充实基本馆藏不可或缺的珍贵历史文献。

今后，还将以专题的形式编写文章，向大家介绍您所"陌生"的民国小报。

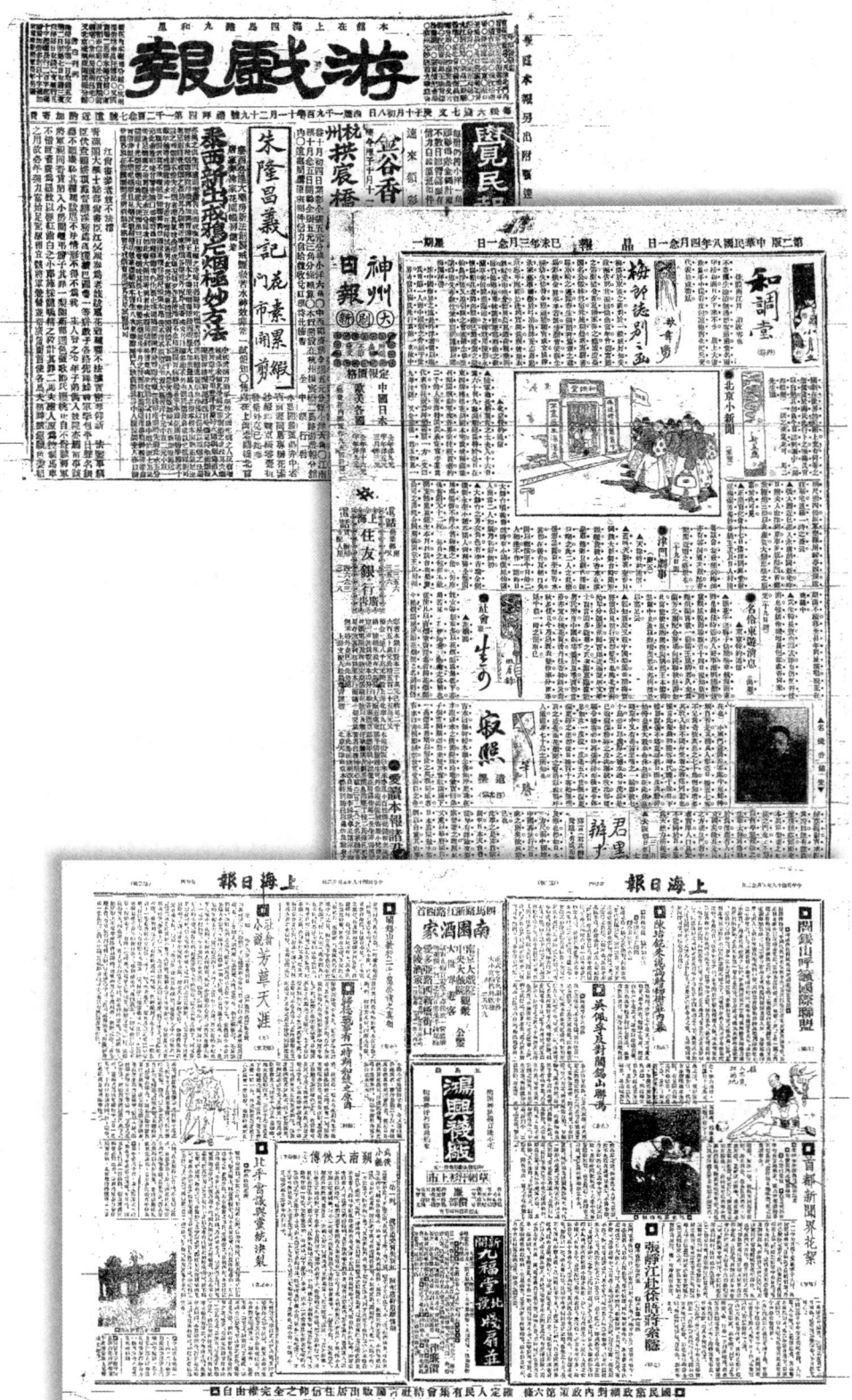

《游戏报》《晶报》《上海日报》报样

换个角度审视中国近代史

刘 辉

中国海关大约始于宋朝，称"市舶司"。明朝实行"海禁"，市舶司撤销。迨至清康熙二十二年（1684）解除海禁，翌年设置闽海、粤海、浙海、江海等关，设海关监督，一般由皇帝钦命当地兵备道官员兼任。乾隆二十二年（1757）实行闭关政策，仅留广州一口对外通商。

1840年英国对中国发动了第一次鸦片战争，强迫清政府签订了不平等的《南京条约》，开放广州、上海、宁波、福州、厦门五口为通商口岸，但海关的行政管理权仍然控制在清政府手中。

1856年英国与法国在俄、美的支持下，对中国发动了第二次鸦片战争，分别1858年和1860年强迫清政府签订了《天津条约》和《北京条约》，增开牛庄（今营口）、登州（今烟台）、台湾（台南）、潮州（汕头）、琼州、汉口、九江、镇江、南京、淡水（今台北）、天津为通商口岸。并在1858年11月8日签订的《通商章程善后条约：海关税则》中确定了值百抽五的不平等协议低税率，同时还规定聘请外国人帮办中国税务。1859年5月23日，总理外国通商事宜大臣何桂清指派英国人李泰国为总管新关总税务司，至此海关外籍税务司制度正式确立，美、法两委员退出，关税管理委员会自然解散。接着何桂清派李泰国与费士莱、吉罗福和赫德等去广州创办粤海关，并于1859年10月正式成立。随后又去汕头设立潮海关，派他人开办镇江、浙海（宁波）、津海（天津)、闽海(福州)、江汉(汉口)、九江、厦门、淡水、东海(烟台)、山海(营口)、打狗(旗后)等关。

外籍税务司制度下的中国旧海关,自成立之日起就深深地打上了殖民主义烙印,除正常的海关业务外还渗透到中国社会的各个领域,他兼办港务、航政、气象、检疫、引水、灯塔、浮标、治港治河、经办外债、赔款以及邮政为主的洋务,管全国海关所在地50里以内的常关;代订国际协议;代办国际展览;代为整理国内公债,发放外交使领馆经费及军警薪饷,1929年建立海陆缉私武装舰队,代我国巡防国境等,权利早已超出正常的海关所属范畴。

中国旧海关文献主要由两大部分组成:一是旧海关档案;二是旧海关内部出版物。现仅存于中国第二历史档案馆的旧海关档案就多达5万余卷;而内部出版物是指由海关总税务司署于1873年在沪设立造册处、1932年改称统计科所编印的出版物。内容包括以下几大类:第一类统计系列(Statistical Series),第二类专项系列(Special Series),第三类杂项系列(Miscellaneous Series),第四类关务系列(Service Series),第五类公署系列(Office Series),第六类总署系列(Inspectorate Series),第七类邮政系列(Postal Series)。此外,还有二三百本由中国海关总税务司署编辑或出版,未列入任何系列之书,可称为"他类之书"。

由于特殊的历史原因建立了独特的外籍税务司制度,因此也形成了迥异于其他史料的中国旧海关史料。它有三大特点:一是官方档案和出版物;二是行文风格是只记述不论述;三是还记述除海关事务之外的近代政治、经济、军事、外交、文化、教育、宗教等诸多方面,几乎无所不包。故造就了这批近代海关史料内容之丰富,数据之完整,时间之长久,可靠性之强的第一手珍贵文献史料。

这批珍贵的史料已陆续得到开发,出版物之始当首推2002年出版的《中国旧海关史料》(全170册),后有《中国旧海关与近代社会图史》《中国旧海关稀见文献全编》等丛书相继出版,近期又有海关总税务司署造册处和统计科所编印的出版物得到陆续的整理出版,总数可达近千册图书,可谓蔚为壮观,已逐渐形成了一套完整的史料体系。更可喜的是"旧海关刊载中国近代史料数据库"也在陆续上线,为广大专家学者提供了更加便利地查阅和分析条件。

旧海关档案也在陆续结集编辑过程之中,更值得期待。

纵观这批珍贵的史料,时间跨度90年,包括了中国近代史上的三个时期(晚清政府、北洋政府、国民政府),五个政权(清政权、北洋政权、民国政权、伪满政权、汪伪政权),以大量翔实的史料、丰富的数据,反映了中国这一时期的政治、经济、军事、外交、社会各方面的事件与活动,其记述全面、细微,在诸多方面弥补了当时报刊、著述和地方志的不足,是可靠的原始文献,为当今史学界从另一个全新的角度审视、了解、研究中国近代史和近代化的发展,是一批难得的珍贵史料。

以微观的作品，看宏大的历史
——《清末民初文献丛刊》出版记

杨丽丽

中国的近代史是一幕大戏，帷幔背后的光怪陆离没有太多的影像记录，但却有太多值得研究的文献珍存。尤其在清末民初这一阶段，思想激荡、言论活跃、著作丰沛，我们将这一阶段的文献结集为"清末民初文献丛刊"影印出版，既希望保存那个时代的精神财富，也希冀后来者有所学习和借鉴。这一时期的作品为什么值得研究呢？具体来讲有三方面原因：

第一，清末民初是中国社会文化转型时期。

在这之前，中国是传统的农业宗法、君主专制型社会，而从这一时期，中国开始走向工业化和民主化社会，历经这样巨大的变革，无论政治思想还是学术思想都空前活跃，所以，这一时期的著作有最明显的时代烙印和最丰富的思想内涵。而社会文化的变革，一个重要的根源就是"西学东渐"。

这一时期，有受清政府委派的出洋考察人员，也有被迫流亡海外的革新人士。他们的著作，虽带有保守色彩，但对社会的变革都起到了一定推动作用。比如，清光绪年间的户部侍郎戴鸿慈所作的《出使九国日记》，就是他奉清政府之命，出使美、英、法、德等国后所作的记录，书中对各国经济、金融、工业、农业、教育、司法等各项事业都有介绍，同时华人在各国的情况也在日记中有所反映。像这类考察著作在清末民初时期可谓极大丰富，为中国的社会变革提供了重要的参考依据。

第二，清末民初是新型知识分子整体觉醒的时期。

1840年鸦片战争爆发，屈辱的历史、悲苦的现实使一批有担当的知识分子开始觉醒，他们反思本国政治、经济、文化等方面的不足，向当权者提出了一系列改革方案。近代思想家冯桂芬的代表作《校庐抗议》，思想家郑观应的《盛世危言》，思想家、政治家康有为的《孔子改制考》都是这类关于变革、变法的文集，他们看到积弊深重的社会现实，以自我认知为发端，积极谏言，徐图救国，虽然其救国活动均未取得成功，但其救国思想却对中国社会的走向和民主思想的发展产生了巨大的影响。

同时，一些翻译作品的出现也带来了巨大的思想变革，这其中最重要的翻译家就是严复，他所译述的《天演论》产生了轰动式的社会反响，其中"物竞天择，适者生存"的主旨思想更是激励了无数热血青年投身救国运动。

第三，清末民初是知识分子思想文化百花齐放、百家争鸣的时期。

辛亥革命前后，政治制度一片混乱，思想上也是新旧杂陈。除了大量政论著作，文学、史学、艺术等其他方面也涌现了诸多可圈可点

的作品，比如，文学上有清末文学家、外交家黄遵宪所作的《日本杂事诗》；史学上有经学大师刘师培在北京大学授课时的讲义《中国中古文学史讲义》，民俗学家张亮采的《中国风俗史》；艺术上有康有为的书法论著《广艺舟双楫》等，可谓近代文化史上百花齐放、百家争鸣的时期。

总之，清末民初时期看似动荡却充满色彩，未走出保守却不断涌现开放思潮。这一时期大家辈出，他们的诸多著作，既是对历史的记录，更是对未来的启迪。"清末民初文献丛刊"囊括了这一时期在不同领域最有代表性的作品，以期给读者展现一幅更加真实、立体和多维的近代中国画卷。

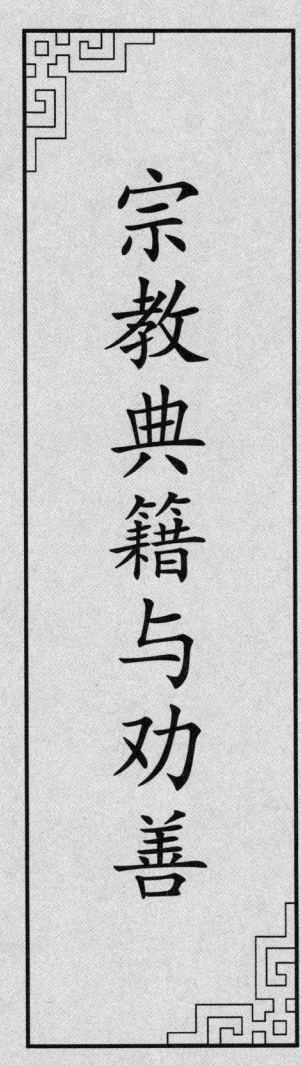

宗教典籍与劝善

《道藏集成》编纂出版缘起

何建明

道藏编纂是中国历史上各个重要文化发展时期的一项重要的国家工程，是中国文化发展与繁荣的一个重要标志。自唐代开元（713—741）年间编纂《开元道藏》之后，历代相继编修和出版了数十种不同的道藏版本，如《正统道藏》《道藏辑要》《藏外道书》和《中华道藏》等。《道藏集成》是在积极适应当代中国社会与文化高速发展的形势下力图继承和发扬历代道藏编纂的优良传统、将历史上各种道藏及藏外文献，特别是各种丛书中的道教文献及清代以后出现和新发现的各种道教文献进行全面的收集，并进行必要的重新分类整理，是中国道家道教文化史上的一次空前规模的历史文献结集工程。

与现有的各类《道藏》相比，《道藏集成》将充分尊重前人编纂与出版《道藏》的版权，合理借鉴和吸收其长处，并力图在以下几方面有所突破：一是收集的道教文献规模空前。既有《正统道藏》《万历续道藏》《道藏辑要》等已定成本的历史上的道藏文本，还有明清以来新产生和新发现的各类道教文献，同时还要对历代类书、丛书和各种抄本、稿本、图像、各类相关的艺术文学作品及各类相关的文物、考古发掘等进行分类、整理和编纂。二是全部采用原版影印的形式，以求存真。对版面不清晰的文献进行新技术处理，对敦煌文献采用影印件同时附录文字版，便于对照阅读。三是对《正统道藏》《万历续道藏》

《道藏辑要》《扬善半月刊》《仙道月报》等保留原刊样式及分类法外，将对其他文献按照现代学术要求进行重新分类（如教义、仪轨、方法、史传等）和版式处理，使传统文献以更清晰的面貌呈现给广大读者和道藏收藏者。总之，《道藏集成》的编纂与出版，对于推动中国道教文化及中国传统文化的研究将具有重要的学术价值和现实意义。

多年来，我在研究道教的历史、思想和文化的过程中，深切地体会到现有各类道藏和道教文献编纂的不完整性，另一方面也感受到这些已编成的道藏和道教文献集成在分类、整理等方面存在着的一些明显的缺憾，不能适应现代学术发展的迫切需要。这两个问题，当然不只是我个人的感受，其实也是国内外道教学术界的共同感受。所以，我一直有一个"道藏集成"编纂计划，就是想将现有的能够找得到的所有与道家和道教相关的道书都搜集起来进行重新分类和整理、出版，以便于国内外和教内外的学者及学道之人能够方便使用，也便于各类图书馆系统地收藏。我的理想目标是，学者或道家道教的爱好者、研究者们，只要想找他（她）想要的某种或某类道教文献，就可以通过检索《道藏集成总目录》，便知道要找的文献在《道藏集成》中的哪一编哪一册里，进而直接去查阅。

要实现这个理想计划，要有各种因缘的成熟，否则也只是空想。因为它毕竟是要花费超大量的人力、物力和财力的，还要有比较好的政治和文化环境。在这里，我要特别庆幸我们生逢其时，自1978年改革开放至今的40年来，中国发生了翻天覆地的变化，政治、经济、文化、学术等诸多领域都取得了辉煌的成就，中国的宗教界，包括道教界也出现了许多新的景象。这些都是我们要实现编纂道藏集成计划的基本前提。

我们搜集、整理和编纂、出版《道藏集成》的基本规划是：

1. 首先是对已经公开出版的各类道书和道教文献进行重新分类、整理，然后归类分辑出版。

2. 广泛征集和收集珍藏于国内外各道场或各机构的各类道书和道

教文献，对于各道场或各机构现已珍藏的各种道书及道教相关文献，我们会指导以各道场或收藏者的名义整理出来，然后归类分辑出版。

3. 如果收藏文献的道场或机构不能自己按现代学术要求整理，我们可以帮其整理，会在充分协商、相互尊重的基础上处理好版权所有者和整理者的署名问题。

4. 对于各道场、各公私机构或民间个人奉献出来的各类道书或道教文献，我们在充分征得收藏者同意的基础上进行扫描处理，并将原始文献归还收藏者，经过扫描和整理的道书，我们都将充分保护收藏者必要的版权，签订正式协议，并支付合理的报酬，或加印相应的书册。

"道藏集成"系列出版计划，至少包括以下各种合编：

1.《道藏集成》第一辑：正统道藏、万历续道藏

2.《道藏集成》第二辑：道藏辑要（包括嘉庆版和成都二仙庵版）

3.《道藏集成》第三辑：各种丛书类书本道家道教文献，包括册府元龟、四库各编、丛书集成、民国丛书、永乐大典、丛书集成、四部丛刊、历朝文献通考、大诏令集、全上古两汉六朝文、全唐文、全宋文、全唐诗、钦定大清会典事例等等。

4.《道藏集成》第四辑：道藏精华、庄林续道藏、广成仪制、道全集（海王邨古籍丛刊）

5.《道藏集成》第五辑：敦煌道藏（包括所有敦煌出土的中外道家道教文献）

6.《道藏集成》第六辑：道藏续编（《藏外道书》本重新编排体例及补充）

7.《道藏集成》第七辑：道藏补编（从当今各道观、民间道士搜集来的道教科仪本及独家传本）

8.《道藏集成》第八辑：道教方志藏（包括历代的编修和当代新修的各种道观志书籍）

9.《道藏集成》第九辑：道教文学藏（历代各种类型或形式的道教文学作品）

10.《道藏集成》第十辑：道教艺术藏（历史各种形式或类型的道教艺术作品）

11.《道藏集成》第十一辑：道教考古藏（各类历年考古相关文献及实物图像等）

12.《道藏集成》第十二辑：道教专题藏（如关圣帝君藏、张天师藏、吕祖藏，等等）

以上 12 个系列是我们编纂《道藏集成》的总体目标。我们力图在现有各类公开出版的道藏文献和现有收藏文献的基础上，以统一版式、统一装祯，并尽可能使文字和图像以最清晰的面貌展现在世人面前。

汇民国佛学思想于一书，
补历史文献之不足
——民国佛教期刊文献丛书 再现民国佛教全景

黄夏年

在民国之前，中国佛教界几乎没有自己的文化载体，有关佛教消息都是揭诸于报端，且多是负面的。辛亥革命以后，中国佛教界创办了第一份佛学刊物——《佛学丛报》，从此佛教文化事业如火如荼地开展，据不完全统计，到1949年为止，中国佛教界及其与佛教文化有关的单位共创办了300余种佛教刊物，出版了成千上万种读物，佛教开始复兴，并且在社会上产生了重要影响。这些佛教刊物的创办者可以说来自社会各界人士，既有佛教团体与寺院创办的佛教期刊，又有学院与居士创办的佛教学报，还有私人与公司创办的报纸媒体，总之林林总总，内容繁芜，观点各异，成为当时文化界、学术界的一大气象。然而，民国佛教界开创的佛教文化事业繁荣的局面并没有长期保存下来，由于抗日战争爆发，正处在上升势头的佛教文化事业，被戛然中止，寺院在战火中烧毁，僧人流离，绝大部分刊物都被迫停刊，仅存的几种刊物不能定期出版，整个佛教文化事业再次重新坠入衰颓状态。抗战胜利以后，又因内战的影响，虽然在出版文化事业上有所恢复，但是已与过去不可同日而语，依然未能重新恢复到抗战前的水平。

面对当代佛教的种种情形，百年民国佛教前贤的现代性杰作，我们现在读起来仍然感到隽永体味的深意。他们所碰到的各种问题，也是至今中国佛教界还在面对的难题；他们所提出的各种解决问题的办法，也是中国佛教界正在思考想到的办法；他们所走过的道路，也正是当前中国佛教界一直在试图摸索而找到的道路，当今转型期社会的佛教发展，无不依赖于民国前贤的睿智瞻识，换句话说，未来佛教的发展的理论建设，应是在民国以后而出现的现代性思想的基础上发展而来的，所以民国佛教的重要性是不可言喻的，没有古代大德对现代中国佛教建设的努力思考与变通，就不会有今天的繁荣佛教的局面。

可惜的是，这么有价值与宝贵的前贤的文化遗产，却在没到百年的时间已经寻觅不见。由于种种原因，民国时期出现的丰富的文化遗存，基本散佚，以至于研究民国佛教史上的人有资料匮乏、无处措手的感觉，成为当代佛教研究中的一个瓶颈。可喜的是，经过有心人的努力，民国佛教的资料正在陆续不断地找回。因其数量庞大且分散收藏，鉴别甄选不易，收录起来更是弥足艰难。编委会特邀请了国内外知名佛教学者组成强大的专家队伍，进行海量筛选，并且调用了全国20余家图书馆和十数家民间收藏机构的资源，历时十余年的汇集、制作，最终基本完成了这一具有重大意义的历史文献的编辑和出版工作。2006年《民国佛教期刊文献集成》正编出版，收集了已经找到的152种珍罕期刊，编为209卷。其中未见各著录者有37种，各馆藏孤本39种。像曾经影响了几代学人的《海潮音》《威音》《内学》《微妙声》《世间解》《狮子吼》等名刊皆以完整的面貌再现世人。2008年《民国佛教期刊集成》补编86卷再次出版，其中新增收民国佛教期刊86种，并对《集成》中所收期刊中的56种进行了不同程度的增补，其中补齐者多达34种。在2013年，民国三编又正式出版，共35卷，共收入刊物70种。目前整套《民国佛教期刊文献集成》已达330卷，其总量已与历代大藏经相当。在整理出版期刊文献的同时，又将"佛教报纸"这一稀见品种单独出版，八开13册，于2008年出版。自此，正编、补编、三编加之报纸文献，基本已将民国时期的佛教期刊收罗殆尽，这在项目之初是并未预料到的，自出版后的反馈情况来看，其在佛教界与学术界已经产生重要影响。特别是学术界，利用这套资料来撰写论文与

学术著作的人日益增多,已经出现利用这些资料撰写的博士论文和申报了国家课题的行为,研究民国与当代的佛教,不参考这套《民国佛教期刊文献集成》是不可能的,这已成为学术界的共识。

这部丛书的相继出版,其意义是多方面的。民国时期作为中国历史上一个特殊的时代,其重要性已经凸显。作为中国佛教史上的民国佛教,其意义自不待言。首先,因为民国佛教是沿袭明清佛教而来的,而明清佛教又是当代佛教模式的源头,所以研究民国佛教的重要性在于,既能对以往的明清佛教作一个回溯,又能对当代佛教的未来有一个清醒的借鉴,它既继承了过去,又开创了未来。其次,研究历史和思想文化,重要的是资料积累,没有资料就无法研究。近年来我国学者对近现代佛教的研究相当重视,但是由于资料还不充分,现有的研究成果主要是囿于几个重要人物或思想的研究,还不是真正意义上的全面研究。现将绝大部分民国佛教刊物影印出版,既扩大了学者的视野,又为学术研究的深入打下了基础。再次,民国期间,发生过许多重大的佛教学术争论,像当时出现的有关《大乘起信论》真伪的争论、佛陀诞生年代的争论、法相唯识是一家还是两家的争论、对密教评价的争论等等,不仅对当时佛学研究的深入起到了重要作用,其影响一直持续到现在。透过影印的民国刊物,我们既可以了解过去佛学界关心与研究的重点议题,也对进一步研究提供了基础,可以避免一些课题的重复研究,取得更好的研究成果。另外,这批珍罕民国佛教期刊的原样影印面世,对现在许多寺院建设寺院文化、重编寺志提供重要情况与资料;对近代以来兴起的"居士佛教"和"居士佛学"做出历史的梳理,也可以为现在的居士管理提供有益的借鉴;对民国时期佛教改革、佛教思潮、佛教教育、政教关系等的发展和演变提供史料,加深人们对它的认识。

总之,民国佛教期刊的整理和出版,对佛教界和学界来说是一件值得重视的大事。我们今天站在更高的起点,重新审视以往,对前人所做的工作与成就更能有一番新的认识。

《大方广佛华严经》出版缘起

陈红彦

《大方广佛华严经》，是大乘佛教重要经典之一，简称《华严经》《杂华经》。系佛成道后在菩提场等处，借文殊、普贤等上位菩萨记述佛陀之因行果德，开显出重重无尽、事事无碍之妙旨。我国华严宗即以本经立宗。

汉译《华严经》主要有下列三种：（一）六十华严。六十卷。东晋佛驮跋陀罗译。又称旧华严、晋经。（二）八十华严。凡八十卷。唐实叉难陀译。又称新华严、唐经。八十华严之梵本，乃实叉难陀应武则天之请，从于阗国携入我国，据记载于遍空寺内始译，武后亲临译场，挥毫首题品名。新译之八十华严比旧译之六十华严，文辞流畅，义理更周，故流通较盛。华严宗之主经即此八十华严。（三）四十华严。凡四十卷。唐般若译。全称《大方广佛华严经入不思议解脱境界普贤行愿品》，略称《普贤行愿品》，又称贞元经。

近期，文物出版社与北京奎文阁文化传媒有限公司联合影印出版了《大方广佛严华经》，所据底本为国家图书馆藏宋杭州朱绍安等刻本，此《大方广佛华严经》系实叉难陀译八十卷本。

实叉难陀（652—710），又作施乞叉难陀。译作学喜、喜学。僧人，翻译家。于阗（新疆和田）人。实叉难陀大、小乘皆通，并通外学。武则天因旧译《华严经》不够完备，即遣使于阗访求完备的梵本，并

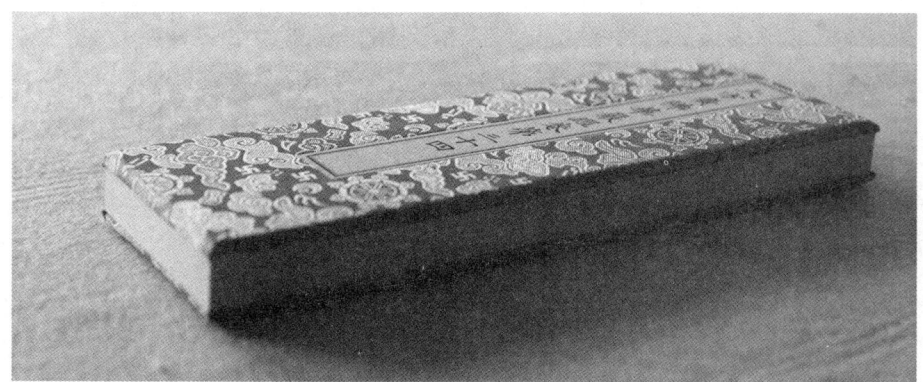

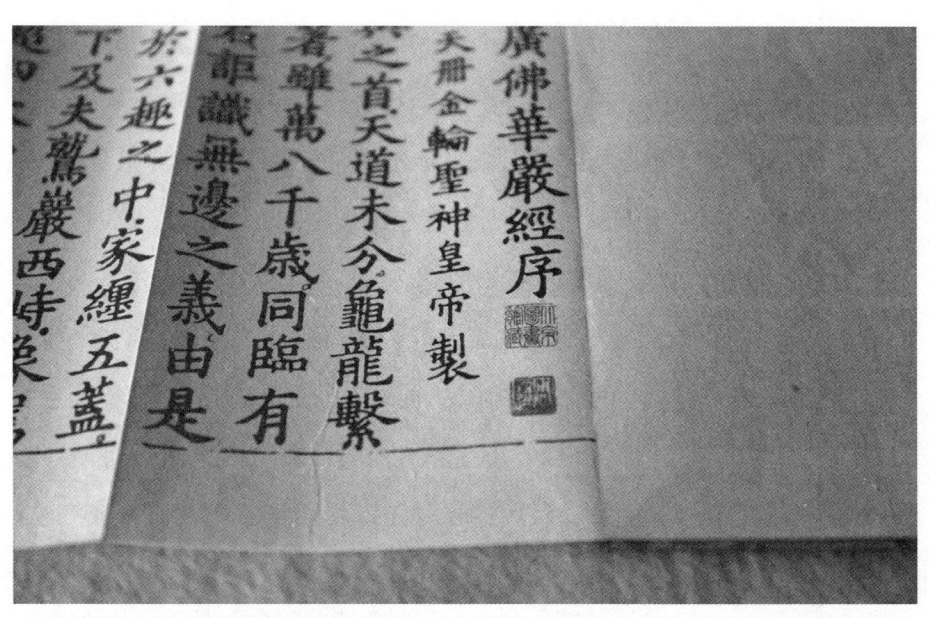

聘请译人。实叉难陀应聘带《华严》梵本，于证圣元年（695）抵洛阳，在内廷大遍空寺，与菩提流志、义净、复礼法藏等重译，圣历二年（699）译成。据《宋高僧传》记载，他共译经十九部一百零七卷。最主要的是《华严经》和《大乘入楞伽经》。

此八十卷本，每卷一册，全书共八十册，经折装，每开五行，行十五字，大字初印，刻印精美，纸莹墨润。前人所谓"纸如玉版，墨似点漆"者，当即此类。各册以深紫红色漆板加护，以墨笔题写经名卷数。朱绍安等为施刊者，卷一至三十各卷后题："杭州弟子朱绍安并妻潘氏四娘男世宁发心开此经印板三十卷奉为四恩三有法界众生"，为朱绍安一家施刊。其余各卷施刊人署名有籍贯者，杭州九人，越州一人，明州一人，苏州一人，系宋时浙刻精品。

著名藏书家周叔弢先生一九五二年将其毕生收藏珍贵善本无偿捐赠给北京图书馆（今国家图书馆，下同），其中便包括这部宋朱绍安刻《大方广佛严华经》，存七十九卷七十九册，缺卷三十四一册，弢翁藏时曾补以宋宝祐二年（1254）江陵府先锋隘李安桧刻此册以成完帙。该册卷末有劳健手跋：

> 沈丈寐叟藏北宋椠华严经八十卷，余襄作缘归之叔弢，纸光墨采，莹洁动人，宋刻上驷也。惜缺第三十四一卷，差为美中不足。顷叔弢从范成和尚乞得此卷，适补其缺，功德圆满，是大快事。此卷为宝祐李氏刻于襄阳者，范成和尚藏数十卷，他卷有李氏题记，因依式摹写而记其后云。戊寅（1938）七月桐乡劳笃文识。

劳健，字笃文，与周家两代世交，劳健更是弢翁莫逆，小楷精妙，周氏藏书中多有其手跋。跋中沈丈寐叟即海日楼主人沈曾植（1850—1922）。宋朱绍安刻本《大方广佛华严经》原属沈曾植家，后归周叔弢。弢翁藏时曾补一册宋宝祐二年（1254）江陵府先锋隘李安桧所刻卷三十四而成完帙。

1990年3月，著名藏书家藏园傅增湘先生文孙傅熹年先生在全国政协开会时，告知北京图书馆冀淑英先生，在清理劫后退还的先祖遗书时，发现宋刊宋印本《大方广佛华严经》卷三十四，恰为馆藏所缺之册。《藏园群书经眼录》卷十著录："大方广佛华严经八十卷，存卷三十七一卷，宋潘四娘刻本，五行十五字，卷末有女弟子潘四娘跋记。按：是书大字初印，或是北宋刻本。封面漆板及版上题经名卷数均为宋物。"所记"卷三十七"，或为藏园先生误记。傅熹年先生请冀淑英先生代为联络办理捐书事宜。当年5月，国家图书馆接受捐赠，这一重要古籍终成完帙。捐赠前傅先生全家曾致函北京图书馆：

> 北京图书馆负责同志：
>
> 最近我们在清理劫后退还的先祖藏园先生遗书时，发现宋刊宋印本《大方广佛华严经》卷三十四一册，恰为贵馆藏本所缺。由于先祖生前和贵馆有很深的历史渊源，他手校书八百余种和生平所藏主要善本都保存于贵馆，我们一致同意将此册无偿地捐赠贵馆，使成完璧，敬希哂纳。
>
> 先祖生平耽爱典籍，经他搜访配补使成完帙的古籍有数十部之多，最著名的即今藏贵馆的宋绍熙四年吴炎刊《东莱标注老泉先生文集》，经三次搜访始成完书。现在我们有机会能效法先祖的榜样，使这部八十卷巨帙的《华严经》分而复合，缺而复全，极感荣幸。
>
> 专此，并祝
>
> 敬礼
>
> 　　　　傅熹年、傅煮年、傅万年、傅美年、傅燕年、傅嵩年、
> 　　　　傅钰年、傅延年、傅颀年、李治崇、李莲同启
>
> 　　　　　　　　　　　　　　　　　　　一九九零年四月

1990年7月6日《北京图书馆动态》第23期，发表了冀淑英先生的署名文章《傅熹年先生捐赠宋版〈大方广佛华严经〉》，记录了北京图书馆藏书建设中这一重要事件。2011年，曾经亲历此事的国家图书馆古籍馆程有庆先生在古籍馆刊物《文津学志》第四辑上发表文章，对《傅熹年先生捐赠宋版〈大方广佛华严经〉》加的补记，还原了这件稀世珍宝剑合珠还的往事。

正如冀淑英先生在《傅熹年先生捐赠宋版〈大方广佛华严经〉》一

文中所言："此传世仅存《华严经》之一卷不知流散若干年，今得全书重聚，破镜复圆，……昔年藏园、叔弢先生两前辈毕生辛勤访书收书……宋元旧本经两先生搜访配补使成完帙的古籍有数十部之多，……两前辈费尽苦心，使全书缺而复完者。今此《华严经》得全，当亦两先生宿愿再偿也。"

《大方广佛华严经》译成于唐，刊刻于宋，历经千百年的洗礼，仍能珠联璧合，全帙留存，是历代藏家特别是周叔弢、傅增湘的宝藏和玉成，也是国家图书馆前辈冀淑英先生等的无量功德，或许亦为无处不在的神物护持。近来文物出版社、北京奎文阁文化传媒有限公司以国家图书馆所藏此宋刻本《大方广佛华严经》为底本，使这一珍贵典籍首次以影印方式化身千百，以广流传，既为再续前缘的功德无量，也是在新时代，让珍贵古籍走出深闺、广为利用的重要实践，可喜可贺。

满文文献鸿篇巨制
经藏法宝智慧如海
——《故宫博物院藏版清乾隆满文大藏经》

翁连溪

佛教自汉代传入中国，经籍经过历代的传布、翻译、撰集，业已成为中国文化不可缺少的重要组成部分，是中华民族共同的精神宝藏。《大藏经》是一切佛教经典的总汇，汉文《大藏经》分为经、律、论三部，佛的教法称为"经"，佛的教诫称为"律"，佛弟子研习经律之著述称为"论"，统称"三藏"。藏文《大藏经》则分为《甘珠尔》《丹珠尔》两部，前者为汉文《大藏经》的经藏、律藏，后者为论藏部分。这是我国历史上翻译和纂辑比较早的两种文字的《大藏经》，在历史上多次纂辑、重刻，并对以后其他文字《大藏经》的译刻产生了重要的影响。

清代是一个民族大一统的王朝，人口比重较大的汉、满、藏、蒙几个民族的人民信仰佛教者居多。为教化民众，加强统治，加之清代初期的几位君主比较亲近佛教，所以清政府又重新组织刻印了藏蒙汉三种文字的《大藏经》，并翻译刊刻了能够满足满族佛教信众的满文《大藏经》。

康熙二十二年（1683），北京版藏文《大藏经》于北京开始刻印，《圣祖重刻〈番藏经〉序》称："祝颂两宫之景福，延万姓之鸿庥，番藏旧文，爰加镌刻。"经过十多年，《甘珠尔》刊刻完成。世宗雍正皇帝又续刻《丹珠尔》。乾隆二年（1737），宫中将《甘珠尔》和《丹珠尔》重新整理出版，藏文《大藏经》完成，史称乾隆修补版，因刻于北京，又称北京版藏文《大藏经》。

康熙五十六年（1717），康熙帝颁谕制作蒙文《甘珠尔》，经版历三年寒暑刻竣。

雍正十一年（1733），雍正帝下令以明代汉文《永乐北藏》为底本刊刻汉文《大藏经》，乾隆三年（1738）完成，称"乾隆大藏经"，又称"龙藏"。

乾隆六年至十四年（1741—1749），又将《丹珠尔》译成蒙文，与康熙年间刻的蒙文《甘珠尔》合成一部完整的蒙文《大藏经》。

至此，清宫中刊刻的《大藏经》已有藏文、蒙文和汉文三种。

据《乾隆朝上谕档》记载，乾隆皇帝认为，自己出身的满族，人口众多，信仰佛教者也为数不少，但是语言文字与别族不同，以前也没有译为满文之佛教经典。若将《甘珠尔》译成满文，实是造福后代之善举。遂命三世章嘉国师将《甘珠尔》译成满文，简选学府中成绩优异者、在京喇嘛中通晓语言文字者与几位学识精深的僧人一起开始翻译经卷，并于宫中西华门内特开清字经馆，翻译刊刻满文《大藏经》。

乾隆皇帝视满文《大藏经》的译刻与《四库全书》的纂修、"十全武功"之记述为同样重大之事。译刻满文《大藏经》在佛教译经史乃至清代文化史上占有重要地位。工程浩大的满文《大藏经》从翻译到雕版印刷、经函的装潢，无一不代表了清代书籍编印的最高水平。

清字经馆设置之始，乾隆皇帝颁布谕旨，对译经机构职事的配比、人员的选择，甚至内容的编辑都作了具体的指示，并要求章嘉国师董其事，每得一卷，即进呈御览，"候朕裁定"。译经机构包括总裁4人，副总裁3人，提调官5人，纂修官9人，收掌官18人，阅经总裁1人，阅经副总裁4人，办理经咒喇嘛4人，校对喇嘛4人，总校僧人2人，诸经僧4人等，共96人。其中总裁有和硕质亲王永瑢，多罗义郡王永璇，太子太保、文华殿大学士和珅，副总裁为吏部尚书金简及章嘉呼图克图国师等，他们皆精通经史，博学多闻，这使满文《大藏经》的翻译、刊刻在人力上有了可靠的保障。

自乾隆三十八年（1773）降旨译刻满文《大藏经》，经过18年的努力，至乾隆五十五年（1790），满文《大藏经》的翻译工作全部完成，部分经卷印刷成帙。同年二月高宗亲撰《清文翻译全藏经序》。在满文《大藏经》翻译告竣且部分经卷刷印完成的同年十二月，译经处清字经馆遭遇大火，损失严重，部分经版被烧毁。烧毁部分又重新雕版，至乾隆五十九年（1794），满文《大藏经》才全部刷印装潢完成。共刷印12部，每部108函，收佛教经典699种，计2535卷。乾隆五十九年（1794）后未见重新刷印的记载。

这部满文《大藏经》，如今在北京故宫博物院收藏了76函（夹），605种（33750页）；台北故宫博物院收藏有32函（夹），800余卷。勘对其目录、装帧形式及版框尺寸，均为清内府清字经馆原刻朱色初印本。皮藏两地的满文《大藏经》非常珍贵。据载，1932年日本人多田等观（原东北大学讲师）在承德避暑山庄调查时又发现殊像寺珍藏一部，但今已不知去向。另据记载，西藏布达拉宫收藏一部（缺一函），法国巴黎图书馆收藏一部，但未见《世界满文文献目录》著录。此外再无存世的记载。据清礼亲王《啸亭杂录·续录》云，为刷印该书所雕刻的几万块梨木经版尚存，"初储经版于馆中，后改为实录馆，乃移其版于五凤楼中存储焉"，鲜为外界所知。故宫博物院整理重印的满文《大藏经》即利用了这些经版。

满文《大藏经》每函由经页、内层护经板、内经衣、外层护经板和外层经被组成。经页朱色双面印刷，长73厘米，宽24.5厘米，由内层上下护经板、外层上下护经板保护。内层上下护经板皆为木质，外包金黄色织锦面制成，长73.7厘米，宽24.6厘米，厚2.3厘米，其中内上层护经板装饰最为庄严华丽，板面分别由金、黄、红三层精制的织锦覆盖。中间凹进部分正中呈现泥金满文书"顶礼佛、顶礼法、顶礼僧"的敬语及本函（夹）第一部经名、卷数，两侧各彩绘佛、菩萨像一尊，形象鲜明，风格独具。内下层护经板的板面绘四至五尊护法神图像，每尊像的右下角以藏文、左下角以满文直书其名号，右框边以汉文、左框边以满文恭题该函（夹）的第一部经名。整函经页全部依顺序码放整齐，经页的四周呈现出八吉祥图案，两端一拼成喷焰摩尼图，一拼成火焰图，火焰图中又拼成该函第一部经名字样，这样不但美观整齐，而且利于经页码放及保管，经页一旦码放错乱或丢失，四周图案即错乱，便于发现及查找。外层上护经板长77.5厘米，宽27.5厘米，厚3.7厘米，底平，上为弧形，为木质红漆描金制成。板面凸起，四框正中由左至右以泥金绘出胜利幢、金鱼、宝瓶、妙莲、右旋海螺、盘长、宝伞、金轮八吉祥图案。为便于搬运及收藏保护，内层经页、护经板要用丝质黄色的经衣包裹起来，再用外层护经板上下保护，并用长约25米的经带把整部经函捆扎起来，外面再用1.5米见方的绸面黄色丝棉经被包裹，用黄色笺条粘于包囊外，注明该函卷数，就成为一部完整的经函（夹）。

满文《大藏经》中有大量精美的插图版画作品，但在中国版画史、佛教版画史及清内府版刻研究中都未曾提到。这批版画为整版独幅版画，据笔者观察，不同内容的版画不下几十幅。每幅版框纵16.5厘米，

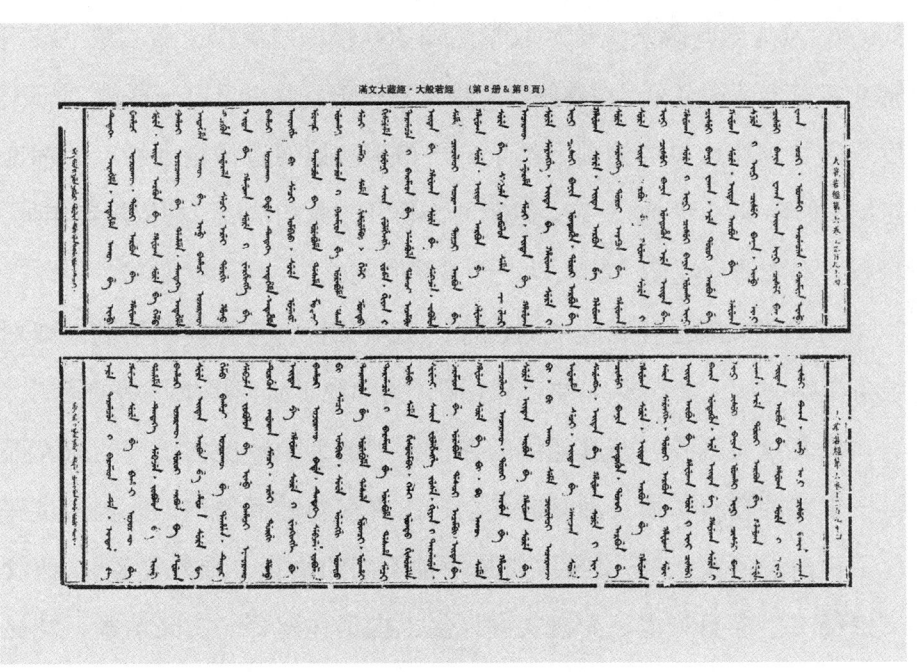

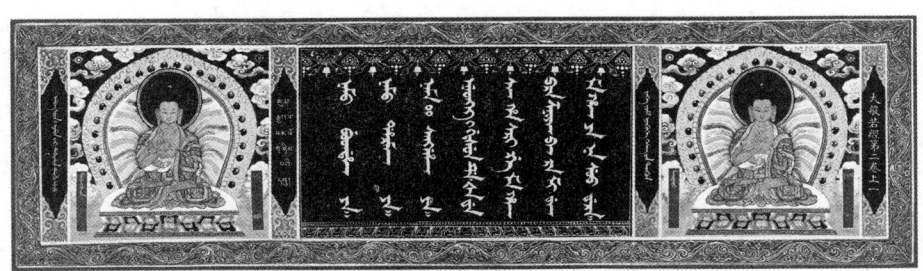

横 59 厘米,为每函(夹)经的扉页画和末页画。扉页画左、右为佛、菩萨像各一尊,末页插图版画中有四至五尊护法像,为护法神、龙王、天王等。

这批佛教版画中,有一些形象奇特、怪异的图像,在一些著名的佛像学著作中未见著录,如《喇嘛神像集》收录藏传佛教先圣及诸天等

300幅，《诸佛菩萨圣像赞》收录画像360幅，并用汉、满、蒙、藏四种文字标出各像名号，在佛像学上极富有价值。其中又有一些佛、菩萨、度母等像，在形象的绘刻上都十分严格地按照《造像量度经》的标准定制，如佛像的手势、姿态，佩戴的饰物及刻版的法度，均依规定作画、镌版，形象非常规整，给人以庄严肃穆的美感。

满文《大藏经》版画中的造像，造型独特，人物描绘生动，镌刻线条流畅圆润，具有较高的绘刻水准，为佛像学研究提供了新的资料。

满文《大藏经》及其经版的存世，不但为少数民族语言的研究提供了丰富的资料，而且翻译时又创造出许多新的满语词汇，进一步深化了满语的语义。"满文与汉文是两种不同的语言，难分优劣"，但汉文佛经文字深奥难懂，而满文翻译多以白话体对译，文义清晰，浅显易解，有助于了解汉文佛经的文义。另一方面，满文《大藏经》又是清代"盛世"的产物，代表着清内府书籍雕版印刷及装潢的最高水平。

（本文节选自2001年第6期《故宫博物院院刊》所载《乾隆版满文〈大藏经〉刊刻述略》）

百科全书式的道教文化总集
——明刊《正统道藏·万历续道藏》

孟进军

《正统道藏》：道教文献宝库

道教自东汉创立以后，随着不断发展，其经典也不断增加，梳理纷纭的道经也成为必然之事，先后出现了陆修静《三洞经书目录》、陶弘景《经目》和《玄都经目》这样对道经进行整理的目录类书籍。此后又开展了纂修全藏的工作，如唐玄宗时纂修《开元道藏》，宋真宗时纂修《宝文统录》《大宋天宫宝藏》，但这些都是抄本形式，直到宋徽宗政和年间刊行《万寿道藏》才出现以雕版印刷的全藏。此后金代孙明道刊《大金玄都宝藏》，元宋德方刊《玄都宝藏》。但这些道藏在元宪宗、元世祖两次焚经及天灾、战乱中损毁了。明代两次敕修道藏，正统年间刊成《正统道藏》，万历年间又增辑后出道经一百八十卷，称《万历续道藏》，传统上说《正统道藏》即包含《万历续道藏》在内。这是1949年之前纂修的最后一部道教大藏经，也是现存最完整的一部道藏。这部道藏的纂修是元代道经大规模损毁后的抢救性工作，也是对处在衰落中的道教经籍的保护性工作。

明清两代多次颁赐《正统道藏》给全国宫观，所以《正统道藏》成为明代以来天下宫观主要供奉的道藏。后世也出版了许多有关《正统道藏》的续书和研究性书籍，如明白云霁编《道藏目录详注》，清彭定求等人编《道藏辑要》、闵一得编《道藏续编》，民国丁福保编《道藏精华录》、翁独健编《道藏子目引得》、陈国符著《道藏源流考》，当代任继愈主编《道藏提要》、朱越利著《道藏分类解题》，法国汉学家施舟人编《道藏通检》等。

《正统道藏》保存了自东汉至明万历年间的大量道教经典，内容十分丰富，包括教派、人物、神仙、名山、宫观、戒律、科仪、教理、方术、法术等，是研究道教的文献宝库，要研究道教就离不开《正统道藏》。道教作为传统文化的重要组成部分，它的经典总集《正统道藏》也是国际上研究汉学的主要资料。

《正统道藏》的多重研究价值

随着对《正统道藏》研究的深入，针对其中包含的其他领域的研究也开花结果。《正统道藏》中除了收入大量直接属于道教的道经之外，还收入不少哲学、文学、艺术、音乐、地理、军事、医药、炼丹类书籍，如果把它们分类摘录、汇辑，然后点校、注释，将对科学研究有极大贡献。国内外学者发现，研究中国传统科学史，就必须研究道藏，很多学者就是因为研究中国科技史而深入道藏，成为卓有成就的道教研究学者和汉学家。如英国的李约瑟博士研究中国科技史，即以道藏为主要研究资料，他的研究证明，火药是道士在炼丹的过程中发明的，依据就是《正统道藏》中收录的唐末成书的《真元妙道要略》。此外他由 6 世纪出现的《三十六水法》一书证明，中国人在当时已经在做水溶化学反应的实验，书中有水的配方，有无机酸的反应，有把铁放在铜溶液中提取铜的方法。

《正统道藏》中的一些注疏类书籍，其内容不属于道教，作者也非道士，只是所著之书为道教所信奉的《道教真经》《南华真经》《阴符经》等。《正统道藏》中收入的一些医学著作，只因其作者为道士，如孙思邈之《千金方》《千金翼方》。还有一些易学和占卜方面的书，因为道教也吸纳了这方面的内容，所以被收入道藏。这些书籍都是研究中国传统哲学、医学及民俗方面的重要资料。

《正统道藏》作为明版图书，本身就属于善本，版本价值很高，而其中一些书版本价值更高。有些古籍赖《正统道藏》而得以保存，如研究墨家的直接资料《墨子》。不少著作的文字带有宋代的避讳现象，如避"胤""恒"等字，这些著作有可能采自宋本道藏，在现存的各版本中，其文字更接近该著作的原貌。有一些书是现存各版本中最早的本子，比如《无能子》。还有一些书，比如《抱朴子》《韩非子》等，是现存各版本中最佳的本子。

《正统道藏·万历续道藏》的特点

《正统道藏》问世以来，明清两代多次重印，但存世稀有，连民国时期商务印书馆用于影印的涵芬楼版也存留不多。20 世纪七八十年代，台湾和内地相继影印过这部明版道藏，但仍难以满足日益增长的研究和复兴中的道教的需求，因此，近期国家图书馆出版社将其重新影印出版。与 20 世纪影印出版的各版道藏相比，此次国家图书馆出版社出版之《道藏集成》第一辑《正统道藏·万历续道藏》有如下特点：

一，因为存世的各明版《正统道藏》都有不同程度的残缺，这次影印时，参考多个版本进行了修补。

二，经文中大量的图像，用国家图书馆馆藏明版《正统道藏》重新拍摄制作，重新制作后的图像及图像中的文字清晰度大幅提高，有利于对道藏图像的研究。

三，参校多个版本，避免了各影印本出现的一些编校错误。

四，涵芬楼本影印时，虽然册数有所压缩，但仍然达 1000 多册，不利于检阅。后期各影印本多采用 16 开本或 32 开本，每页印制原版 9 折或 12 折，册数调整为 36 册或 60 册。这样虽便于检阅，但版面密集，字体不免细小，阅读时易致眼目疲劳，而且不利于讽诵。此次影印也

采用16开本，但是每页只影印原版6折，分为上下两栏。每页6折的版面，每字达5毫米见方，阅读起来就舒适多了，版面疏朗，更加美观。

这样的版面自然会增加册数，所以此版本共计108册。这样的册数，相比36册和60册，阅读起来并不会增加多少麻烦，反而因为每一页文字量少，更加容易查找经文。对于道教宫观来说，这样的册数不多不少，更加适宜供奉。

五、各影印本，除涵芬楼本在影印时保留了原版面上下边线，其他各本都去除了边线，代之以新制作的框线。此次影印，保留了原版面上下边线，这样就保留了明版《正统道藏》的版式，显得古色古香。

六、此次影印采用精装形式，内页用70克胶版纸，封面为布面压痕，触手舒适；封面颜色采用道教常用的红色，色泽鲜丽，美观大方。

笔者希望，这部新影印版《正统道藏》在道教界自身的文化建设方面和道教研究领域能够充分发挥作用，促进道教文化的发展与进步。

明代皇家道教秘籍《御制全真群仙集》

方应权

《御制全真群仙集》(以下简称《群仙集》),共三卷五册,明宪宗朱见深辑,成书于明成化十九年(1483),手抄彩绘本,现藏国家图书馆,孤本传世。卷内有序二篇,其一为朱见深序,其二无题撰人,但钤有"荆陵斋""雷阳书"等印;第四册中有"明道总序",亦未见题撰人,钤有"荆陵高氏""雷阳子书"二印,由此可知此书乃雷阳子高宗周所编。

明宪宗朱见深(1447—1487),是明英宗朱祁镇的长子。正统十四年(1449),土木之变,英宗被俘,皇太后命立朱见深为皇太子。英宗去世后,朱见深即皇帝位,次年改年号为"成化"。他于成化二十三年(1487)去世,庙号宪宗。宪宗热衷书画,擅画人物、花鸟。成化时期"僧道俱幸",僧道方士多因向皇帝进献丹药和房中术而得重用。朱见深认为,若精心调养,自己就可以长寿,所以从即位起就特别注意养生,对道教的长生理论表现出浓厚兴趣,并由此尊崇恩遇真人方士。《群仙集》就是他根据历代道教经典名著,辑录其中有关修炼的要点而成。下面从题名、内容和绘画三个方面,对此书略做介绍。

题名"全真",实则不限

此书题名《御制全真群仙集》,而实际上并非局限于全真一派。首先,序言中云:"太上设教,其微言奥旨,皆所以导人归于修行之路","黄帝铸九鼎而驾苍龙,徐甲得神符而轻毛骨,淮王炼八琼而拔家宅,旌阳餐翠华而致玉诏"。序言从太上老子设教、黄帝修道飞升,以至徐甲成骨悟道、淮南王的"鸡犬升天",直到许旌阳的成道"拔宅",历数了早期道教史上修黄老之道而成仙的例子,说明朱见深是以纵观全局的角度来采撷道教各家修炼法术之长,而非独厚全真一派。其次,在第四册开头,有雷阳子撰《全真群仙集明道总序》,第四、五册为全真诸子语录以及编纂者雷阳子等人关于全真思想的发挥,只有这两册才是名副其实的"全真群仙"。从卷首的"群仙集三卷总目录"可知,全真的经典只占全书的三分之一,书中的插图人物更是涉及各家各派。

内容丰富,渊源有自

此书专取道教修炼法诀,而以钟吕金丹道为主,多采南五祖、北七真之说。整部《群仙集》未被收入《道藏》,但仔细检阅其中内容,均可从《道藏》经文中寻找到蛛丝马迹。全书共分上中下三卷,目录载篇目40篇,然而有18篇缺失,第五册中《丹阳真人论炼精炁章》和《荆陵雷阳叟访友自说》诗一首目录中未列出。所以,此书目前所见实际篇目为24篇,除《长春丘真人九转丹章第五》《海蟾刘真人述修命章第六》《丘真人寄同道君》等9篇,其余《太上论修身日用之要章第一》等13篇均能在《道藏》中找到明确的出处,略述如下:

第一册内容较为完整,主旨皆为日常修身之要,均节选自《群仙要语纂集》,篇名与原出处相同。《太上论修身日用之要》与《关尹子修身节要》节选的篇幅均短,唯《白玉蟾玄关显秘论章》节选了较长篇幅,然顺序与原文不同,末尾页为雷阳子撰《谨按臞仙归空捷径》以为说明。

书中叙"臞仙之妙论",臞仙即明初的宁王朱权,《万历续道藏》中收有其著作,值得研究。

第二册中的篇名为《全真群仙集活套》,其内容实为李道纯《中和集》卷三部分内容。其后的《述工夫十五首诗颂》,则为李道纯《中和集·诗部》中《述工夫十七首》中的"发蒙、采药、进火、日用、固形、交合、明本"七首。《诸师论性命歌颂章》在目录中写作"诸师发明性命歌",实际位置在《长春真人九转丹章》之前。《诸师论性命歌颂》《长春丘真人九转丹》及《海蟾刘真人述修命》三篇内容均在《太上老君说常清静经注》中可见,摘录后雷阳子于前后稍作编辑。

第三册全册为《钟吕二仙问道章》,内容节选自《钟吕传道集》。

第四册开篇即为《全真群仙集明道总序》,又有题名"全真群仙集",因此《群仙集》的下卷,即第四、五册应为全真语录。第四册中的《太上炼金食炁章》篇幅最长,前半部分为《太上混元老子史略卷下》中的节选,后面掺杂有《真仙直指语录卷上》《长春邱真人寄西州道友书》中的部分内容,前后有雷阳子所加按语。第五册中的《王祖师论打坐章》《重阳降心诀章》出自《重阳立教十五论》中的第七、第八,《丹阳论丹道诀》为《马丹阳真人语录》中的一段与其他道经的杂成。而《重阳祖师分合性命章》《丹阳真人论炼精炁章》及《达摩王祖师归空捷径》三篇，经查找今本全真王重阳、马丹阳文集，都不见此章节，应为作者或他人托名所作。《吕纯阳黑虎夺命丹》为治疗疼痛伤寒等症的药方，吕祖书中并无此方，亦应是托名之作。《嘉禾李庆述雷阳记》，记述高宗周名号、形象，称颂丹道之好。《雷阳老人了身话颂》《回阳明心歌词章》及《荆陵雷阳叟访友自说》等为编者雷阳子等人对于全真修炼之法的体悟与发挥。

插图艳丽，精彩纷呈

《群仙集》中共有插图128幅，每一幅图都与所对应的文字内容紧密相连，不仅烘托出所要表达的主题，并且对文字起到了补充作用，尤其是对道教内丹文和诗的阐释，非常形象生动。绘画者技艺高超，无论是人物还是山水，都刻画得非常细致，画风有明显的明代特点，绘画技巧又代表了明代绘画的较高水平。

第一，人物服饰具有明代风格。书中人物大部分为道教神仙与道士，然而人物服饰却丰富多彩，毫不单一。大概是因为画师非道士，人物并未全都着道服，但是都具有明代着装特点。等位高的神仙比照明代官员的公服，学道的道士着装则较随意、生活化。

明代文武官员公服一般按品级不同，颜色花纹各有区别，大官红

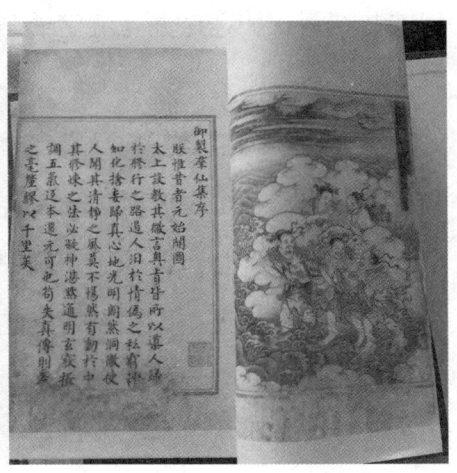

袍，中等青绿袍，小官檀或褐绿袍。此书插图中神仙的衣袍，即体现了这一特点。如第一册中的三清图，三清为道教最高神祇，因此画中皆着帝王冕服，头顶莲花冠，着黄色衬衣，外罩深浅不一的绿色长袍，原始天尊为深绿，灵宝天尊为翠绿，道德天尊为浅绿。又如书中多次出现的太上老君图，皆着黄色云纹衬衣，外罩绿色云纹大袍。其他人物的服装也都以绿色为主。

明代官员的公服为袍服，盘领右衽，两袖比较宽肥。而此书中所绘人物无一例外都是宽袍大袖、盘领右衽。第一册中的三皇五岳八仙图，三皇五岳皆戴衮冕，袖口三皇最宽，五岳次之，八仙则为便服，百姓打扮，三皇中有两位穿红袍，均披绿色披肩。

第二，人物造型颇具特色，且前后一致，具有叙事性。书中多次出现的太上老君，全部着黄色云纹衬衣，外罩绿色云纹大袍，头发全白，向后散披，两鬓有散碎发向外髭出。丘处机的形象也屡次出现，或站或坐，或单人或群像之中，虽情景不同，造型却是相同的，皆以冠束发，冠用绳子穿系，从头顶顺两端垂下至下巴系住，不见黑发，且头发稀少，因此绳子应该是起固定作用，画的似乎是中年以后的丘处机。

此外，王重阳穿黄褐色衣袍，偶尔戴披肩，其中一幅着虎斑纹毛皮披肩，两幅着树叶披肩。吕洞宾顶华阳巾，佩宝剑，与明代同时期吕洞宾画像一致。马钰头梳三髽髻，白玉蟾散发，而钟离权头梳双髽髻，连鬓胡须，蓝边大袍，树叶披肩……这些重复出现的人物，前后的造型着装统一，加之图画与文字的紧密结合，使得整部书具有很强的叙事性。

第三，画面构图讲究，人物刻画生动。此书插图的作者为宫廷画师，其后临摹的画匠功底也不一般，因此插图所体现的明代绘画风格明显。第一册中有一幅学道群仙图，图中共七人，六男一女，并且根据书中前后一致的人物造型即可判断出是全真七子，丘处机站在前面一排的最左边，其他人依次站立，分成两排，除马钰扭头看着身边的孙不二之外，其余人皆拱手抬头，目视上方，神色虔诚地聆听仙人传道（有五人着绿袍，没有戴冠，都是以布巾扎头，表现的应是七真成道前的状态）。背后绘有松柏、岩石等为装饰，除了人物表情生动传神之外，整个画面构图疏密有致，颜色搭配协调，毫无杂乱之感。

观全书之绘画，无论是单人还是多人，既不单调又不凌乱，尽显神圣庄严之感。每幅图都衬有祥云、松树、岩石等背景，背景亦绘制得极为精致，充分体现出明代绘画水石粗健的特点。

此书插图艳丽精美，具有相当高的艺术价值，也是道教经典中不可多得的精品，尤其是为内丹诗文所配的图画，形象生动地解释了常人难以读懂的内丹功法，是传播深奥的道教理论的一种可借鉴的途径。更重要的是，此书保存完好，年代明确，特点明显，也可作为断代资料使用。

此前，《群仙集》深藏大库，未经重印广泛传布，学界对它的研究也很不充分。2016年，文物出版社据国图藏本以宣纸四色影印出版，线装16开本，1函5册。此彩色影印本逼真地再现了原书风貌，具有学习、研究和收藏的多重价值。

中国古代的劝善书

周心慧

中国古代劝善书（或称善书）萌芽于秦汉，宋元渐兴，明代发展迅猛，入清犹炽，清中晚期达于极盛，在中国思想史、教育史、文化史、宗教史上均占有极为重要的地位。但时至今日，对这份宝贵的历史文化财富，尚未进行过系统的发掘、整理和深入的研究，为此，本书择选古代刊刻的有典型意义和重要史料价值的劝善书193种，勒为一编，以期为其研究，提供一份较为系统、完备的资料。

一、明以前的劝善书

在中国的传统道德观中，儒家、道教、佛教都讲究善，《周易·坤·文言》中说："积善之家，必有余庆；积不善之家，必有余殃"；《尚书·商书·伊训》中云："惟上帝无常，作善降之百祥，作不善降之百殃。"儒家提倡仁、义、礼、智、信，实际上就是对善的具体化。中国古代最有名的劝善书《太上感应篇集注》提到儒家经典时亦言："儒者之学以求诚也……六籍皆劝善禁恶导吉避凶之书"（《太上感应篇集注》，《藏外道书》第12册，121页）；佛教传入中国后，为了适应中国人的思想习惯，道德观念，极力向儒学靠近，如《提谓波利经》以五戒（不杀生、不偷盗、不邪淫、不饮酒、不妄语）比附五常（仁、义、礼、智、信），并造作《佛说父母恩重经》《善恶因果经》《劝善经》《大方华严十恶品经》等伪经，这些经书，无非是大讲因果报应，强调积善作恶是报应的依据；以混同中国人的传统观念，为传法弘道开路，应该说在这个时候，在"善"这个主题上，儒佛已经出现了合流的趋势。

在早期的劝善活动中，道教是走在儒佛之前的。道教在形成的早期，就主张以善传教、积善成仙，《河图纪命符》云："过大者夺人纪，小者夺人算。"《道德经》中也载："天道无亲，常与善人。"又云："善者吾善之，不善者吾亦善之，德善。"汉魏时的《赤松子中诫经》则说："为善者，善气覆之，福德随之，众邪去之，神灵卫之，人皆敬之，远其祸矣。为恶之人，凶气覆之，灾祸随之，吉祥避之，恶星照之，人皆恶之，衰患之事，并集其身矣。"《抱朴子内篇·对俗》中也说："欲求仙者，要当以忠孝和顺仁信为本，若德行不修，而但务方书，皆不得长生。"成书于西汉末年到东汉顺帝时的《太平经》，又称《太平清领书》，绘《东壁图》和《西壁图》，两图相辅相成，相互对应，扬善抑恶。《东壁图》绘一仙人传经授业，图后文字曰："上古神人戒弟子后学为善者图像。阴利人常吉，其功倍增。阳善者，人即相冗答而解；阴善者，乃天地诸神知之，故增倍也。"《西壁图》绘人间杀伐之象及为恶之报，图后文字曰："上古神人真人诫后学者为恶图像。"经文中并对两幅图总结云："观此二象，思其利害，凡天下之事，各从其类，毛发之间，无有过差。但人不自警，自以不知，罪名一著，不可奈何。不守其本，身死有余过，乃为恶于内，邪气相召于外。故前有害狱，后有恶鬼，皆来趋斗，欲止不得也，因以亡身。故画象以示后来，贤明得之以为大诫。"可以说到这个时候，道教已经把善恶说发展成一套较完整的理论了。

南北朝隋唐时期，佛教讲究的六道轮回，善恶因果报应，天堂地狱的说法已经深入人心，此类著述层出不穷，佛教名著，唐释道世的《法苑珠林》形容其多云"卷盈数百不可备列"，并在书中写了不少因果报应故事，直言"善恶之报，影响如从"；唐释道宣撰《集神州三宝感通录》、唐临撰《冥报记》，皆收录大量善恶感应事例。通过因果报应事例昭彰善恶，警醒世人。是中国古代劝善书的一个重要内容，其基础应该就是在这一时期打下的，并影响到明清劝善书的编刊。

隋唐之际发明的雕版印刷术，可以化一身为千百，为劝善书的传布流通提供了便捷的手段，但唐代年湮代远，五代兵戈扰攘，这一时期的劝善书撰著出版情况很难考查。宋代偃武修文，政治开明，程朱理学大兴，劝善书的著述刊梓也有了更大的发展。总体来看，宋代的劝善书有以下三个特点：

（一）名声最著，被称为"天下第一劝善书"的《太上感应篇》，就是在这个时代应运而生。此书开宗明义："祸福无门，惟人自召，善恶之报，如影随形。"人若想长生多福，成仙成佛，行善积德为第一义，并列举诸善与众恶条文，作为指导人行为的规范。为推广此书，宋理宗在卷首亲题"诸恶莫作，众善奉行"八字，"善书"之名，大致由此而来。宋儒真德秀称之为"道家儆世书"，是"善书中的善书"。这样的劝善书著作问世，对其他劝善书的编写刊布，肯定会起到积极的带动作用。此外，成书于金大定十一年（1171）的净明派"功过格"——《太微仙君功过格》，也是劝善书编撰史上的一件大事。所谓《功过格》，原是道士自记善恶功过的一种簿册。善言善行为"功"，记"功格"；恶言恶行为"过"，记"过格"。《太微仙君功过格·序》称："修真之士，明书日月，自记功过，一月一小比，一年一大比，自知功过多寡。"意即每日都要将善行与恶行分别加上功德分与过错分，是对功过的具体化，也是指导人立身行事的标准，是王朝时代道德观的全面反映。《太微仙君功过格》立功格三十六条、过律三十九条。"受持之道常于寝室床室，置笔砚簿籍"，"临卧之时，记终日所为善恶"，这种原为道士们修行律己的书本，由于实用性强，逐渐也在士人和民众中流行开来，成为最有影响的劝善书种类之一。后世尤其是清末功过格大兴，即以此为肇端。

（二）佛教"善"的观念，也在进一步强化中。其中最有代表性的就是南宋王日休居士（？～1173）编写的《龙舒净土文》。王日休，龙舒（今安徽舒城）人，故以之名书。此书是佛教净土宗的入门典籍，分《净土起信》《净土总要》《普劝修持》《修持法门》《感应事迹》《特为劝喻》《指迷归要》《现世感应》《助修上品》《净浊一如》等十章，顾名思义，其中的《特为劝喻》《指迷归要》《现世感应》诸章，都有大量的劝善内容，如《特为劝喻》一章，共有劝士人、劝有官君子、劝在公门者、劝医者、劝妇人、劝商贾、劝仆妾等三十七劝，也算是很周到了。

（三）劝善书编撰出现了一个小高潮，如司马光的《训俭文》、杨万里的《劝人教弟子说》、倪思的《劝积阴德文》、秦观的《劝善录》，都是当时很有影响的著作。司马光身居高位，杨万里、秦观都是知名度很高的人物，这些人撰述劝善书，是会起到榜样作用的。其他如李元刚撰《厚德录》、陈鹿撰《善诱文》、黄光大撰《积善录》等，都是历史上很有影响的劝善书。

（四）劝善书的教育功能被强化，成为为官理政的工具。真德秀在地方官任上，先后撰写了《谭州谕俗文》《谭州劝学文》《泉州劝谕文》《泉州劝孝文》《福州谕俗文》五篇，张榜公示宣讲，引导民众遵从，这样的例子还有不少，毋庸一一列举。这种举措，实际上把劝善书政治化、实用化了。到了清代，劝善书宣讲活动极为普遍，和宋代的做法一脉相承。

宋代是中国古代印刷术全面普及发展的第一个高峰，藉版刻发达之利，劝善书的刊刻出版应该是有一定规模的。宋真宗曾赐钱百万刊刻《太上感应篇》，朱熹的弟子、大儒真德秀宣称"常喜刊善书"，元代成书的《玄帝启圣录》卷二《朱氏金砖》载：宋代有朱氏女，崇奉真武大帝香火，天赐金砖，重十四斤，朱氏不敢阴为私有，上献朝廷。廷议赐度牒一道，绢、钱各两百，朱氏用这笔钱刊刻了《真武出像戒杀录》，从文意看，这是一部敷衍真武戒杀训诲的连环画故事读本，可惜没有流传下来，但也说明到两宋时期，劝善作为一种意识形态，不仅得到朝廷的提倡、士大夫的回应，在下层民众中也有了相当广泛的影响。劝善书著作空前增加，刊梓也绝不会仅有上引数端。但一是宋版书时代久远，传流不易；二是这些著作主要在下层民众中流通，不被藏书家所重，故而宋代刊刻的劝善书大都散佚。

总起来看，宋以前还主要是善恶观的形成和发展阶段，以上举的佛、道经典及儒学著述，虽然大谈因果报应，借以宣扬善福祸殃，但还不能看作是完整意义上的劝善书。司马光等人撰写的《训俭文》等著述，可以看作是劝善书的开端；而《太上感应篇》的出现，可以看作是劝善书成熟的标志；真德秀将劝善书张贴，乡里宣讲以佐政，也是向民众普及善恶观的一大创举，因此，宋代是劝善书发生、发展的时期，是第一阶段。

元代重佛教，轻道教，屡屡发生焚毁道家经典事件，《太上感应篇》这样的著作也在所不免，但查诸《中国古籍善本书目》，仅元刊《太上感应篇》传流至今的就有三种，可以说是禁而不止了。元仁宗延佑三年（1316）七月，加封梓潼神为"辅元开化文昌司禄宏仁帝君"，下敕："相予泰运，则以忠孝而左右斯民；柄我坤文，则以科名而选造多士。每御救于灾患，彰感应于劝惩。贡举之令再颁，考察之藉先定"，把他改造成了主管人间禄籍的神祇，有关文昌的著作也不会少，但流传至今的也不多见。

二、劝善书编刊流通的第一个高峰——明代

明代诸帝既信佛亦崇道，太祖朱元璋敕令造《南藏》，又注《道德经》，对佛、道两教表现出不厚此薄彼的姿态。成祖朱棣对道教的阐扬，更不少逊于佛教。他在《御制灵宝天尊说洪恩灵济真君妙经·序》中说："善信之士，果能洗涤忏悔，崇信三宝，尽忠尽孝，行仁行义，则身家吉庆，命运亨通，子孙蕃衍，消灾度厄，增福延寿，遥及九祖，咸获

超济。"很显然，这是站在王朝时代伦理道德立场上的"劝善"说教，用宗教来维护王朝统治秩序。

对"善"的提倡，帝王们身体力行，率先垂范。明洪武二十年（1387），国家初定，即颁布《修身大诰》；三十年（1397）又颁布《教民榜文》，发到乡里，悬榜张挂，进行宣讲。明成祖朱棣发动"靖难之变"，把他的侄子建文帝赶下皇位，自己取而代之，名不正言不顺，但这并不妨碍他御著《为善阴骘》，下发宗室子弟学习。其皇后仁孝皇后徐氏撰《大明仁孝皇后劝善书》，又撰《大明仁孝皇后内训》，也都是用"善"来规范宫廷言行。维持皇室内部秩序的劝善著作，还有明宣宗朱瞻基的《外戚事鉴》。可见明朝廷对"善"的宣传，是何等的不遗余力了。

上有所好，下亦必甚，张祎琛先生统计明至民国共刊刻劝善书737种（张祎琛：《清代善书的刊刻与传播》，复旦大学2010年博士学位论文），其中明刊本27种，虽然品种远逊于清，也是一个不小的数字了，何况，这还是一个不尽完整的统计。

明代民间刊刻流通的劝善书，出现了许多题材新颖，更利于人们阅读接受的作品，如万历年间闽建书林刊邹迪光编撰的《劝戒图说》，是现今所知最早的以图配文的劝善书名著，辑录古代善恶故事，取左图右书之意，一事一图，事二百端，图二百幅，内容无非就是一句话："善有善报，恶有恶报。"每一善事之后，必以恶事对应，总劝善一百条，戒恶一百条。对插图的劝善作用，邹迪光有着很深刻的认识，他在序言中说："赤子在抱，示五色则笑，见怔形则啼。人尽赤子耳，不形示而象教，乌呼激哉？"形象化的说教，可以作为读者的榜样，激励人们照方抓药去做善事，避免行恶，有文无图，效果就要差得多。这是给老百姓看的劝善书，文字通俗易懂，但不识字的人仍然无法领略，就只能用"象示"了。人人行善，自然就会是一个"劝不用华兖，罚不用刀锯"的太平盛世。明万历年间（1573—1619）汪廷讷环翠堂刊《全一道人劝惩故事》，也是一个有图本，后世刊刻劝善书，极为重视图的

直观劝导作用,这两部著作是开了风气之先的。

明袁黄撰著的《了凡四训》,范立本辑录的《明心宝鉴》等,都是中国历史上影响深远的劝善书名著,入清之后仍然一刊再刊。《了凡四训》是袁黄为训导子侄辈的撰述,包括《立命之学》《改过之法》《积善之方》《谦德之效》四部分,很通俗也很实用。《明心宝鉴》成书于元末明初,是一部童蒙课本,网罗百家,杂糅儒、释、道三教学说,荟萃明代之前汉族先圣前贤有关个人品德修养、修身养性、安身立命的论述,劝善劝学,流传极广,类似的童蒙刻本不少,说明到了明代,劝善书已经深入人心,并被作为儿童德育的启蒙读物。著名的劝善书《文昌帝君阴骘文》,有人说成书于宋,是否如此姑且不论,它在明代广泛流行则是不争的事实,这当然和世人热衷科考有关。

金代始出现的功过格,明末清初有了较大的发展。功过格将善恶量化、标准化,而且简便易行,便于操作,故其虽然开始时是道教净明派的"功过簿",但很多俗家人也虔诚奉行,儒家、佛家也参与到功过格的编撰中,晚明云谷禅师的《功过格》、释袾宏的《自知录》等,都是这类著作,并出现了专指型很强的功过格,如《为官功过格》《戒淫功过格》等,成为各行各业的行为准则和规范。

明代劝善书的题材、内容、编撰体例，相比于宋元，都有了质的升华和飞跃。万历刊明敖英辑《宝颜堂订正慎言集训》，辑录载籍中有关慎言的名言佳句，提出"言贵警心、言贵养气"的观点；万历十六年（1588）刊《省身辑要》，载古今名儒立身行事的事例，以为善行者遵从；天启二年（1622）刊《张子远先生爨下语》，也是讲慎多言为善去恶的内容；崇祯年间刊高道淳撰《最乐编》，辑"释道训诫及俚语谚言，虽似琐陋，事足惕省者亦录"，都是择选古人嘉言懿行辑为一编的书本，类似的本子还很多。入清之后，格言类劝善书的撰述叠床架屋，品种极多，由此滥觞矣。

"善有善报，恶有恶报"是劝善书的一个永恒主题，明代此类书也空前多了起来，较有名的就有明隆庆间（1567～1572）刊棠川子辑《监惩录》，这是一部讲刑罚的书，论述何者可宽，何者必严，为官者必慎之，否则必遭天谴；嘉靖四十三年（1564）刊《余庆集》，载食牛果报事数十条，在农耕时代，牛是主要的畜力，关乎农业丰收功劳最大，劝人戒杀耕牛，当然也是一件功德；明人撰《感发录》，主要纂集阴骘报应事例等等。清代劝善书中，因果报应的书比比皆是，也和明代此类书盛行于世有关。

综上所言，不难看出明代劝善书较之前代，有了全面的发展，如果说宋代是中国古代劝善书编撰史上的初始阶段，明代就是一个成熟的阶段，并为清代劝善书的全面鼎盛，打下了坚实的基础。

三、劝善书的全面鼎盛和繁荣——清代

清代劝善书的历史，可以分为两个阶段，一是顺、康、雍、乾四朝，即史学分期上的清前期，一是嘉庆至清亡，即清中晚期。

（一）清前期的劝善书

清代帝王对劝善书的提倡，是丝毫也不稍逊于前朝的。顺治皇帝

为《太上感应篇》制序，并于顺治十二年（1655）由内府刻印，颁布群臣，顺治年间还刊有《御制人臣儆心录》，也是讲治民善为先，清正廉明为本；又御制《劝善要言》，于儒家经典中采择论善之言，以期臣下庶民共遵行之。康熙九年（1670），康熙帝颁布上谕十六条，每条七字，如"敦孝弟以重人伦、笃宗族以昭雍穆、和乡党以息争讼、尚节俭以惜财用、隆学校以端士习"等，作为他"为天牧民"的治政纲要，应该说每一条都和"劝善"有关。时梁延年在繁昌知县任上，认为这十六条上谕虽好，但"若夫山童野竖，目不识丁，与妇人女子，或未之悉也"，于是以上谕为纲，在每条上谕之下，录与此有关的古人事迹，"嘉言懿行，各以类从"，所录数百事，皆有图相随，是图解上谕类书的突出之作，书名《圣谕像解》。雍正皇帝敕内府刊刻《圣谕广训》，其中也含有不少劝善的内容。

清前期承明余绪，劝善书的编刊呈现出愈演愈炽的趋势。顺治十三年（1656）八月，顺治帝谕刊刻《太上感应篇》，并举贡生监，使本已流行天下的《太上感应篇》成为读书士子的必读之书。

重视图画的直观和教化作用，是清代劝善书的一个共同特点。上举劝善书，都有极负盛名的插图本。清顺治十四年（1657），云间许鹤沙编成《太上感应篇图说》，将《感应篇》条分缕析，举证善恶事实，配以图画，并加注、证，成为这部书最为流行的本子。对插图的作用，《凡例》说得很明白："且田夫村妇，难通翰墨，或见此图，而求其故、索其解，因而得闻一善事，听一善言，动一善念，亦不为无裨益也。"可谓用心良苦。又云："《感应篇》一书，海内名家后先发明者，指不胜屈。此刻博采诸家纂述，仿佛通俗演义之意，访求名笔，每事绘图。又遍觅旌邑良工，雕镂三载，方得竣事。"三载而成一书，用心之诚，用力之勤，可见一斑了。《太上感应篇》文字不多，仅一千二百七十四字，但因广辑古今善恶故事，一事一图，共集善恶感应五百一十九事，总五百一十九图，全书竟成十六卷之多，"仿佛通俗演义之意"，当然也是为了更好地迎合下层民众的阅读兴趣，遂成为这部劝善书中最为流行的本子。清前期此本就屡见镂版，同年有张琦的增辑本，张为许缵曾同时代（或稍晚）人。在增删图说的基础上，改许本"左图右书"为"左书右图"，以避免文在图后，翻阅不便的弊病；另据乾隆二十年（1755）黄正元辑刊本，使"句必有注，注必有传，复绘图以肖其状"。他在序中说："《感应篇图说》始于云间许鹤沙先生，续刊者则有朱公作鼎、王公继文、郝公玉麟，流传海内，使天下智愚贤不肖咸知福善祸淫，不爽毫发，莫不惕然自醒，洵济世之宝筏也。"这里所说的朱公作鼎、王公继文、郝公玉麟刊刻的本子，笔者未见，但可看出此书在清前期刊刻之盛。对此书的注释、疏证更是如过江之鲫，难以尽数。

入清之后，把对关羽的崇拜推到了历史的最高峰，顺治帝敕封他为"忠义神武关圣大帝"，乾隆二十二年（1757）敕封为"忠义神武灵佑关圣大帝"，此后在这个封号上不断加字褒美，如嘉庆敕命加"仁勇"二字，道光又加"威显"二字等，最后他终于有了一个长长的封号"忠义神武灵佑仁勇威显护国保民精诚绥靖佑赞宣德关圣大帝"，已经是执掌"儒释道教之权，管天地人才之柄，上司三十六天星辰云汉，下辖七十二地土垒幽酆。秉注生功德延寿丹书，执定死罪过夺命黑籍。考察诸佛诸神，监制群仙群职，高证妙果，无量度人，至灵至圣上至尊伏魔大帝关圣帝君"（《三界伏魔关圣帝君忠孝忠义真经》），以致"南极岭表，北极寒垣，凡儿童妇女，无有不震其威灵者，香火之盛，将与天地同不朽"（《陔余丛考》）。在这种政治风气下，关帝劝善书自然也应运而生。其中最重要的就是《关圣帝君觉世真经》（又称《关帝觉世真经》《觉世篇》《觉世宝训》，简称《觉世经》），清人周广业、崔应榴辑《关帝事迹征信编》上说："相传康熙七年（1668）夏，降乩于沃乡庄园，授之王贞吉等，帝亲制序。"降乩之法古已有之，亦称扶乩，是一种神圣仙佛与人间沟通的方法，即设坛请仙佛临凡，设乩盘、乩笔，乩盘中铺满细沙，一手持乩笔，把仙佛的训示记录下来。这位大神降乩的"宝训"文字不多，也就是六百四十余字。书成于清康熙年间，但康熙时的刊本未见有流传下来。现今所能见到的最早刊本，为雍正九年（1731）刊《关帝宝训像注》，扉页左题"京师内城东单牌楼喜鹊胡同善庆堂何藏版"，知为北京刊本。全书共收录故事二百二十一则，每事一图，仿《阴骘文图说》《太上感应篇》的体例，先刊"宝训"全文，次举善恶故事，一事一图。序称："关公训言，不知所自。始相传以为术者降神而录其语，兹复辑奉行者之事，应而绘之图以刊布焉，使览者披其图以传其事，虽不晓文字者，可以口授目视耳，闻而相感动也。"

《文昌帝君阴骘文》是明清两代流行极广，名声最著的劝善书之一，这个本子是文昌帝君降笔（即扶乩）写成的，成书年代不详，一说不晚于十六世纪末。文昌帝君全称"辅元开化文昌司禄宏仁帝君"，或称"梓潼帝君""梓潼神"，是掌握人间禄籍之神。《尚书·洪范》："惟天阴骘下民，相协厥居。"后引申为修善积德，俗称积阴德。所谓"阴"，大概就是为善不扬名，独处不作恶之意吧。结论是"诸恶莫作，众善奉行，永无恶曜加临，常有吉神拥护。近报则在自己，远报则在儿孙，百福骈臻，千祥云集，岂不从阴骘中得来者哉？"以超越自然的神灵为道德赏罚的主宰者，而且都是现世报，人岂能不戒之慎之。康熙五十八年（1719）刊《阴骘文图证》，四卷，清赵士升辑注，管石麟绘，是入清之后该书最早的连环画读本，也是传世迄今最早的有图本。图单面方式，将《阴骘文》逐句析出绘图，凡九十七图，以图释文，以收广披教化之效。在清前期，此书即屡见镂版，天津图书馆藏《阴骘文图说》残本，仅存两卷（该书全本为元、亨、利、贞四卷），存图八十八幅，无梓行牌记。卷首有署名致洪者于民国二十六年（1937）的手书长跋，兹录于下："此雍正十四年（盖无雍正十四年，原题跋者之误，笔者案），旁注'乾隆二年'黄正元刻本也。按黄氏本书凡例言：《感应篇图说》始于云间许鹤沙，《阴骘文图说》实所未见，兹特捐俸镂印，然则此本乃《阴骘文》有图说之始矣。其后乾隆二十一年（1756）丙子董世明重刻于江安，又五十五年（1790）觉罗琅琊重刻于京师，道光辛卯（1831）无名氏重刻于京师，同治二年（1864）京师后有重刻者。其图虽小有出入，然皆以此为祖本耶。""又按别见道光七年（1827）退庵居士重印，新安吴容斋所刻《像注丹桂藉》，成于雍正九年（1731），容斋序称茅君出大兴赵刻，图像工巧，惜其行久模糊，后细加校对，重登梨枣，然则当以大兴赵刻之本为较古"。"祖本"之说有误，但从中也可看出此本在清初刊刻之盛。

提到清代劝善书的刊刻，黄正元是一个应该大书特书的人物。乾隆二年（1737）刊《阴骘文图说·序》借文昌帝君之口说："黄子正元，悯世人徒奉吾文，而不知其义也。为之逐句注释，注释之后，再列案证，案证之左，各有图形，裨天下识字与不识字之人，共知法戒。"等于文昌帝君赋予了他代天宣喻的使命。他也的确是一位对劝善书的注释、传播有着突出贡献的人物。黄正元，字泰一，号松庵，清金门总兵黄英之子，康熙五十二年（1713）癸巳恩科第二名武进士，官至浙江处州总兵。出身于武将世家，父黄英、弟黄正纲皆为清康乾时名将。清道光九年（1829）《新修罗源县志》卷十九载："（黄正元）武艺精强，而性嗜儒书。在军中蔼然一儒者，淡泊自甘，手不释卷。"又乐善好施，"建育婴堂，赁贫家妇收蓄之"。戎马之余，广注劝善书，传世就有《太上感应篇图说》《阴骘文图说》《文昌帝君劝学文》《增集劝戒敬信录》《文昌帝君蕉窗圣训》《帝君戒士子文》《帝君宝训》等。清代劝善书的流行和普及，正是得力于有一批黄正元这样广施善事，又热衷以善书济世的人物。

比较三部广泛传播的劝善书，《太上感应篇》道、儒的味道浓厚；《关帝觉世真经》所载关羽这位道教大神的说话，却很是像读尽"圣贤书"的大儒；《阴骘文》虽说是道教神仙的教诲，却多见因果报应，更近佛，从中也可以看出明代之后三教合流，你中有我，我中有你的情况。在浩如烟海般的劝善书著述中，这三部劝善书地位最为崇高，流行最广，各阶层无不奉为圭臬。

相比于晚明，清初劝善书的撰写梓行更为丰富了，仅据张祎琛先生《清代善书的刊刻与传播》一文统计，清顺康雍乾四朝刊刻的劝善书就不下四五十种，品种恐已超过清以前历代撰著总和，就内容而言，则呈现出以下特点：

其一，取古人嘉言懿行为一编，以期效法的书多了起来，举凡读书、积善、仁爱戒杀、改过等无所不包。李滢撰《懿行编》，取诸史中"嘉言懿行可为法程者"；席启图撰《畜德录》，取周、秦以来迄于元、明嘉言善行，分为二十一类，亦间附批评。取《大畜·象传》君子多识，前言往行以畜其德之义，故以名书；康熙三十年（1691）刊史　元撰《庸行编》，达观、德量、检身、省过等内容无所不包，此类著述颇多，毋庸一一列举，可以说是对古人修身行善事例、言行的纂集。

其二，直言劝戒的著作远比以往丰富，如康熙年间（1662～1722）蒋锡重刊《臣鉴录》，纂集圣贤往哲可资效法事，分劝部、惩部两类，是一部做好官、清官的百科全书；其他如《豆腐戒》《戒杀文》等，则是针对各阶层民众提出的戒杀行善著作。

其三，修身齐家，个人修养的著述，在清前期劝善书中品种最多。康熙间碧霞子刊《修齐宝要》，"洵立身之要，居家之宝也"；康熙三十四年（1695）张氏霞举堂刊李日景撰《醉笔堂三十六善》，收录居官三十六善，绅宦三十六善、士行三十六善等，对各行各业都有指导作用。此类书著述甚多，上举不过是较有代表意义的数种。

综上所述，不难看出清前期的劝善书相比于明代，又有了长足的发展和进步。如果说明代是劝善书繁荣昌盛的初始阶段，清前期四朝则是一个上承明季余蕴，下启清中晚期劝善书的全面繁荣的重要时期。

（二）清中晚期的劝善书

到了清中晚期，劝善书如火如荼地发展了起来，官刻、私刻、坊刻一时并作，绘刻者前赴后继，品种之繁、数量之多，充盈街衢，遍于乡里，成为清代出版业的一大特色。其在清末的流行，大致有以下原因：

其一，道士们宣扬的符箓、导引、采补、服食等成仙之道过于秘奥，士人或者还可以理解，对升斗小民而言无异是"天书"了，而且，这些道法,糜时费财,一般人想做也做不来,因此,明中叶以后,此类说教的影响日益式微。以善传道,无论穷通富贵,下可以保身延命,中可以得享荣华,上可以霞举飞升,人人可行,人人可致,等于给各阶层提供了一个平等的了道成仙的"法门",对信徒的吸引力,远胜那些虚无缥缈的"道"和难以操作的"法术",这是宗教方面的原因。

其二,清廷以满洲入主中原,亟需打消汉族士人根深蒂固的"华夷之分"观念,确立自己的"正统"地位。劝善书是糅合了儒、佛、道三家的善恶观的道德规范,把"善"归结到忠孝仁义等儒家的伦理纲常,用佛家宣传的善恶因果报应来吓唬人,出发点依旧是维护王朝的统治秩序和等级制度,即如光绪时期工部尚书、钦差商约大臣吕海寰编辑《太上感应篇合注》序言中所说:"间尝以此训诲子弟,因重为编辑,亦为宣布王化之一助。阅是编者,不可仅以劝善书的例,须知与圣经贤传互相发明。"这是劝善书大行其道的政治原因。

其三,清中叶以后,内忧外患,清人关之初高举程朱理学大旗,至雍正后号召力渐弱,加之西学东渐,也侵蚀着儒家的传统说教,使人们的思想处于极大的混乱之中,反映到社会现实中,就是士习不端、吏治腐败、世风浇薄、重利轻义,在这种情况下,劝善书就成了朝廷和卫道士们维护王朝时代伦理道德、统治秩序、排斥外来"邪说"的工具。劝善书的刻印缘起中如"正心术而挽浇风""挽人心而维风俗"一类的话百说不厌,清末道士田邵邨则直截了当地说:"幸有文昌、关圣、孚佑三帝君,以及北帝、观音、天后仙圣等等尊神,领旨下凡,飞鸾显化,顶替三教圣人,救世化世,挽世福世,以挽回世运,以服翼三期。"(《重刻葆生永命真经·序》)不外是说,孔丘、释迦牟尼、太上老君的说话不大灵光了,不能不换一个花样,用劝善书来试试。王韬《代上广州冯太守书》宣称:"此外宜在各处宣讲上谕、善书,仿古者读法悬书之意,尤宜与天主、耶稣教堂比邻鼎峙,用以维持风教。"(清王韬《弢园文录外编》第十卷)也就是说,劝善书已经取代四书五经的作用,成为教化万民,对抗外来"邪说"的工具。上有朝廷提倡,下有士人推波助澜，这种书自然红火起来了。

其四，对劝善书的梓行者来说，刊刻劝善书，并非是传播知识文化的事业，而是可以使自己获得莫大回报，小则富贵荣华、子孙繁衍、科考高中、却病延年，大则成仙了道、荣登仙藉的宗教活动，如假借太微仙君之口垂训云："若以善书传一人者，当十善；传十人者，当百善；传大富贵大豪杰者，当千善；广布无穷，刊刻不朽者，万万善。"（清铁珊纂辑《良言琐记》）《抱朴子内篇·对俗》中说："人欲地仙，当立三百善；欲天仙，立千二百善。"到了万万善，不想成仙也不可能了。劝善书中此类故事更是连篇累牍，比比皆是，如《太上感应篇》第一个故事就是"杭州汪静虚，志欲刻板广施，以薄宦未果。其子汪源谨遵先志，自己捐产刻成，多方劝募善士，各出资财，印至万部，施散于人。汪源梦父谓曰：'汝不但善成我志，且勤善共施，我已超生天堂，汝母亦享高寿，众人与汝俱已名著仙藉矣。'"印了一部劝善书，亡者升天，生者遐龄，并且提前在天堂挂了预约号，是一本万利的买卖了，有钱又有闲的富贵人家岂不趋之若鹜？清代著名的劝善书图注本，一书往往数刻甚至数十刻，就是这种心态的反映。

清代刊刻了多少种劝善书，是一个很难说清楚的问题。张祎琛先生统计明至民国共刊刻劝善书737种，明刊27种，清刊692种。其中顺、康、雍、乾四朝刊刻47种，嘉庆至清亡刊625种，品种之多，数量之大，无以复加了，当然，这还是一个不完全的统计。愈到清季，刊刻愈盛，从中也不难看出晚清社会世风日下的状况。

这一时期的劝善书，仍然以《太上感应篇》《关圣帝君觉世经》《文昌帝君阴骘文》三书最为流行，光绪时人张之万就说："经文中最著者，莫如《太上感应篇》《文昌阴骘文》与《帝君觉世经》，三者流布寰区，罔不奉为圭臬。"可见它在人们心中的地位，甚至将这三部书奉为"三圣经"。三书版本之多，喻之以汗牛充栋亦不为过。《太上感应篇》规制宏大，刊刻不易，但也有乾隆本、嘉庆本、同治本、光绪本等，乾隆间尚有《满汉合璧太上感应篇图说》，也是一个图注本。《文昌帝君阴骘文》受到读书人的崇信，版本更多。乾隆二十一年（1756）天锡堂刊《阴骘文图说》，前冠假托文昌乩笔的《文昌帝君序》，其中有一段话对了解《阴骘文》的版本情况很有帮助。帝君告诫信徒说："今世之奉是文者，吾见其朝夕顶礼矣，吾见其朔望讽诵矣，吾见其刊板印施盈千累万矣，而往往不知其意之所期，岂余言之不验哉？毋亦未明文中之意，而行之不力。"文中所说刊版"盈千累万"，当然有些夸大，但也可作为一个极言其多的比喻数字读，这还是说的乾隆前的梓行情况。清中晚期，此书刊版更炽，仅笔者所知见，就有乾隆四十三年（1778）苏州绿荫堂刊《阴骘文图说》、嘉庆元年（1806）刊《丹桂藉图解》、道光七年（1827）桐石山房刊《精绘像丹桂藉》、道光十七年（1637）和光绪年间北京晋文斋书坊两次刊行《阴骘文图说》、道光十年（1830）伟文堂刊《丹桂藉图说》、道光十七年京都锦文斋刊《阴骘文图说》、道光二十六年（1846）天津徐兆顺镌图本《阴骘文图说》、道光二十七年（1847）岱麓桂林书屋刊《阴骘文图说》、咸丰六年（1856）奉天锦郡文英斋书坊刊《阴骘文图说》、光绪四年（1878）上海十万卷楼刊《丹桂藉图说》、光绪元年（1865）南京刊《文昌帝君阴骘文图说》、清洪过楼刊《文昌化书感应丹桂藉》等，这并非完整的统计，可见该书在清末流行的程度。

"三圣经"之外，清中晚期劝善书的编刊，又有了如下新的特点：

其一，三圣经的流行，自然带动了有关文昌、关帝劝善书的编刊，衍生出了诸多的其他劝善书。仅以文昌帝君为例，就又出现了《文帝孝经》《文昌化书》《文帝全书》《文昌帝君阴骘文劝戒编》《文昌帝君圣迹全书》等等，而且花样翻新，又有了《文昌帝君阴骘文五律诗集》等，在这些书中，以《蟾宫第一枝绣像全书》名气最大，也最有现实意义。是书四卷，清王真勤编。清光绪三年（1877）宝山俭永堂刊本。蟾宫即月宫，"蟾宫一枝"喻科举考试高中。卷首冠"大成至圣先师宝诰""仓颉至圣先师宝诰""元皇梓潼帝君宝诰""魁斗星君宝诰""文昌帝君惜字宝训""张真人降鸾宝训"等五十余则，这部书请来的神仙虽多，实则以文昌帝君为主导，宝诰五十余则，文昌就占了十余则，正文也是以"文昌惜字功律""文昌不惜字罪律""文昌惜字真诠宝诰"等为纲展开。在中国古代，"惜字纸"的观念起源很早。古人认为字由神授，有惊天地泣鬼神的魔力，《淮南子·本经训》就说："仓颉作书而天雨粟，鬼夜哭。"北齐颜之推撰《颜氏家训》，明确指出"字纸有五经词义和贤达姓名"，不可秽用，第一次明确提出要敬惜字纸。到了清代，雍正甚至以帝王之尊严喻："凡字纸俱要敬惜，无知小人竟掷在污秽之地，尔等严传再有抛弃字纸者，经朕看见定行责处。"民俗观念的深入人心，朝廷的提倡，使敬惜字纸达到了近似于宗教信仰的程度。此外，敬惜字纸还有另一层含义，即如《文昌帝君惜字真诠》第四卷所言，下笔有关生命、名节、功名、阴事、婚姻以及凌高年欺幼弱、挟私怀隙、唆人构怨、淫词艳曲、刺人忌讳等等，都不能书于文字。惜字有如此重大的意义，文昌帝君作为读书人的主宰神、保护神当然是责无旁贷了。他不仅飞鸾乩笔写下了《文昌帝君劝敬字纸文》《文昌帝君惜字功罪律》《文昌帝君惜字真诠》等文，而且在《敬字纸文》中昭告天下："况吾自有善恶二司按察施行，以警不敬字纸之类，如平生苦学鸡窗，一旦场屋，或以失韵误字，例为有司所黜，终不能一挂龙虎榜者，皆神夺其鉴，以示平日不敬字纸之果报也。"此本集惜字报本事例为功律图案，计文昌惜字功律图案六十九则、文昌不惜字罪律四十一则、文昌惜字真诠宝诰图案五十七则，左为图画，右为果报故事，以醒世人时刻警惕不惜字纸之报。

在清中晚期，关帝劝善书极大地丰富，甚至可以说是清末劝善书编刊的一大特色。关帝劝善书大致可以分为两大部分，一是对《关帝觉世经》的证案、俗解、图注、注证，此类书本，张祎琛先生《清代善书的刊刻与传播》一文，就列举了如《关帝觉世经真经本案阐化编》《晨钟录》《觉世经制艺》《关圣帝君觉世真经俗解》《觉世经果报图注》等二十余种，二是关帝劝善书新著，如《仁化编》《关帝桃园明圣经》《武帝宝翰考》《救生船》《敬信录》《关圣帝君全书》等等，品种之多，不胜枚举。

　　提到关帝劝善书，不能不提及晚清风行一时，如火如荼的"鸾书"，日本学者称为中华大地上发生的一场"鸾书运动"，其影响之大，波及之广，是怎么说也不过分的。所谓"鸾书"，即上文谈及的设坛请仙道临凡，飞鸾乩笔写成的文字。按道士们的说法："道光庚子年，（关帝）同文帝、吕帝诣通明殿，领玉旨，开飞鸾显化之法，以为人神共会，可挽世道人心也，上帝奉为玉清上相关圣帝君，降有《返性图》《一贯金篇》《一番新》《救生船》《救劫回生》等书救世。"（田邵邨：《梧桐山集》卷二《关帝》）也就是说，人世间的人情不古，世风堕败，神仙们也看不下去了，玉皇大帝不得不派这三位尊神临凡救世，其他如佛教的观世音、道教紫微大帝以及民间崇奉最为普遍的土地老爷、东厨司命等等，也都参与其中，形成了一股浩浩荡荡的鸾书洪流。劝善书的读者对象，包括了社会上各阶层的各种人物，无分贵贱贤愚，老弱妇孺，但最大的读者群应该还是下层民众。这些民众囿于文化水平，对劝善书的接受、理解是要大打折扣的，劝善书"语之以经传中惠迪吉，从逆凶之理则病其高深，有听而思卧者；诫之以乡里福善祸淫之报则笑为寻常，有顾而之他者。惟赌仙家之宝训，佛子之遗经，即愚夫愚妇莫不悚然其敬，肃然改容。"劝善书的编刊者是聪明的，没有宗教的震慑，就可能把劝善书宣讲的内容当作小说演义一类的故事听，而神道仙佛临凡，自然是非同小可的事，还怕听讲者不惕然敬之，而生善念么？当然，这条讯息也明确告诉我们，鸾书的盛行于世，是从道光庚子（1840）开始的，这是君主统治无法稳定其秩序的一个发端。

　　民间设坛请神祇降训，有时是只请一位，如《关圣帝君觉世真经》《文昌帝君阴骘文》等书的编撰都是，也有时是道、佛、儒三教大神齐聚一坛，各显神通，纷纷垂训，如著名的劝善书《返性图》，书前就冠有咸丰五年（1855）儒家的复圣颜子、佛祖释迦如来、道教瑶池金母降序各一篇，此后才是关圣帝君、文昌帝君、孚佑帝君的宣讲文字。而在诸神圣仙佛中，往来人间最为频繁，垂训最多的就是关帝。

清中晚期，尤其是清代末世，关帝一共"飞鸾乩笔"了多少著作，是很难统计清楚的，同治五年（1866）赞运宫降笔《了然集》，冠《关圣帝君降序》，借关帝之口曰："某自庚子以来，迄今廿余，飞鸾降像，降笔传言，著书已过百部，垂训不止一行，无非欲返世道于太古之时，救人心于已溺之中。"咸丰十一年（1861）关帝降乩《救生船》一书，降序说："示之以乱象，导之以游冥，诱之以笔录鸾书……计自庚子以来，坛开千余处，书成数百种。"数百种是个虚数，但总体来看是不少的，"坛开千余处"，也很形象地说明了当时请神仙临凡训谕的普遍。在这数百种著作中，除了上面提到的《救生船》和《返性图》，《敬信录》也是其中最为著名的书本之一。此本由清松江周鼎臣辑，嘉庆四年（1799）郭浣溪刊本。卷首绘太上老君、玄帝、准提大士、莲池大师、吕祖诸像，次每篇各附图。此书刻本颇多，据李承福《同善录》载《镌刻敬信录图》，自乾隆十四年（1749，乾隆本今已不得见）初刻至道光十六年（1836），全国各地几无不有刻，版本多达数十种，可见其影响之大。其他如光绪十五年（1889）刊行的《大汉协天子关夫子亲降济世救急文》，同治年间刊行的《奉圣回劫显化录》等，都是很有名的著作。其实这正是清末国家风雨飘摇，世道人心不古，乱象频仍，传统观念受到严重冲击的反映。关帝生时没有留下片纸只字，死后却屡屡现身说法，飞鸾降笔，著作等身，都应该归功于道士。

因果报应是清末劝善书最重要的内容之一，这个时候世风日下，单纯地说教即使再天花乱坠，也不见得有什么作用，只能藉鬼神之力，来为这场轰轰烈烈的劝善运动注入一针强心剂了。

此类因果报应的书，内容上比前代是空前扩大了，上至为官莅民，下至生活中的点滴小事，都成为善恶因果的"因"，如同治五年（1866）姑苏玄妙观刊行的《公侯鉴》、光绪六年（1880）重刻的《重刊公门果报法戒录》等，都是对为官者的鉴戒，明确提出"公门中之心易粗，手易滑，而其得失之所关又甚重，故鬼神之伺查若于公门独严"；对读书人则宣扬行善必金榜高中，作恶不但功名无望，且必遭天谴，如道光十四年（1834）刊行的《桂香镜》、关圣帝君降乩的《戒士子文》等都是；对于普通民众，更是事无巨细，皆有善恶对应，用光绪三年（1877）刊行的《阴律难逃》中的话说就是"邪色犯不得、孤寡欺不得、赌局开不得、鸦片吃不得、二婚媒人做不得、争讼唆不得、图诈使不得、穷人逼不得、算盘凶不得、坟墓荒不得、棺木烧不得、女儿淹不得、便宜沾不得"，总之是"人于生时不孝不弟，不仁不义，一切非礼之事。恣意妄为致使恶贯满盈，鬼神发怒，在生或侥幸漏法网，死后终难逃冥诛"。阴律这种东西，大致是清末人的发明，描绘人作恶死后到地狱的种种惨状，以使人生时不敢妄为。

　　清末流行的讲因果报应劝善书，最应提及的就是《玉历宝钞》（又名《玉历至宝钞》《玉历抄传警世》等）。据清人李宗敏的考证，最早抄传这部书的淡痴道人为辽国人，该书成于辽圣宗太平十年（1030），宋神宗熙宁元年（1068）由淡痴道人传给弟子勿迷道人，并在宋哲宗绍圣五年（1098）刊行。但这个本子，谁也没有见到过，也没有任何一部书目有记载。日本学者吉冈义丰先生考证，认为此书产生于明末，王见川先生从神诞表的出现与和合二圣受封的时间，推定较可靠的时限应在清朝雍正初年，当以后说较可靠。

　　关于《玉历宝钞》的成书和在世间的流传，有一个传说甚广的故事：庚午年秋天，九月重阳节戊辰日，淡痴独自登山，忽然见到一座石碑，上刻篆书偈语："大道无为，清净一真。六道众生，皆因妄成。缘妄造业，善恶攸分。因果不爽，毫厘分明。心念才动，业相已形。人虽不见，神鬼早明。误谓暗室，果报难通。"正惊疑间，又见一宫殿，殿额书"出生入死"四个大字，一个青衣使者从殿内出来，不由分说把他拉了进去。殿内华灯金烛，众神正在庆祝酆都大帝的圣诞。地府中的十殿阎王，各路鬼判齐聚一堂。酆都大帝说："慈悲的地藏王菩萨想超度所有阴间的鬼魂，令世间的人不再行恶，以免堕入阴间地狱受苦。于是恩准所有鬼魂，在人世虽然犯过错误但能真诚忏悔，改过和行善做好事的，则所做罪业，可以从宽抵罪，免受诸多苦刑。这一项恩典，各路神灵已经汇集，上报给玉皇大帝，玉帝降旨纂集记载于《玉历宝钞》之中，施恩发行传告下界，遵守奉行……现在，台阶下的淡痴修行者，可以将此重任托付给他，弘传于世间。"于是就由判官将《玉历宝钞》和诸神的语录缮写成书，交付给淡痴。

毋庸置疑，佛道乃至世间的一切宗教，天堂地狱之说都是根本，这部书其实也是一部讲"阴律"的书，说人死后要受十王逐殿审判，阎王据人在阳世行事，根据阴间律令判其或得善报，或堕轮回。这部书流行的时候，西方传入的石印法已经大行于世，为其传播提供了更便捷快速的技术手段，刻本印本之多，不胜枚举。仅笔者所见就有清同治五年（1866）许广记刻字铺本，同治十年（1971）重刻本，光绪二十二年（1896）宏文斋刻字铺重刻本，宣统元年（1909）永盛斋刻字铺刻本，同年镂刻的本子还有北京龙光斋、光鉴斋、南京李光明庄、杭州玛瑙经房、天津思过斋刻印或石印的本子等。书分繁简两种，繁本有图，简本无图。图多拙劣不堪。图绘十王审判情形以及阴间种种可怕的刑罚。画面上无常厉鬼，凄凄惨惨，人形丑陋，线条僵硬平直，很不让人喜欢。但这样的图画，却是更能对作恶者起到强大的震撼作用。

中国古代，这种以十殿地狱为主题的出版物很多，明代也刻过诸如《佛说地狱阎王经》一类的读本。清代《玉历宝钞》的流行，等于为十王信仰开启了一个更为普及化、大众化、通俗化的传播媒介，甚至可以说是近代主要的传播途径，对人们的死亡观念、丧葬习俗乃至戏剧表演、文艺创作，都产生过不小的影响，其意义又远超出劝善书之外了。

不囿于陈言旧说，与时俱进，也是这一时期劝善书的一大特点。即如《太上感应篇》这样的名著，清光绪十五年（1889），有人将之易名为《太上宝筏》。宝筏，本为佛教用语，喻指引导众生渡过苦海到达彼岸的佛法，如唐李白《春日归山寄孟浩然》诗："金绳开觉路，宝筏渡迷川。"清赵翼《题王摩诘诗》："我闻释氏妙变化，宝筏能引迷津断。"无非是说《感应篇》就是道家度人的"宝筏"，绘图本也大都随之名为《太上宝筏图说》。笔者所见有光绪二十九年（1903）刻本，李伯阳撰；光绪十八年（1892）鸿文书局本，黄正元编辑；光绪十五年（1899）上海仁济善堂刊本；光绪三十年（1904）汉口余庆堂本等。与旧本《太上感应篇图说》相比，主要有以下区别：

此本冠顺治、康熙、乾隆三帝序、上谕，次为光绪十五年（1889）许樾身序，再次为前朝刻本序，依次为康熙三十三年（1694）王继文序、乾隆三年（1738）郝玉麟序、乾隆二十年（1755）杨至道序、乾隆二十年黄正元序，其后是凡例十六则、流通善书说以及朱印《太上感应篇》原文，这些文字都是自不同时期的木刻本转印，将这些资料纂集在一起，对考察这部书的渊源流变、刊刻情况是有一些帮助的。更为重要的是，正文故事、文字和插图全为新创。凡例第一则就说："但人心厌故喜新，因数见不鲜，多有尘积案头就不寓目者。是编……所引事实多采新闻，无非欲动阅者之目，兴起其从善去恶之心。"每事绘图，事既不同，图当然也要重绘。采集古今善恶事二百余则，绘图二百余幅，是一个《太上感应篇图说》的新编本。文字更为通俗，"俾担夫贩竖、妇人女子，如听稗官小说，靡不了然于心，一切深奥之语，概不载入"。图后附印诗、词、古语，增加了图书的美感，当然作者的本意还是在于"反复叮咛"。

除上述所言外，功过格、乡约规条一类的劝善书也大为兴盛，这些劝善书可以作为人立身行事的指南和规范，对于个人的身心修养、整个社会风气的改善，应该是有积极作用的。

四、劝善书的整理

劝善书无疑是前人留给我们的一笔巨大的精神财富，对研究中国古代的思想史、文化史、宗教史、民俗史都有重要价值，值得深入地发掘、整理、研究。但迄今为止，这方面做得还很不够，甚至可以说差强人意。

对劝善书的研究，可以分为两个阶段看，一是新中国成立前，一是新中国成立后迄今。新中国成立前，人们做的主要还是资料的整理、发掘工作，1935年上海明善书局出版陕西商南贺箭村编《古今善书大辞典》，分上、中、下三册，收录劝善书169种，每种撰写内容提要，书前冠贺箭村《征求古今善书启事》及《预约助引征信录》等文字，可以看作是第一次对古代劝善书文献的集成性总结，尽管所录图书品种不多。民国期间上海大众书局出版同善社辑录的《珍本善书》，收书140种，是第一次对劝善书大规模的影印结集出版，仅从首开劝善书的搜集、整理之先河而言，这两部书是有巨大贡献的。

新中国成立后，劝善书的研究、整理乏善可陈，而这一时期，日本、西方一些国家以及中国香港地区，劝善书的研究却是有条不紊地发展着。直至二十世纪七八十年代改革开放以后，中国大陆地区的劝善书研究才开始走上正轨，到今天虽然取得了相当可观的成就，但劝善书大多是民间的普及读物，时过境迁，资料查找不易，必然成为深入研究的一个瓶颈。为此我们辑录了这部丛书，以期为劝善书的研究提供一份较为完备的资料。

劝善书内容芜杂，全录实无必要，本书在辑录时，主要遵循以下原则：

其一，民国刊《珍本善书》，如佛教的《妙法莲华经》《观无量寿佛经》《楞严经》等，道教的《参同契直指》《长生术》等皆已收录，这些经典虽有不少劝善的成分，但毕竟不能视作严格意义上的劝善书，本书概未录。

其二，一些基于儒家三纲五常的传统著作，如《女范》《闺范》《二十四孝》以及修养性情的著作如《养正图解》一类书，本书不录。

其三，明清两代，注重对儿童"善"的教育，童蒙课本如《学堂日记故事》一类书，明清两代刻印极伙。这种读本虽然讲善恶的内容不少，但是否算严格意义上的劝善书，尚需商榷，故只录入有代表价值的数种，见其大概，他皆未录。

其四，民间说唱文学——宝卷，与劝善书有极为密切的联系，但这些书本迷信色彩过重，事多荒诞不经，本书未录。

中国古代到底编刊了多少劝善书，是谁也说不清楚的。中国台湾著名的数据库出版商汉珍数位公司在全省搜集劝善书，得二万七千余件（包括书籍、期刊、单页宣传品、影印资料等），建立了中国善书大全数据库，这尚是一省所得，若推及全国，数量之庞大是难以想象的，且这个数据库所收，包括相当部分的现代出版物。本书在浩如烟海般的劝善书中择选精要，取精用宏，一依原刊本影印，是一个大型的劝善书原始数据库，对劝善书的研究，相信会起到更积极的作用。

在中国古代，"善"可以说是立身、立德之本。尽管统治者提倡劝善书，是为了维护王朝时代的等级制度，但其中蕴含的丰富的劝善思想、善行指南却是有着积极的现实意义的。本着对古人"善"的思想扬弃的观点，取其精华，去其糟粕，劝善书在现代社会道德体系建设中，仍然有现实的积极的意义，简而言之，如果人人向善，距离一个和谐社会的理想国也就不远了。而这，也正是我们辑录这套丛刊的初衷。

本书在编辑过程中，得到了中国国家图书馆、浙江图书馆、南京图书馆等机构的大力支持和协助；张祎琛先生的大作《清代善书的刊刻与传播》（附《明清善书知见录》），对本书查找搜集资料多有助益，在此一并致谢。

2017 年 12 月 18 日